小学科学“品质课堂”教学样态

主　编：何建东
副主编：莫春荣　詹伟达　陈汉翔

南方日报出版社
NANFANG DAILY PRESS
中国·广州

图书在版编目（CIP）数据

小学科学“品质课堂”教学样态 / 何建东主编；莫春荣，詹伟达，陈汉翔副主编．—广州：南方日报出版社，2023.12

ISBN 978-7-5491-2737-5

Ⅰ．①小… Ⅱ．①何… ②莫… ③詹… ④陈… Ⅲ．①科学知识—课堂教学—教学研究—小学 Ⅳ．① G623.62

中国国家版本馆 CIP 数据核字（2023）第 187254 号

XIAOXUE KEXUE PINZHI KETANG JIAOXUE YANGTAI

小学科学“品质课堂”教学样态

主　　编：何建东
副 主 编：莫春荣　詹伟达　陈汉翔
出版发行：南方日报出版社
地　　址：广州市广州大道中 289 号
出 版 人：周山丹
责任编辑：方　明　李嘉荟
责任校对：阮昌汉　朱晓娟
责任技编：王　兰
封面设计：南风生
经　　销：全国新华书店
印　　刷：广州市尚铭印刷股份有限公司
开　　本：787 mm × 1092 mm　1/16
印　　张：19
字　　数：338 千字
版　　次：2023 年 12 月第 1 版
印　　次：2023 年 12 月第 1 次印刷
定　　价：55.00 元

投稿热线：（020）87360640　读者热线：（020）87363865

《小学科学“品质课堂”教学样态》
编委会

主　编：何建东

副主编：莫春荣　詹伟达　陈汉翔

编　委：张茂良　简玲珊　朱柏霖　周德富　刘为淼　张国华
张　沛　邱文婷　蔡敏胜　林　琳　蔡钰珍　张慧敏
庄泽娜　吴景婵　王爱萍　周淑仪　李　玲　郑燕珠
廖　鑫　魏　婷　刘冬冬　莫婧萌

序言 PREFACE

追求科学课堂的“品质”

当前，我们正处于世界经济和科学技术迅猛发展的21世纪20年代，新一轮科技革命和产业变革正蓬勃兴起。在社会发展过程中，科学技术从来没有像今天这样深刻影响着国家前途命运和人民生活福祉。中国正处于以中国式现代化推进中华民族伟大复兴的重要时期，需要着力培养具备科学素养和创新能力的科学技术人才后备军。2023年2月21日，中共中央政治局就加强基础研究进行了第三次集体学习。中共中央总书记习近平在主持学习时强调，“要在教育‘双减’中做好科学教育加法，激发青少年好奇心、想象力、探求欲，培育具备科学家潜质、愿意献身科学研究事业的青少年群体。”

义务教育阶段的科学学科课程，肩负着培养青少年科学精神和树立科学志向的重要使命，对学生科学素养提升和拔尖创新人才的成长具有不可替代的基础性作用。近年来，在政府和社会的共同努力下，我国公民科学素质有了显著的提升。据第十二次中国公民科学素质调查主要结果显示，2022年我国公民具备科学素质的比例达到12.93%。这比2020年高出2.37个百分点，更比《全民科学素质行动计划纲要（2006—2010—2020年）》颁布前的2005年数据提高了11.33个百分点，这是一个巨大的进步。但是，从另一方面来看，我们的中小学生群体对将来从事科学事业的兴趣却有待提升。据“2020年国家义务教育质量监测”科学学习质量监测结果，全国八年级学生期望长大后从事科学相关职业的比例为18.8%，除去其中10.5%期望成为卫生专业人员的学生外，期望成为科学和工程专业人员的学生占 5.7%，期望成为信息和通信技术专业人员的学生占 2.3%，而期望成为科学技术人员和助理专业人员的学生仅占 0.3%。在对四年级学生的相关调查中，也表现出类似的情况。这对承担科学启蒙教育的科学教师提出了新的要求。因为科学素养的形成是长期的，早期的科学教育将影响一个人对科学的兴趣和态度，甚至对其科学精神、科学品质的形成起着决定性的作用。

2022 年 4 月，国家教育部颁布了新的《义务教育科学课程标准（2022 年版）》，将科学学科核心素养作为科学课程培养目标。新的课程标准指出，要使学生在学习科学课程的过程中逐步形成适应个人终身发展和社会发展所需要的正确价值观、必备品格和关键能力，要从包括科学观念、科学思维、探究实践、态度责任等在内的四个方面，使学生通过科学课程的学习、内化，逐步形成崇尚科学、勇于创新的科学品质，形成投身科学事业、建设科技强国、推动实现高水平科技自立自强的社会责任感。

无须讳言的是，目前在各地的小学教育工作中，科学学科并未得到足够的重视。主要表现在科学教育师资力量不足，缺乏具有专业科学知识的师资队伍；科学学科教学研究不足，科学课堂仍存在大量的重知识传授、轻能力培养，或者“活动有余、思维不足”等现象。在 2019 年 6 月印发的《中共中央　国务院关于深化教育教学改革全面提高义务教育质量的意见》中明确指出，在“提升智育水平”方面，要“突出学生主体地位，注重保护学生好奇心、想象力、求知欲，激发学习兴趣，提高学习能力”；在“优化教学方式”方面，要“坚持教学相长，注重启发式、互动式、探究式教学，教师课前要指导学生做好预习，课上要讲清重点难点、知识体系，引导学生主动思考、积极提问、自主探究。融合运用传统与现代技术手段，重视情境教学；探索基于学科的课程综合化教学，开展研究型、项目化、合作式学习。”该《意见》强调了基于真实情境、联系生活实际进行科学学习的重要性，在提高课堂教学的实效方面也对包括科学教师在内的所有教师提出了更高的要求。在科学探究教学中，如何选择合适的教学方法和教学策略，如何创设情境，关注学生的探究体验，引导学生通过主动探究解释身边的科学现象，并在此过程中习得科学方法、形成科学观念，提升科学课堂的品质，成为当下最值得深入研究的小学科学学科教学问题。

2021 年，何建东老师带领东莞小学科学教研团队开始开展这方面的研究。两年多以来，这个善于思考、勤于钻研、乐于实践的科学教研团队，从立德树人的根本任务入手，在以学生为中心、发挥学科育人功能、信息技术与学科教学深度融合、教师素养提升和多元评价等方面进行了科学课堂改革研究，开展了以突出素养为导向、突出以学生为中心、突出以教师为主导、突出学科育人功能、突出信息技术融合、突出综合评价赋能等为特征的小学科学“品质课堂”的理论研究和实践探索。研究团队结合教学实际，提出了教学目标要从三维目标转向核心素养、教学过程要从知识本位转向素养本位、教学方法要从静态单一转向动态生成、教学评价要从局部片面转向真实完整，形成以核心素养为指向的科学教学体系，凸显“人”的培养，体现了“品质课堂”的起点。同时，以科学课堂少教多学、以学定教、以学评教的实施方式，实现从“教”为中心向以“学”为中心转变；引导教师在教学中基于学生生活和认知进行教学设计，以尊重多元化的原则进行教学互动，提供结构性支架实施课堂教学，促学生真正参与探究，形成了“品质课堂”的支点。作为品质课堂的最终落点和教育目标，研究团队提出了在小学科学教学中要注重三个统一：一是综合价值与独特价值的统一，二是显性价值与隐性价值的统一，三是即时价值与长效价值的统一。从科学观念、科学思维、探究实践和态度责任四方面进行综合评价，全面提升小学生科学核心素养，从而体现学科育人价值的综合性和独特性。为实现这个目标，团队还提出了从模式化转向个性化教学、从标准化转向定制化学习、从模糊化转向精准化评价的信息技术融合的教学理念，为“品质课堂”提质增效。这些具有创新性的观点，无疑是对目前基于科学学科核心素养的课堂教学研究理论的一种很好的本土化诠释和补充。

数年来，何建东老师和他的教研团队，从理念萌生到教研和教学实践，尤其是近两年在广东省基础教育小学科学教研基地项目立项后开展的大量探究式教学、项目式教学和大单元教学等教学案例实践研究，进而再进行经验梳理和理论提炼，形成了一系列研究成果。作为其研究的核心成果，《小学科学“品质课堂”教学样态》一书的意义，正是在课堂教学这个科学教育的关键环节的深入研究上做文章，为我们提供了可资借鉴的宝贵经验，对一线教师开展科学教学研究和实践具有较强的指导意义和实际价值。

苏联著名教育家苏霍姆林斯基说过：“世界上没有才能的人是没有的。问题在于教育者要去发现每一位学生的禀赋、兴趣、爱好和特长，为他们的表现和发展提供充分的条件和正确引导。”德国教育家第斯多惠也说过：“教学的艺术不在于传授本领，而在于善于激励唤醒和鼓舞。” 我们的科学教育尤其是小学科学教育，不仅仅是传授一些科学知识，更重要的是激发学生学习科学的热情和兴趣，激发其好奇心和探求欲，引导学生主动参与学习，进而培养其科学态度、科学思维、科学探究实践能力，以及其科学精神，形成正确的价值观。同时，重视学生的个体差异和特长，为他们的个性化成长和全面发展提供充分的条件。

希望何建东老师和教研团队以省小学科学教研基地项目实施为契机，以“品质课堂”研究的阶段性成果为基础，在培养学生的科学核心素养的教学理论与课堂教学实践研究中取得更大的突破，为更高质量地“培育具备科学家潜质、愿意献身科学研究事业的青少年群体”贡献“东莞智慧”。

2023 年 12 月于广州

（作者系广州市教育研究院小学科学教研员，正高级教师）

目录 CONTENTS

第一章　小学科学课程发展与课堂改革

第一节　小学科学课程改革的历程与思考

1912年以来，我国小学科学课程改革与发展经历了经验本位、知识本位、劳动本位、能力本位、素养本位五个时期，不同时期具有不同的阶段特征[①]。

一、小学科学课程发展与改革的历程

（一）经验本位时期（1912—1949）

1912年，中华民国《小学校令》将小学堂中的“格致”易名为“理科”。1923年，《新学制课程标准纲要》将小学堂中的“理科”改名为“自然”。民国时期自然课程目标定位于理解自然现象、指导生活改进。20世纪二三十年代，课程内容设置方面在不同学段呈螺旋式上升态势，20世纪40年代仅在小学高年级设置自然课，课程内容的安排采取直线排列为主。民国初期，学校一般采用赫尔巴特五段教学法。后来，一些学校试验自学辅导法。1919年杜威来华讲学，时间长达两年有余，演讲200余场次，实用主义教育思潮广泛流行，小学自然教学重视适应社会生产生活，强调基于儿童经验的自然学习，具有浓厚的经验色彩。

① 潘洪建．中国小学科学课程发展110年：1912—2021［J］．教育与教学研究，2021，35（7）：45-61．

（二）知识本位时期（1950—1965）

1950年7月，教育部印发《小学各科课程暂行标准初稿》《小学中年级常识课程暂行标准初稿》和《小学高年级自然课程暂行标准初稿》，此时的科学课程教授的是服务于生产、促进国家经济建设的知识，集中体现了科学的功用性。1952年后，全国教育系统掀起了一系列学习苏联教育体系的举措，教学大纲全面“苏化”，教材中的自然基础知识系统化。这种以攀登高峰为目标、以学习系统的科学基础知识为主要任务的知识教育观，直接影响了1964年根据我国第二个自然教学大纲《全日制小学自然教学大纲（草案）》编写的科学课本《自然》，以及20世纪90年代初编写的《自然》。

“苏化”的小学科学课程不符合中国实际，联系生产实际不够。1958年9月，中共中央、国务院发布《关于教育工作的指示》，把以“教育和与生产劳动相结合”为主要任务的教育革命推向高潮。科学课本《自然》中大幅度增加生产知识、卫生常识等功用性知识和文化，甚至独立成册，科学的功用性在小学课程教学中被无限放大，成为唯一的科学文化。

（三）劳动本位时期（1966—1976）

1966年5月7日，毛泽东在一封信中提出：“学生也是这样，以学为主，兼学别样，即不但学文，也要学工、学农、学军。”这就是著名的“五七”指示，“五七”指示成为十年“文革”教育工作的总方针。生产知识代替了科学知识，真正的自然课程处于边缘状态。该阶段特别强调“教育与生产劳动相结合”，自然教学强调为工农业生产服务，并适应“文化革命”的形势，各地中小学实行“三定”：自定课程、自编教材、自选内容。该阶段还强调自然学科的主要研究对象是工农业基础知识，自然教材内容往往以工农业生产知识为主、自然科学知识为辅，教材的主要内容是土壤、肥料、农作物（粮、棉、麦）、病虫害、家畜家禽、电动机、炼钢炼铁、抽水机等方面的基础知识，农业生产知识占据主导地位，物理、化学、生物方面的基础知识所占篇幅很少，生产劳动取代了自然知识的系统学习。

（四）能力本位时期（1977—1999）

1978年党的十一届三中全会后，教育战线拨乱反正。1978至1988年，小学自然课程主要在小学高年级开设，1988年教学计划首次将小学自然课提前到一年级，打破了以往自然课程只在高年级开设的传统。1977至1999年期间，教育部共发布5个小学自然教学大纲，1977年12月，教育部颁布《全日制十年制学校小学自然常识教学大纲（试行草案）》，教材中增加了适应现代化需要的先进科技知识。1981年3月，教育部颁布的《全日制五年制小学教学计划（修订草案）》明确指出，“根据四化需要，必须加强小学自然科学常识教育，培养少年儿童从小爱科学、学科学、用科学的志趣”。与前期的大纲相比，1988年和1992年的大纲强化了自然知识的学习和科学能力的培养，突显了能力发展目标。

20世纪80年代初，哈佛大学兰本达（Brenda Lansdown）教授来华讲学，其倡导的“探究—研讨”教学法备受推崇。与此同时，布鲁纳的“发现学习”、施瓦布的“探究学习”传入中国，引发了我国自然教学改革的热潮。我国学者、教师进行改革实验，探索出一些新的自然教学方法，其中影响较大的有：刘默耕的“引导—探索”教学法，许国梁的“启发式综合教学法”，张洪鸣的“四动”（动眼、动脑、动手、动口）教学法，中央教科所的七字（“看、做、读、想、议、讲、用”）教学法，以及三段（兴趣开头、培养能力、反馈训练）教学、七环节（创设情境、指导探究、师生研讨、引导归纳、验证结论、巩固应用、布置作业）教学等。一些学校创建了教学实验室、制作室、植物圃、水族区、气象哨，开展气象、植物栽培、航模、舰模、标本制作、小发明、小制作等课外活动，促进了学生实践能力的发展。1992年《九年义务教育全日制小学、初级中学课程计划（试行）》颁布后，课外活动开始向活动课程转型升级，众多学校开展活动课程实验，科技活动风生水起，有的学校尝试构建科技活动课程系列，助推自然课程教学。

（五）素养本位时期（2000—2023）

2001年《基础教育课程改革纲要（试行）》颁布，小学科学课程发展揭开了新的一页。2001年教育部颁布的《全日制义务教育科学（3—6年级）课程标准（实验稿）》《全日制义务教育科学（7—9年级）课程标准（实验稿）》明确提出，科学课程是以培养“科学素养”为宗旨的科学启蒙课程。2001年，义务教育阶段课程改革在部分省市试点，至2005年在全国全面铺开。科学课程以探究为手段，培养学生掌握“必要的科学知识、科学的思维方式、对科学的理解、科学的态度与价值观，以及运用科学知识和方法解决问题的能力”。

2017年，《义务教育小学科学课程标准》颁布，科学课程设置起始年级回到1988年大纲的规定年级，即恢复到小学一年级，科学课开始贯穿小学教育全程，课程地位明显提升。此次颁布的《科学课标》首次将工程和技术以独立学科领域的方式纳入科学课程，这在我国科学教育发展中是一个标志性跃升①。以学习进阶方式分段描述不同学段的不同内容及其学习目标，18 个科学大概念、75 个具体概念统领课程内容，精减过于庞杂的知识，进阶递进，推进深层学习。小学科学课堂教学改革十分活跃，除了讲授、演示、实验、讨论方法的优化与完善外，还将引进改造与自主探索相结合，逐渐形成一些新的教学模式，如主题活动教学、问题探究教学、任务驱动教学、5E（吸引、探究、解释、迁移、评价）教学、思维导图教学、HPS（科学史、科学哲学、科学社会学）、教育网络环境教学等，这些方法与模式着力于提高学生的科学素养。

2022 年 4 月，教育部印发义务教育课程方案和科学等 16 个课程标准（2022 年版）。新修订的义务教育课程以习近平新时代中国特色社会主义思想为指导，落实立德树人根本任务，强调育人为本，依据“有理想、有本领、有担当”时代新人培养要求，明确了义务教育阶段培养目标。各门课程基于培养目标，将党的教育方针具体细化为学生核心素养发展要求，明确本课程应着力培养的正确价值观、必备品格和关键能力。新版课程标准进一步优化了课程设置，采用九年一体化设计，注重幼小衔接、小学初中衔接，独立设置劳动课程；结合课程内容，依据核心素养发展水平，提出学业质量标准，引导和帮助教师把握教学深度与广度；通过增加学业要求、教学提示、评价案例等，增强指导性。

二、小学科学课程发展与改革的成就

小学科学课程经历 110 余年发展，直到 21 世纪，人们才真正认识到科学文化之形而下与形而上相互融合形成的“大”科学的重要性，并找到实践它的方式。

（一）改变知识本位，强调学科育人

传统的科学知识教育观以获取知识为目标；而科学文化教育观却将科学视为人类的一种文化活动，更关注探究知识的人，强调围绕“人”开展科学教育。110 多年来，小学科学教科书的教育理念由前者“蜕变”为后者，实现了由“知识为本”向“以生为本”的嬗递，培养出能适应未来发展的未来公民。

20 世纪八九十年代的小学科学课程，虽然加强了教育性，重视引起学生的兴趣，提

① 刘恩山 .《义务教育小学科学课程标准》的变化及其影响 [J]. 人民教育，2017（7）：46-49.

出思想品德结构，但更重视德育和思想教育，而非培养科学精神。直到21世纪初，小学科学课程才把科学扩展到科学观念层面，包括科学精神、价值观，以回归科学的本质。一方面，培养学生形成不受传统观念束缚的科学精神，培养学生养成质疑的态度和独立思考的习惯，培养学生拥有正确认识科学技术的力量；另一方面，培养学生形成自然、科学与人类和谐的价值观，以人类的生存与发展和生物的多样性息息相关为切入点，强调应当保护我们赖以生存的环境。

（二）超越被动学习，提倡自主探究

在20世纪80年代的小学科学教材出版前，对于课本中已经被科学家发现与证实的事实、结论，学生只能在课本中用逻辑证明、实验、观察、练习等接受性的认识方式再次来验证，这是学生认识和学习科学的路径。后来的课程设计一改过去被动的知识设计思路，更关注科学过程，要学生“像科学家一样”参与到探究和发现知识的过程中，重视模拟性的科学实践。在2022年版课标中，“探究”一词出现的频次高达350次，如此强调探究的重要性是因为科学探究是促成学生学会科学地思考，学会运用科学证据，质疑、反驳、辩护、论证已有理论，从而推理并建构自己的科学思维的基本范式。

（三）打破学科界限，走向科学实践

学科实践作为学习方式变革的突破口，为核心素养时代回答学科如何育人的问题提供了新的范式[①]。何谓“学科实践”？通俗地说，在学校教育语境下，“学习者像专家一样思考与行动”，它要求学生用“学科方法”获得或运用“学科知识”，用公式表示为：学科实践＝学科方法＋学科知识。学科实践的实质是指学科专业共同体怀着共享的愿景与价值观，运用学科概念、思想与工具，整合心理过程与操控技能，解决真实情境中的问题的一套典型做法[②]。在2022年版课标中，“实践”出现的频次高达148次，本次课标修订从

① 崔允漷，张紫红．义务教育课程改革的愿景、使命与方向：专访华东师范大学崔允漷教授[J]. 教师教育学报，2023，10（1）：1–10. DOI:10.13718/j.cnki.jsjy.2023.01.001.

② 崔允漷，张紫红，郭洪瑞．溯源与解读：学科实践即学习方式变革的新方向［J］. 教育研究，2021（12）：55–63.

单纯强调探究转向强调探究与实践并重是一大进步，实践也是科学教育的基本范式①。

110多年的小学科学课程发展成就显著：课程名称从“格致”“理科”“自然”到“科学”，课程定位发生了深刻变化；课程目标从知识传授为主到能力发展为主，再到科学素养培为养主，课程内容从知识罗列、分层设计，到内容整合、进阶设计，教材编写的指导思想、结构、内容发生了质的变化；课程教学方法从引进吸收到自主探索，形成了不同特色的教学模式；课程评价从知识本位到能力本位，再到科学素养导向，评价方式走向多元。未来小学科学课程改革与发展的基本走向为：明确课程性质，提升科学课程在课程体系中的地位；课程目标关注科学素养培育，重视科学知识的基础性功能；课程内容纵横贯通，追求必要的深度；教材编制在强调适应性、广度的同时，关注教材内容的基础性、深度；课程教学关注学习方式转变，强化科学实践；课程评价坚持过程性评价与终结性评价结合，不断优化学生学业评价②。

三、小学科学课程发展与改革的思考

（一）坚持立德树人，发展核心素养

为了落实立德树人的根本任务，我国提出了发展学生的核心素养。核心素养是学生在接受相应学段的教育过程中所形成的、适应个人终身发展和社会发展需要的必备品格（包括正确的价值观）和关键能力。核心素养可以为学校育人划策，为教师教学架桥，为学生发展导航。因此，科学课程的目标也应定位为发展核心素养。科学课程核心素养由4个方面构成：科学观念是科学课程本质属性的集中体现，是其他素养的基础；科学思维是关键能力，是素养的核心；探究实践也是一种能力；态度责任是必备品格，反映了科学课程的方向性。

（二）聚集核心概念，加强学科融合

义务教育阶段是科技创新后备人才成长的关键期，加强综合能力培养，注重让学生从

① 张勇，徐文彬．《义务教育科学课程标准（2022年版）》中课程理念、目标和内容的新变化[J]. 基础教育课程，2023（3）：4-10.

② 潘洪建．中国小学科学课程发展110年：1912—2021[J]. 教育与教学研究，2021，35（7）：45-61.

整体上认识世界，发挥不同知识领域的教育功能和思维发展功能，是培养科技创新后备人才的必然要求[①]。为此，科学课程与教学改革要聚焦核心概念，注重内容与经验的结合，动手与动脑的结合，知识学习与社会实践的结合，理解自然现象和解决实际问题的结合，让科学课程与并行开设的其他课程相互渗透。原来的课程标准科学将分成若干个领域，未来的趋势应该打破领域，因为领域之间的概念是相互关联的。比如“物质和能量”，不仅物质科学里有，生命科学、地球与宇宙科学里也有。同时，在重视学科核心概念的同时，也需要高度关注跨学科概念的学习。另外，要基于学科核心概念和跨学科核心概念开展技术与工程实践。

（三）基于学生实际，进阶设计课程

人的发展是螺旋式上升、波浪式前进的。素养本身是进阶的，课程内容和教学也需要进阶。课程进阶设计要做到“三适合与两遵循”，即适合学生的知识经验、认知水平和兴趣特点；遵循学习规律和学科的内在逻辑。教师要做到“三个理解”，即理解学习、理解学科、理解学生。理解学习包括理解学习的本质、条件和规律等；理解学科包括理解学科的本质、学科思想方法和学科结构等；理解学生指须理解学生的知识经验水平、认知水平、学生的兴趣特点等。

进阶设计考虑的因素主要包括以下 5 个方面：①学生思维的发展；②学习方式的改变；③学生知识经验的丰富；④学生兴趣的发展；⑤解决问题的复杂性。除此之外，还需考虑不同学习内容的进阶。例如，从思维发展来讲，小学低年级关注学生对具体现象与事物外部特征的观察、描述、比较、分类、判断等；中年级在关注具体现象和外部特征的基础上，分析现象和事件发生的条件、过程、原因等，涉及归纳、推理；高年级关注事物的结构、功能、变化与相互关系，涉及概括、系统化、控制变量等。学习方式按照指导性学习、引导性学习、自主性学习的层级发展。学习兴趣则有直觉兴趣、操作兴趣、因果兴趣和理论兴趣 4 个层级。

（四）关注思维发展，注重探究实践

教学的核心是思维，学习的关键是思考。探究式教学是科学学习的主导方式，但探究

① 胡卫平．科学课程与教学改革的未来走向[J]. 中国科技教育，2022（6）：10；20；12-15.

式教学的本质不是一个探究的程序，而是一个思维的过程。在重视探究程序的同时，重视学生的积极思维。2017 版的小学科学课程标准中凡是提到“做中学”，就会提“学中思”，凡是提到动手就一定会提动脑，强调动脑的重要性。探究式教学的发展趋势包括两个方面：一是在自主的基础上进行合作学习；二是重视科学探究，强化科学实践，强调核心素养的培养。在科学课程改革中，“科学探究”修改为“探究实践”，包括科学探究，以及技术与工程实践；在学科核心概念的学习中，突出科学探究，强调“做中学”和“学中思”；在技术工程领域，强调技术与工程问题的规范性，让学生养成通过“动手做”解决问题的习惯，培养学生的实践能力。

第二节　小学科学课堂教学的重构

目前的科学课堂也存在着一些“矫枉过正”的问题，如太过于重视科学的“过程”，而忽视了活动内容的适切性、学生的经验准备以及教师的探究教学水平，故此在教学过程中出现了两种“假”探究：一是“形式主义”的探究，走过场、重形式，使学生对重要科学概念的理解不到位；二是“限定性”的探究，课堂以限定性探究活动居多，首新等人认为此类活动虽然强调自主探究，但引导意味过重，丧失了探究的意蕴。为了避免文化与教育的背离，只有协调科学文化与教育的关系，使科学文化建立在学生的认知心理和教师教学水平的基础上，与教育“结缘”，小学科学课程才能发挥其基础性、综合性，才会发生真正的传承与创新。

2019 年 6 月 23 日，中共中央、国务院印发《关于深化教育教学改革全面提高义务教育质量的意见》（以下简称《意见》），这是中共中央、国务院印发的第一个聚焦义务教育阶段教育教学改革的重要文件，是新时代我国深化教育教学改革、全面提高义务教育质量的纲领性文件。《意见》对全面提高义务教育质量做出顶层设计和系统部署，并明确提出要“充分发挥教师主导作用，引导教师深入理解学科特点、知识结构、思想方法，科学把握学生认知规律，上好每一堂课。突出学生主体地位，注重保护学生好奇心、想象力、求知欲，激发学习兴趣，提高学习能力。加强科学教育和实验教学，广泛开展多种形式的读书活动”，要“坚持教学相长，注重启发式、互动式、探究式教学，教师课前要指导学生做好预习，课上要讲清重点难点、知识体系，引导学生主动思考、积极提问、自主探究”，要“融合运用传统与现代技术手段，重视情境教学；探索基于学科的课程综合化教学，开展研究型、项目化、合作式学习。精准分析学情，重视差异化教学和个别化指导”。

《意见》用国家纲领性文件提出教学方式层面的具体要求。启发式、互动式、探究式、课程综合化、研究性学习、项目化学习、合作式学习等教学方法受到鼓励，这些都代表了教育方式变革的趋势。

当今世界，科学发现与技术创新不断涌现，为人类在更大范围、更深层次上认识并合理利用自然提供了可能。科学技术推动了生产力的发展、经济的繁荣和社会的进步，促进了生产方式、生活方式和教育方式的变革。科学技术的快速发展对每一位公民的科学素养提出了新的要求。提高公民的科学素养，对于改善公民生活质量，增强其参与社会和经济发展的能力，建设创新型国家，实现经济社会全面、协调、可持续发展都具有十分重要的意义。

2022 年，《义务教育科学课程标准（2022 年版）》（以下简称《课程标准》）出台，课程理念中明确提出：“面向全体学生，立足素养发展；聚焦核心概念，精选课程内容；科学安排进阶，形成有序结构；激发学习动机，加强探究实践；重视综合评价，促进学生发展。”基础教育课程改革针对旧有课程的弊端，从“知识本位”转向“素养本位”，是培养每一个儿童成为“终身学习者”所必需的基础条件[①]。

无论是传统教学还是现代教学，所有的学习都绕不开“学什么、怎么学、学得如何”三个元素，与之相对应，“问题、活动、评价”是教学设计的基本元素，我们把它们称为课堂教学的三块基石。为贯彻落实《意见》《课程标准》提出的育人目标和教学方式变革的要求，结合品质课堂新样态的探索，教研基地在课堂教学层面开展一系列小学科学教学变革实践，以问题为主线，从学习内容、学习方式、学习评价三个方面进行研究与重构，探索常态可用、常人可学的小学科学品质课堂教学范式新样态。

一、学习内容重构

教学的价值和意义是对知识所内含的思维方式、思想、意义的深度理解和内化，而不仅仅是对表层符号知识的占有。要完成对知识的深度学习，思维的高度参与是关键，而问

① 钟启泉．从“知识本位”转向“素养本位”：课程改革的挑战性课题[J]．基础教育课程，2022（11）：5–20.

题则是激发学生兴趣、培养学生思维的最好手段。以知识为主线的传统型教学，是“教”教材，课堂上侧重的是对知识的记忆和强化训练，学生获得的是对浅层知识“条件反射”式的识记能力；以问题为主线的思维型教学，是“活化教材”，课堂上呈现的是分析、比较、归纳、评价、创造等一系列思维探究活动，学生收获的是对知识的深度理解和可持续学习的能力。

（一）问题主线教学

问题主线教学是小学科学探究学习的一种方式，其具有彰显学生学习主体性、过程目标指向性和核心问题引领性等特征[①]。问题主线，就是以问题为课堂教学主线，让课堂教学围绕问题展开，以问题的提出为学习的开始，以问题的解决为学习的终结，问题贯穿整个学习活动的始终[②]。问题主线的操作要领是培养学生的问题意识：引导学生善于观察，提出问题；引导学生敢于实践，探究问题；引导学生乐于运用，解决问题。

1. 凝练核心问题

核心问题的产生需要经过三次整合，而这三次整合的过程就是活化教材的过程：以新授教材为基础，以关联教材为依托，以学情特点为起始。（见表 1.1）

表 1.1　《车动了吗》核心问题产生表

三次整合	问题凝练
整合一：新授教材	1. 在平稳行驶的车上，相对于站台上固定的物体，你能感觉车在运动吗？如果不看窗外，你能感觉车在运动吗？
	2. 你怎样知道电梯开动了？缆车运动了？
整合二：关联教材	观察身边的物体，哪些物体的位置发生了变化？ （整合二年级下册《说位置》《辨方向》）
整合三：学情特点	四年级的学生，熟悉“运动”现象，却没有参照物的概念，默认以地面为参照物，认为物体的运动状态是唯一的，比较难理解车相对于车内的座椅是静止的。
核心问题	汽车从车站开出，为什么妍妍说车开了，但琪琪感觉车还没有开？如何判断物体发生了运动？

在研读教材、深入理解教材的基础上，提炼出来的核心问题应该是个“大问题”，它

① 马学军，游月殿．小学科学问题主线教学刍议 [J]. 中国教师，2020（10）：47-50.
② 莫春荣．小学科学现象教学 [M]. 北京：民主与建设出版社，2020.

可继续向下分解出探究活动的问题串，还与问题的解决相关联。

2. 设计问题串

培养学生的理性思维，是科学课程教学的重要任务。在问题主线教学中，教师要通过对问题串的设计，帮助学生养成基于证据和逻辑推理的思维方式。而问题的设计一定要有质量，要变“知识呈现”为“问题驱动”，变“知识本位”为“思维本位”。教师依据科学课程标准，针对一节课的教学目标，将教材呈现的教学内容进行分析梳理，在提炼出核心问题的基础上，又将核心问题分解成结构清晰、层层递进的问题串，形成逻辑关联的探究任务链，让问题环环相扣，探究活动层层深入，最终帮助学生解决问题，获得新知。

（二）呈现思维本位

课堂教学是教师的教和学生的学构成的一个有机整体，是教师有计划、有目的地创设教学情景，促进学生全面发展的过程，在这个过程中，教师与学生和核心活动是思维。促进学生和教师积极主动地进行思维活动，是提高课堂教学质量的关键，也是课堂教学改革的方向。因此，品质课堂教学中的教学环节既要聚焦核心概念，也要关注思维发展，让教学回归思维本位。

1. 激发思维

“你觉得全国各地土壤颜色真的不同吗？土壤为什么会有不同的颜色？土壤究竟有几种颜色？”“你有什么办法让土豆浮起来？”“校园里还有哪些植物和莲雾、荔枝相似？”这些问题都能引发学生的认知冲突，可以激发他们的学习思维。

2. 发展思维

问题串聚焦教师的“教”与学生的“学”，突显“品质课堂”探究的有序性（建立科学的探究任务和安排合理的探究环节）和思维的深刻性（掌握探究方法和建构科学概念）。问题串聚焦结构化思维的形成：提出问题（大任务）—问题串（分任务）—小问题（小任务），促进学生思维的发展。问题串要一次呈现，可分一次、两次处理，应避免一问一答的碎片化教学，实现大开大合的教学。

3. 思维迁移

问题解决除了内容的迁移、兴趣的迁移，还要实现思维的迁移，以知识输出反应课堂学习效果。

案例 1.1　《让种子飞起来》

同学们，你们知道这是什么植物吗？它就是被称为植物杀手的薇甘菊，它原产南北洲，现在已成为亚热带、热带危害最严重的杂草之一，已被列入首批外来入侵物种名单，请同学们回到家后在家长陪同下，调查你家附近是否也有薇甘菊入侵，了解一下它的种子有什么样的结构，它是借助什么力量漂洋过海传到中国、入侵东莞的？

案例 1.2　《车动了吗》

在第二次世界大战期间，一名法国飞行员在 2000 米高空飞行时，发现身边似乎有一条“小虫子”在游动，他以为是一只小昆虫，抓来一看，他大吃一惊，竟然是一颗德国子弹。请问这则消息是真的吗？徒手真的能抓住高速飞行的子弹吗？

案例 1.3　《白兰与银杏》

旅人蕉原产于马达加斯加，中国广东、台湾有少量栽培，为园林绿化树种。由于叶鞘呈杯状能贮存大量可饮用的水液，为旱漠旅人提供紧急的水源，故而得名旅人蕉。旅人蕉的茎有双臂抱合那么粗，高 23 米以上，它是否属于乔木？为什么？

三个案例的问题拓展都紧扣核心概念，设计具有驱动性，启发学生运用新学到的核心概念去分析、判断，实现思维的迁移。

二、学习过程重构

学习过程聚焦教师的“教”与学生的“学”。课堂教学过程中，教师和学生的核心活动是思维。将学习过程重构，以板块化教学推进课堂教学变革，以现象引入、问题探究、问题解决、问题拓展为四个板块，以问题为主线，逐步培养学生提出问题的能力、收集和处理信息的能力、获取新知识的能力、分析问题和解决问题的能力，以及交流与合作的能力等，发展学生的创造性、批判性思维和想象力。

（一）问题引发——创设真实情景，凝练核心问题

教师创设一个生活情境或者一种实验情境，由真实或有趣的现象引发一个或一连串的科学问题（核心问题），激发学生开展科学探究活动的兴趣。“活化教材”的两条基本路径是生活现象引入和实验现象引入。

探究学习是围绕着问题展开的，以问题的提出为学习的开始，以问题的解决为学习的

终结，问题贯穿整个学习活动的始终。因此，无论是生活现象引入还是实验现象引入，都要凸显品质课堂的现象真实性：创设真实情境和设计驱动性问题。在研读教材、深入理解教材的基础上提炼出来的驱动性问题应该是个“大问题”，它可继续向下分解出探究活动的“问题串”，还须与问题的解决相关联。

问题引发有三个层次：激发学习兴趣，聚焦核心概念，指向高阶思维。

案例 1.4　《荔枝与莲雾》

我们的校园里种植了不少的果树，其中有荔枝，还有莲雾。校园里共有几棵荔枝、莲雾？校园里还有哪些植物与荔枝、莲雾相似？

本案例为生活现象。“校园里共有几棵荔枝、莲雾？”激发了学生的学习兴趣；“校园里还有哪些植物与荔枝、莲雾相似？”既紧扣核心概念（乔木的特征），又指向高阶思维（引导学生分析、判断哪些植物属于乔木）。

（二）问题探究——分解核心问题，搭建探究支架

围绕核心问题进行分解，形成具有驱动性的问题串，引导学生开展有序探究。它既是学生学习的支架，也是学生思维发展的阶梯。

案例 1.5　《往水里加点东西》

问题一：食盐在水里会如何变化？请写在表 1.2 中。

（猜一猜→放一放→看一看→搅一搅→记一记）

表 1.2　食盐在水中的变化

	猜想	静置一分钟	搅拌后
少量食盐在水中状态			
我的发现	食盐在水中溶解□　　不溶解□		

问题二：白糖、沙子和食用油都能在水中溶解吗？请写在表 1.3 中。

（猜一猜→放一放→看一看→搅一搅→记一记）

表 1.3　白糖、沙子和食用油在水中是否溶解

物质	白糖	沙子	食用油
猜想	溶解□　不溶解□	溶解□　不溶解□	溶解□　不溶解□
实验结果	溶解□　不溶解□	溶解□　不溶解□	溶解□　不溶解□

问题串之间有两种关系：并列式与进阶式。“食盐在水里会如何变化？”与“白糖、沙子和食用油都能在水中溶解吗？”这两个问题串属于并列式。

串下面要搭建学习支架，如探究活动的顺序、思维方法的指导、材料准备的思考、探究活动的记录、概念建构的追问等，帮助学生学会收集、处理信息和分析、解决问题。学习支架根据不同的年龄特征有不同的呈现方式，低年段以勾选、连线、画圈等简单的填写为主；中年段学生已经有了一定的书写、观察、归纳、概括能力，以图表、填空为主；高年段学生书写、观察、归纳、概括等学习能力较强，以表格与方案设计为主。

（三）问题解决——解决核心问题，建构科学概念

科学概念的建立是认知完善的过程，是认知从冲突到统一的过程，认知冲突的统一来自自主思辨和反复修正。当学生对问题串进行深入探究之后，教师要组织学生进行分享交流、批判反思，解决核心问题，发现科学规律，建构科学概念。

在问题解决环节，教师要引导学生描述、分析实验结果，透过现象来分析本质，注重培养学生科学地描述、表达的能力，在解决核心问题的同时逐步构建科学概念，从而推动科学思维的形成和发展。

（四）问题拓展——拓展核心问题，突破三大壁垒

问题拓展是课堂向课外的延伸，让学生有激情、有兴趣利用课外时间进一步探究，突破时间、空间、学科的壁垒。

首先，让探究从课堂延伸到课后，突破时间的壁垒。如：四年级下册《种子发芽了》，教师以“种子萌发时是先长根还是先长芽？”的问题点燃学生探究的欲望，引导学生持续观察一周，让科学探究不因铃声结束而结束。

其次，采取“请进来，走出去”的方式，突破空间的壁垒。联合社会各方力量，邀请科学家们进校园开展科普讲座；联合高新科技企业，如邀请材料实验室、散裂中子原、华为、广东医学院、东莞理工学院等机构和学校的科技工作者们进校园，与同学们一起分享科学研究的经历和故事。科学家和科技工作者们能够点燃学生学科学的激情，很多同学不仅在课堂上积极参与探究，甚至还利用课余时间继续观察、实验，家庭、社区、工厂、大自然成为他们广阔的科学教室。

最后，根据教学内容，注重加强学科之间的融合，突破学科的壁垒。例如《观察蚂蚁》一课中要求学生在观察时画蚂蚁，与美术学科进行融合；《种子发芽了》一课融合数学学科，以测量绿豆的高度、茎的粗细来记录种子的成长；《调查松山湖水质》与语文学科进行融合，让学生在调查松山湖水质后给生态环境局写一份建议书。问题拓展有效地扩大了科学课堂的外延，激发学生的科学志趣，提高了学生的科学素养。

三、学习评价重构

问题解决得怎么样，教学活动是否有价值，都需要评价作支撑。传统教学通过考查学习者获取知识的多少来评价教学，品质课堂则从关注“知识输入”转向关注“思维产出”，将传统的听课评价改为课堂观察，教师们称之为“听课革命”：焦点学生学习历程观察法是一种课堂观察与研究的新范式，能够推动课堂变革[①]。从“看教师”转变为“看学生”，看学生怎样学、学得怎样；从“看场面”转变为“看焦点”，看焦点学生、焦点问题。课堂观察时，只观察某一个学生，记录与他相关的表现及行为，以“四特征”为评价导向，关注学生的思维效能，从而提升学生的思维品质。

（一）本质与变式

在学习内容方面，看学生是否把握了本质与变式，即看学生能否变更观察事物的角度和方法，发现知识的本质特征，在变式思维中掌握事物的内涵和规律，关注学生思维发展的深刻性。如“蚂蚁长啥样”课堂观察记录，观察对象是家耀同学，选择的角度是“本质与变式”。

家耀同学不知道怎么画蚂蚁，想了许久，画了四个圆圈，在第一个圈上画了两只眼睛、两根触角，在四个圈左右两边分别画了一条腿，共八条腿。画完后很开心，与同伴分享，发现与同伴画得不一样，两人眼对眼，一脸疑惑，不知道谁画得对。家耀拿着放大镜观察蚂蚁，在纸上画了三个一样大的圈；把头凑近观察，划掉了原来的圈，重新画了三个圈，中间圈最小，第三个圈最大；又拿起蚂蚁，皱着眉头看了很久，给三个圈左右两边分别画上一条腿，共六条腿，然后得意扬扬地给同伴看。同伴发现两人画的蚂蚁腿的部位不一样，

① 陈静静．课堂观察新取向：以焦点学生观察推动课堂变革[J]．教育研究与评论（课堂观察），2021（4）：7–9.

家耀再拿起蚂蚁观察，发现腿全部长在胸部，重新画了一次，再与同伴对照，完全一样。他对比几次所画的蚂蚁，点了点头。

（二）建构与反思

在学习过程方面，看学生是否展开了建构与反思，即看学生在学习中有没有进行比较、分析、质疑、判断、概括等思维活动，有没有形成自己的观点，对自己的学习是否进行了检验和重新认识，关注学生思维发展的灵活性和批判性。如“运动与摩擦力”观察记录，观察对象是曾舸同学，选择的角度是“建构与反思”。

在探究环节中，曾舸同学首先联系生活现象思考与体验了摩擦力的存在；他测量的摩擦力大小与同伴的实验结果不一样，受到了同伴的质疑。曾舸思考后与同伴交流，达成以控制变量的实验来进行验证的共识，最终得出正确的结论，在学习过程中开展了建构与反思。

（三）探究与协同

在学习方式方面，看学生是否亲历了探究与协同，即看学生在学习过程中有没有开展主动学习、团队学习和参与式学习，关注学生思维发展的深刻和敏捷性。如“用水果电池点亮小灯泡”课堂观察记录，观察对象是子健同学，选择的角度是“探究与协同”。

在探究“怎样连接电路让水果产生电”的环节，子健同学与同伴发生了分歧，他们分别画出了两张不同的电路连接图。子健按照自己的想法进行了验证，而没有接受同伴的建议，可见有探究但未协同。而在实验操作“用水果点亮小电泡”环节，子健一开始连接错误导致灯泡没有亮，在同伴借鉴其他组的做法并给出正确的建议后，他接受建议并进行尝试，从而实验成功，在此过程中有探究也有协同。

（四）迁移与运用

在学习结果方面，看学生是否学会了迁移与运用，即看学生能否从“知道”“了解”这样的浅层学习进入“发现”“创造”的深度学习，关注学生思维发展的独创性。如“揭秘四季的变化”课堂观察，观察对象是启程同学，选择的角度是“迁移与运用”。

在探究环节，启程同学在观察、分析图表后与伙伴讨论，得出地球公转引起太阳的直射与斜射，而阳光照射的角度和影子长短有关的结论。而在模拟实验环节，启程倾听、观察“微课”后与伙伴合作做模拟实验。他在伙伴提示下能正确操作实验，伙伴测量和记录A、B、C、D影长分别为12 mm、40 mm、11 mm、0.5 mm。启程看数据后质疑道：“D点的影子怎么这么短呢？”建议再做一次实验。全组做完实验后讨论，得出正确结论。在发现规律环节，当其他小组的同学对启程小组的结论产生疑问时，启程与同伴通过演示与解说，再现了他们的推理过程。由此可见，他们在学习结果方面实现了迁移与运用。

课堂教学要做到兼顾知识传授和思维培养。培养学生形成良好的学习习惯和思维品质是课堂教学的要义，是教学之于学生最有意义之处。因此，我们强调课堂教学应该由知识型向思维型转轨，即由知识课堂向思维课堂转变。品质课堂从问题提出、问题探究到问题解决都指向思维的培养，变知识主线为问题主线，变“教教材”为“用教材教”，变知识课堂为思维课堂，让课堂闪耀着思维的光芒。

亲历者言

作为一名年轻的科学老师，我如何才能让课堂有“科学味”呢？课堂中我又应该用什么样的方式来吸引同学们的目光呢？自制教具以其独特性存在于科学课程教学中，不断地影响着教师与学生。创新教具能激发学生好奇心，增加学习的趣味性与严谨性，锻炼学生动手动脑的能力，活化学生的思维，提升他们的核心素养，助力品质课堂的建设。也正是因为其潜在的重要价值，激励着我在自制教具的道路上一直不断探索。

——东莞市黄江镇第二小学　聂锦新

第二章　小学科学“品质课堂”的概述及特征

随着社会的快速发展和国家对人才培养要求的不断提高、人民群众对美好生活的无限向往，人们对学校的办学质量也提出了更高要求。众所周知，教学是学校的中心工作，课堂是教师教学和学生学习的“主阵地”，课堂教学品质提高了，学科教学的品质才能提高，学校教育的质量才能适应新时代的发展。因此，引导学校、教师在课堂上下苦功、出真招，是“双减”政策的底层逻辑，是新时代深化教育改革的根本着眼点。

2020 年，教育部公布“基于教学改革、融合信息技术的新型教与学模式实验区（2020 年 8 月）”及“基础教育国家级优秀教学成果推广应用示范区（2020 年 12 月）”名单，东莞市光荣入选教育部“两区”。东莞市以此为契机，于 2021 年 1 月召开“全市推进品质教育建设大会”，明确将“打造品质教育”作为接下来一个时期内加快东莞教育现代化的核心战略，并推出了包含“品质课堂”在内的“1＋12”行动计划，希望通过“品质课堂”建设，让教师获得较快的成长并获得职业幸福感，让教师愿教、乐教，让学生愿学、乐学。

第一节　东莞市小学科学“品质课堂”概述

一、“品质课堂”的研究现状

目前研究“品质课堂”的文献不多，经查阅，在 2009—2020 年期间，各学术期刊总刊发论文 164 篇，全部为中文文献。从图 2.1 可以看出，有关“品质课堂”的研究文献数量在 2020 年后才开始逐渐增多，且增长幅度较大。

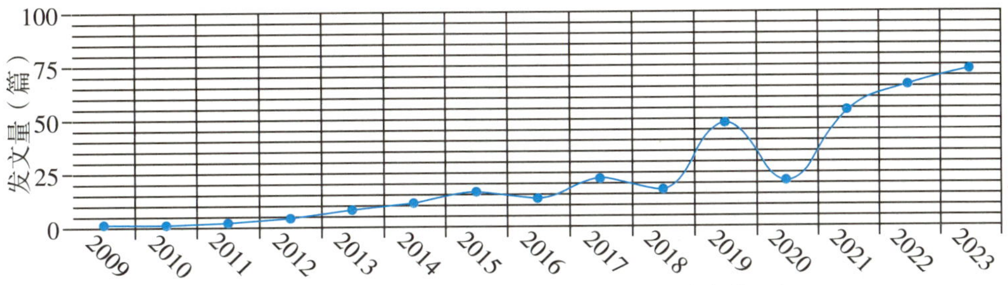

图 2.1 “品质课堂”研究文献数量变化图

自 2010 年起，大连金州、哈尔滨道里、重庆九龙坡区、安徽涡阳四中等实验区（校）进行了高品质课堂的理论实践研究，并取得了一定的研究成果。2016—2018 年，中国教育科学院李铁安、宫学莉、于春吉等人先后编写了《高品质课堂创新案例研究丛书》《高品质课堂的塑造》《高品质课堂的理念与实践》等学术著作。2019 年至 2021 年，在四川省教研院的带领下，成都七中育才学校、棠湖中学、绵阳外国语学校、泡桐树小学以及一些优秀教师也开始陆续进行高品质课堂的构建与实践研究。2021 年 3 月，东莞市召开品质教育建设大会，正式启动“品质课堂”[①]行动计划，提出以“高效课堂”和“莞式慕课”教学改革成果为基础，紧紧围绕立德树人根本任务，坚持有教无类、素质教育、因材施教的教育理念，以让每一个学生接受有品质的教育为价值追求，深入推进“品质课堂”，通过课堂变革带动教学品质提升，让师生享受过程的精彩与成长的幸福。此后，东莞市所有学科都以“品质课堂”建设为抓手，陆续制定了学科“品质课堂”建设行动方案，推动学科教育改革。

目前，“品质课堂”的研究主要围绕以下几个方面：“品质课堂”的本质内涵与价值追求、“品质课堂”的基本要素、“品质课堂”的设计思路、“品质课堂”构建方法、“品质课堂”实践研究等。

二、“品质课堂”的内涵

在《新华字典》里，“品”作为形容词时，意思为“众多”；“品”作为名词时，表示事物的种类、等级、格调、标准。在《现代汉语词典》中，“质”为名词时，有“性质”“本

① 2021 年 3 月 22 日上午，东莞市教育局召开“品质课堂”建设推进会，推动全市各学科开展“品质课堂”建设。

质”“质量”等义；“品质”二字则指人的行为和作风所表现的思想、品性、认识等的本质，以及物品的质量。可见，品质主要是指某事物、某事件的等级和质量的高低。从某种意义上讲，品质是一种超越一般标准或高于平均程度的事物表征。因此，我们所追求的“品质课堂”也是超越一般标准或高于平均程度的课堂。

何为“品质课堂”，目前学术界的意见并不统一，主要有以下定义：富有生命意义的课堂；立德树人的课堂；有效的课堂；让人难忘的课堂；高效率、高标准、高定位、高起点、高要求的课堂；有高尚的教育哲学、有高远的课程内涵、有高标的课程结构、有高妙的智慧空间的课堂；以最大程度、最短时速、最佳效果实现教与学的活动，达到预期课堂目标的课堂等。各种“品质课堂”定义的标准各不相同，包含了“教学的目标达成”“课堂的质量效益”“课堂的价值追求”等。中国教育科学研究院李铁安博士在《高品质课堂的塑造》中将品质课堂的基本特征概括为：“高尚、本真、丰厚、灵动。”东莞市教育局把“品质课堂”的特征表述为，“突出以学生为中心、突出发挥学科育人功能、突出信息技术与学科教学深度融合、突出教师素养提升、突出多元评价”，预期达到推进课堂教学变革，落实“有教无类、素质教育、因材施教”的理念，达到立德树人的目标。

三、“品质课堂”的研究述评

通过对“品质课堂”的本质内涵进行梳理总结，我们发现研究者对“品质课堂”的定义标准不一。研究者对“品质课堂”研究的认识比较单一，缺少深度、全面性。如：

（一）品质课堂教学模式研究不成熟，缺少具体可行的实践框架

大连金州新区提出了“问题驱动”课堂，“悦目赏心，主体驱动”教学模式、“六六课堂”教学模式、“问题多维驱动”教学模式等。成都《基于学科核心素养的高品质课堂模式建构策略》一文中提出了新课模式：教材导读—问题导思—反馈导练—反思导悟；复习课模式：知识温习—例题讲习—技能练习—课后补习；评讲模式：问题评析—错题点评—变式练评—课后自评。新课改后，教学模式百花齐放，但这对于四川省以外的学校是否适用、如何选择等都是问题。所以为了促进教学质量提升，各个学校应该建构本土化模式。

（二）已有的课堂教学模式缺少相关的课堂实践支撑

目前的品质课堂大部分还停留在以已有的教学经验为基础来研究、建构能提高教学质量的课程教学模式的阶段，而后并没有以大量的课堂实践作为支撑。在品质课堂的理念下，目前研究可分为：品质课堂实践的理论研究；品质课堂建设策略研究；品质课堂的内涵价值研究；融合学科核心素养的品质课堂研究；如何实现高品质的课堂，例如智慧课堂，体验式教学等；品质课堂某一环节“学生展示”研究；等等。对已有的课堂模式还没有相关的课堂实践。

（三）小学科学“品质课堂”的实践研究还很少

目前查阅到的文献中发现，初中物理、小学语文、小学英语学科的品质课堂有少量的研究，但将品质课堂与小学科学融合在一起的实践研究则很罕见。

从研究现状来看，小学科学“品质课堂”的实践研究具备较高的研究价值。主要体现在：

1. 对“品质课堂”的内涵和特征进行辨析，为学科课程改革提供理论依据。

2. 基于“品质课堂”的内涵，打造东莞市小学科学“品质课堂”新样态，为东莞市乃至广东省提供一种高品质的课堂教学研究和实践范式，具有非常高的实践参考价值。

（四）东莞市小学科学“品质课堂”内涵

东莞市小学科学“品质课堂”建设是东莞市“品质课堂”建设的组成部分。东莞市小学科学“品质课堂”的根本任务是立德树人，“品质课堂”的建设和实施要落实“有教无类”“素质教育”和“因材施教”三个教育理念，与常态课堂相比，它重点突出五个变革，分别是“突出以学生为中心的变革”“突出发挥学科育人功能的变革”“突出信息技术与学科教学深度融合的变革”“突出教师素养提升的变革”“突出多元评价的变革”。

品质课堂是指向核心素养的课堂。东莞市小学科学“品质课堂”建设是在新课标的指导下，探索把学科核心素养和学业质量落实到每一个课堂的实践。东莞市小学科学“品质课堂”追求让学生实现高质量的自主、全面、持续发展。这需要我们以学生为主体，教师为引导，问题为主线，通过生生互动、师生互动，让学生通过解决学科问题来提升学科能力，从而培养学生的自主学习意识。“品质课堂”在优化教学方式、多元化的活动，激发学生兴趣的同时，促进学生全面发展，为终身学习奠定基础。“品质课堂”以小组学习为单位，使学生学会合作学习，勇于共同探究学习问题，同时也关注了每一位学生的成长。学生学科素养的养成需要教师有较高的学科素养，并在有意无意间施加潜移默化的影响。

总之，“品质课堂”是基于让全体学生全面发展的基本立场，发挥学科育人价值、教师的主导作用、学生的主体地位，提倡学科融合、追求师生共同成长的高质量的课堂。

第二节　东莞市小学科学“品质课堂”特征

一、突出以素养为导向

《义务教育课程方案（2022年版）》和各学科课程标准（2022年版）将课程的功能指向立德树人，育人价值上升为课程的第一价值。课堂是落实课程育人价值的主阵地，教学以活动的形式将课程的育人价值具体实现出来。有什么样的课程就要求什么样的教学。新的小学科学课程要求有新的教学模式与之相适应，以核心素养为导向的新课标必然要求我们变革传统的课堂模式，追求以核心素养为导向的小学科学“品质课堂”实践。这就要求我们的“品质课堂”在教学目标上要更加聚焦于核心素养的发展，在教学过程中要更符合核心素养生成的内在逻辑，在教学方法上要更有效推动核心素养的生成，课堂教学评价更能充分反映核心素养的发展情况，最终构建起区别于传统的新的小学科学“品质课堂”教学样态。

（一）教学目标：从三维目标转向核心素养

2001年教育部发布的《基础教育课程改革纲要（试行）》确立了小学科学课程目标为“知识与技能、过程与方法、情感态度与价值观”的三维目标。然而，在实际的课程实施中，“三维目标”的实现情况与设想存在差距。如，在小学科学教学中，存在过于强调学生的体验、小组合作等形式，导致基础知识和基本技能被弱化；课程目标中的“过程与方法”与“知识与技能”之间“若即若离”；情感、态度和价值观的落实“捆绑而非融合”等问题。这些问题的存在，使得课程目标在教学实践上难以合理、有效地拟合与把握。

2014年教育部发布的《教育部关于全面深化课程改革落实立德树人根本任务的意见》

标志着我国的教学目标从“三维目标”转向“核心素养”，更注重“人的发展”[①]。《义务教育科学课程标准（2022年版）》提出，科学课程要培养的学生核心素养，主要是指学生在学习科学课程的过程中，逐步形成的适应个人终身发展和社会发展所需要的正确价值观、必备品格和关键能力，是科学课程育人价值的集中体现，包括科学观念、科学思维、探究实践、态度责任四个方面。

教学目标转向核心素养，教学以学生的核心素养发展为靶，教学目标以核心素养为落脚点，是小学科学教学“品质课堂”的必然要求。

（二）教学过程：从知识本位转向素养本位

小学科学“品质课堂”要求我们的教育从知识本位转向素养本位，落实在课堂教学中就是要探寻把知识转化为素养的机制和原理。

小学科学“品质课堂”区别于传统教学的核心要点有两方面，一是变革教与学的关系，从以“教”为主走向以“学”为主，建立学习中心课堂。教学过程不是将学生引向已知，而是将学生引向未知，使学生在具体情境、真实情境中观察思考，让学生自主地面对未知之境，在其中进行有价值的探索和研究，解决其中的复杂问题，在这个过程中形成解决复杂问题的“专家能力”[②]。像专家一样，以研究的态度和方法解决复杂问题，是核心素养的重要表征方式。

二是强化实践意识，以学科实践为抓手构建实践型育人方式。指向核心素养的教学，将教学过程看作是一个建构的过程，而不是一个预定的过程。换言之，教学过程不是教师带领学生“在跑道上跑”的过程，而是“跑出跑道”的过程。尽管在“跑”的过程参考了课程内容所提供的“跑道”，但教师和学生实质上并不是在课程内容的“跑道”上“跑”，教师和学生在教学过程中所“跑”的，是一个相对独立的“跑道”。这个“跑道”不是事先形成的，而是教师和学生在教学过程中通过相互作用，在对话与研究中现实地建构出来的。

---

① 申继亮．把握育人方向 创新育人模式：解读教育部《关于全面深化课程改革落实立德树人根本任务的意见》[J]. 基础教育课程，2015（3）：3.

② 刘徽．“大概念”视角下的单元整体教学构型：兼论素养导向的课堂变革[J]. 教育研究，2020，41（6）：14.

（三）教学方法：从静态单一转向动态生成

有什么样的教学方法就会形成什么样的教学过程，进而达成什么样的教学目标。指向核心素养的教学目标，在方法维度上强调教学方法的生成性。所谓教学方法的生成性，是指教学方法在客观上促进核心素养的生成，为核心素养的生成提供具有积极意义的条件。满堂灌、死记硬背、题海战术、讲实验等传统教学方法是难以培育出核心素养的。

素养导向的小学科学“品质课堂”要求我们在教学中应尤为注重培养学生创新能力与批判性思维，运用启发式、探究式、讨论式、参与式等多元化、生成性的教学方法。这种教学方法能够使学生沉浸到学习过程中，生成情真意切、丰富深刻的学习经历和学习体验，形成独立思考、勇于创新的良好品质。

同时，我们应该认识到，指向核心素养的教学并不简单地否定任何一种教学方法，不论是授受式教学方法，还是讨论式教学方法或实践式教学方法，都要结合具体的教学情境与过程，优化教学方法，使教学方法更具生成性，更有利于促进学生核心素养的生成。

（四）教学评价：从局部片面转向真实完整

指向核心素养的教学，需要有与之相适应的教学评价方式，以使教学过程与结果中的核心素养发展状况显露出来，对评价主体可见。表现性是指向核心素养的教学评价的基本属性。基于核心素养改进教学评价，就是使教学评价更真实、完整地表现学生的核心素养，并尽可能使这些表现反过来促进学生核心素养的生成和发展。

纸笔测验是常见的教学评价方式，虽偏重记忆性知识检测，但因其正式性、书面性而具有操作优势。受试题开发技术限制，纸笔测验对复杂心智能力和品格行为检测不足。但这并不意味着教学应完全抛弃纸笔测验，它仍是重要的评价方式，尤其在高利害、甄别性教育评价中。因此，应合理使用纸笔测验，改进试题开发技术，使试题更好地表现学生的核心素养。具体包括：适当控制对基本事实的检测量，增加对基本事实的分析评论性题目，开发解决现实问题的操作设计题目，以及立场选择与辩论性题目。

言行观察是指向核心素养教学的重要评价方式，尽管在高利害、甄别性考试中使用受限。它包括课内学习过程中的言行，以及课外自主言行。课内学习过程的言行反映学生是否有效理解和构建核心素养。虽然一节或几节课难以看出显著的核心素养生成情况，但可以通过学生完成学习任务的情况，判断其核心素养是否有效生成。课外自主言行是学生核心素养的最佳表现，可以通过观察学生在自然生活中对课程相关因素的敏感性、认识度和使用方式，评价其核心素养。例如，如果学生能用数学的眼光观察、思考和描述现实世界，可以认为他具有良好的数学核心素养。

作品考察是通过评估学生作品来评价其核心素养的一种方式。作品是学生学习的结果，反映了他们的知识、能力和品格。学生的学习态度和过程影响作品质量和其核心素养的发展。可以通过评估作品的质量、创作过程和对作品的解读，来判断学生的核心素养。虽然评估作品质量是最直接的方式，但可能存在片面和武断的问题。因此，结合更多信息，如作品的创作过程和作者的理解，可以更真实地反映学生的核心素养。

总之，以核心素养为指向，构建素养型教学目标、开放性教学过程、生成性教学方法、表现性教学评价，形成适应于新课程的教学体系，是推进义务教育教学改革的应然措施。核心素养是新时代教学的支柱与灵魂，新时代教学因核心素养而产生新的追求，转向新的形态，迈上新的台阶，进入新的境界。

二、突出“以学生为中心”

“以学生为中心”的教育观点是以人本主义和建构主义学习理论为主要依据，在20世纪50年代由美国人本主义教育家卡尔·罗杰斯率先提出。罗杰斯认为，“以学生为中心”实质上就是要尊重受教育者在学习中的主体地位，教育者必须做到三点：一是具备真诚、接受和理解的优良品德；二是做到真正尊重受教育者；三是真正把受教育者看作是学习的主体，并创造一切条件和机会促进其学习和变化①。自提出以来，该观点引起了国内外学术界的广泛关注。近年来，国内学者对“以学生为中心”的教育教学及其内涵也做了许多研究，尽管内涵的解读不尽相同，但学术界一致认为：教学的目的、任务不在“教”，而在“学”。最根本的目标是要实现从“教”为中心向以“学”为中心转变，即从“教师将知识传授给学生”向“让学生自己去发现和创造知识”转变，从“传授模式”向“学习模式”转变②。2022年东莞市“品质课堂”建设把突出“以学生为中心”作为改革的重点，

① 冯小燕，丁洋．“以学生为中心”的教育教学体系构建及实施路径[J]. 肇庆学院学报，2019（3）．
② 刘献君．论“以学生为中心”[J]. 高等教育研究，2012（8）：6. DOI:CNKI:SUN:HIGH.0.2012-08-000.

强调学生独立、能动的学习活动是教学过程中的本体性或目的性活动，而教师讲授则是引导学生能动参与学习活动、促进学生有效完成学习过程的条件性活动或手段性活动，以改变“教师讲授为中心”的教学倾向。在“以学生为中心”的视域下，东莞市小学科学“品质课堂”的设计遵循以下三个原则。

（一）教学时空：少教多学

从教导与学习占用的教学时空大小来看，“以学生为中心”的课堂要求学生能动、独立（自主）的学习活动占据主要或大部分的教学时间和空间，即“少教多学”[①]。由于一节课的教学时间总量是一定的，因此，在“以学生为中心”的教学中，教师应尽可能给予学生更多独立学习的时间，而这一要求以尽可能减少教师单边教的时间为条件。依据“少教多学”的要求和科学课程的特点，以探究式学习为例，小学科学“品质课堂”课堂教学时间分布如图 2.2 所示。

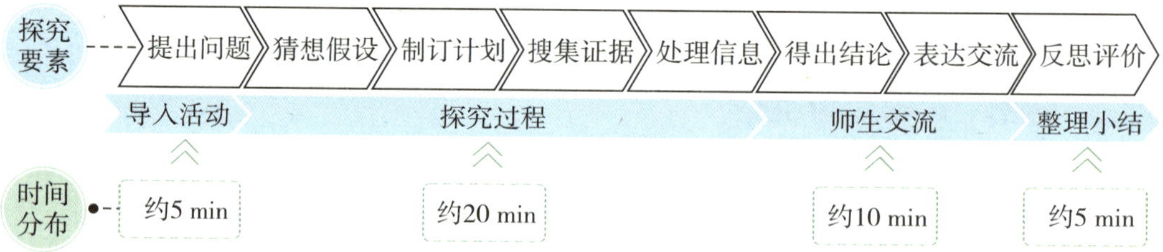

图 2.2　探究式学习教学时间分布

导入环节中，教师需要创设真实情景来聚焦本课的探究问题，激发学生的前概念。在探究过程中，教师应引导学生基于已有经验和所学知识，从现象和事件发生的条件、过程、原因等方面提出假设，制订简单的探究计划。同时教师还应引导学生通过观察、实验、查阅资料、调查等方式获取事物的信息。交流研讨环节中，教师应引导学生用比较科学的词汇、图示符号、统计图表等方式记录整理信息，并运用分析、比较、推理、概括等方法分析结果，得出结论。整理小结环节中，教师应引导学生对探究过程进行反思，并将习得的科学概念和方法进行迁移。

“少教多学”的原则要求凡是学生能独立探究的内容，教师一定要放手；教师要将讲授的时间控制在必要的范围内，将更多的时间用于激发和指导学生能动、独立地学习。当

① 陈佑清，余潇．学习中心教学论 [M]. 北京：教育科学出版社，2022.

然，具体的教学时间分配应该根据年段、学科内容和课型来确定，不能机械地划分教导和学习的时间比例。“少教多学”是一个动态的原则，而不是一个固定的公式。

（二）教学依据：以学定教

在“以学生为中心”的教学中，教学设计的基本逻辑是“以学定教”。这里的“定教”是指：教师要从学生的认知和视角来设计教学目标，选取教学方法，指引教学评价，提高教学效率①。东莞市小学科学“品质课堂”“以学定教”的教学活动可以按照“诊断—修正—解释”三个环节展开。

1. 诊断：了解前概念

建构主义理论指出，学习过程是学习者原有的认知结构与从环境中接受的感觉信息相互作用、主动建构信息意义的过程。在个体学习过程中，学习者先前的知识、经验以及思维方式起着极其重要的作用②。因此，了解学生的前概念是“以学定教”的一个关键步骤。在课前，教师可以通过问卷调查、访谈、观察等方法了解学生有哪些前概念，这些前概念中又有哪些迷思概念，理由是什么。然后，教师再依据学生的认知水平设计适宜的教学目标，从而展开有效教学。

例如，A 教师在执教《果实和种子》一课时，需要了解学生对种子的认知水平，于是制作了一份二段式的调查问卷，了解对学生对种子的认识，调查结果如图 2.3 所示。

1.核桃是种子吗［单选题］

选项	小计	比例
是	33	82.5%
不是	7	17.5%
本题有效填写人次	40	

表格　饼状图　圆环图　柱状图　条形图

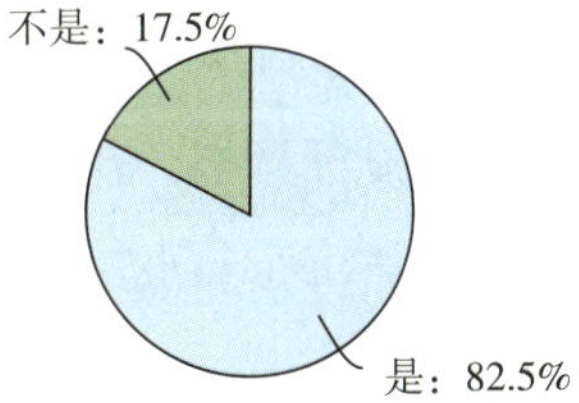

图 2.3　学生问卷结果统计

全班 40 名同学完成了调查问卷。调查结果显示：认为“桃核是种子”的同学占比为 18.42%。由此可见，81.58% 的学生对“桃核是否是种子”存在迷思概念，理由如表 2.1 所示。

---

① 陈佑清，余潇．学习中心教学论［M］. 北京：教育科学出版社，2022.

② 温彭年，贾国英．建构主义理论与教学改革：建构主义学习理论综述［J］. 教育理论与实践，2002，22（5）：6. DOI:CNKI:SUN:JYLL.0.2002-05-003.

表 2.1　学生迷思概念统计表

学校 / 年级	选项	学生理由
A/ 三年级	是	✧ 桃核是桃的种子，桃树是双子叶乔本科种子植物。 ✧ 桃树是种子发芽长大的。 ✧ 因为桃子的核可以种出桃树和桃子。 ✧ 因为所有的水果里面一定有一个核，核里面就是种子，我在吃水果时发现了这一个规律。 ✧ 因苹果里面的果核可以种出苹果树，桃核也一样。 ✧ 因为桃核可以发芽。 ✧ 因为桃核可以种植，长出植物。 ✧ 因为里面的肉里有种子。 ✧ 因为大多数果子的核几乎都是种子。 ✧ 桃核是桃的种子的外壳，敲开就可以看到它的种子。
	不是	✧ 它是果壳，不是种子。 ✧ 因为桃核是内果皮加种子。桃核的硬壳是内果皮，桃仁才是种子。 ✧ 桃核的硬壳是内果皮，桃仁才是种子。

调查结果表明：学生关于“种子”的前概念是片面的、零碎的，与科学概念相比有很大差异。以此为依据，教师把“观察桃核”作为本节课教学的重难点，帮助学建构“种子”的科学概念。

2. 修正：解构迷思概念

建构主义学生中心理论强调学生是自己知识的建构者[①]。依据建构主义学生中心理论，在“以学定教”的教学过程中，以概念转变的小学科学教学设计为例，教师可以将学生认知过程、教师教学过程、科学过程三者有机统一起来，形成“儿童 · 教学 · 科学”三统一的过程设计框架，让学生认知过程线、教师教学过程线、科学过程线“三线”融合，形成三条纵向过程和多层横向活动交互联结的过程节点。如图 2.4 所示：

如果学生的前概念是不科学或者错误的，教师可以通过提供活动材料，创设个人认识与事实证据之间、个人认识与科学概念之间的“冲突”等方式，引导学生自主探究。在探究实践的基础上，教师应引导学生依据事实有层次地推测与验证。在这个过程中，学生会进一步暴露自己的迷思概念，感受不同观点和解释之间的差异，产生思维碰撞，从而修正原有错误认知，逐步建构新的科学概念体系。

① 温彭年，贾国英．建构主义理论与教学改革：建构主义学习理论综述 [J]. 教育理论与实践，2002，22（5）：6. DOI:CNKI:SUN:JYLL.0.2002-05-003.

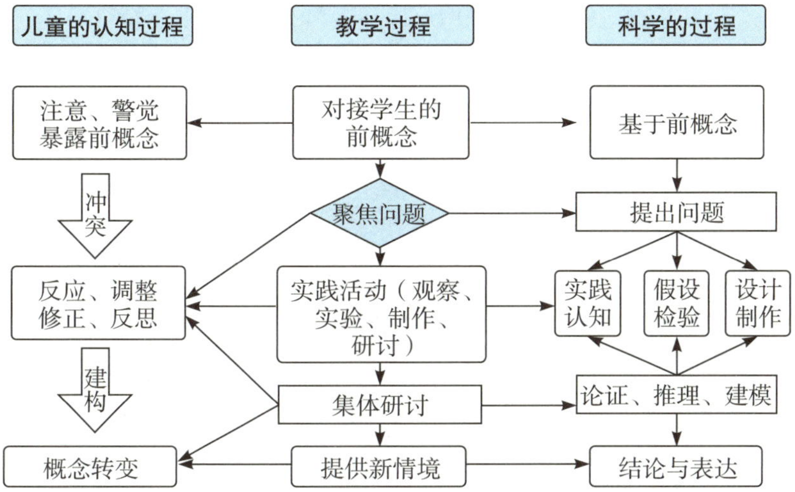

图 2.4　“儿童·教学·科学”三统一的过程设计框架

3. 解释：建构科学概念

在解释科学现象和实验结果时，需要对观察对象进行客观、正确的描述。小学生的语言表达能力有限，因此教师需要引导学生客观准确地描述观察到的现象和收集到的实验数据。同时，在进行观察和描述时，还应该强调让学生基于证据发表自己的观点。教师可以通过追问的方式帮助学生理解“数据”与“结论”之间的逻辑关系，建构起“结论”与“证据”之间的关联。比如：为什么会出现这样的现象？这些现象和数据说明什么？你能得出怎样的科学结论？这样可以强化学生对“数据”与“结论”间逻辑关系的认识，帮助学生完成科学概念的转变，从而更好地理解科学原理。

（三）评价依据：以学评教

1. 确定“以学评教”的评价思路

“以学生为中心”的教学主要是从教师教导之下学生学习的状态及结果来评价教师的教学效果，即以学论教或以学评教[1]。它偏重于从学生在课堂教学中所表现的学习行为的状态的角度，如学习行为的针对性、能动性、多样性、选择性等方面设计评价指标体系。（见表 2.2）

① 陈佑清，余潇．学习中心教学论 [M]. 北京：教育科学出版社，2022.

表 2.2 “以学生为中心”的学习行为的主要特征

学习行为特征	学习行为特征的内涵
学习行为的针对性	学习行为与教学的目标、内容、条件及学情是匹配的
学习行为的能动性	学生主动参与学习活动并积极进行内部信息加工
学习行为的多样性	采用与多种教学目标、内容、条件相适应的多样行为
学习行为的选择性	学生可根据自己的学情进行学习行为的选择

学习行为的针对性、能动性、多样性、选择性这四者之间存在特殊的关系。对于以学生为中心的教学而言，学习行为的针对性是基础性的、内在的，而学习行为的能动性、多样性及选择性则是学习行为具有针对性的外部表现。因为，当学习行为相对于教学的目标、内容、条件及学情而言具有针对性时，学生的学习必然会具有能动性、多样性和选择性。

2. 开发“以学评教”的观察量表

基于以上思考，东莞市小学科学学科中心组成员依据《义务教育小学科学课程标准（2022 年版）》核心素养的要求，结合学生学习行为的状态，开发了东莞市小学科学“品质课堂”评价量表。评价量表包括两个部分：教师“教”的品质和学生“学”的品质，分值权重各占 50%。学生“学”的品质包含学生的参与情况、思维品质、合作交流、知识发展、能力发展和情感态度 6 个方面的二级指标，表中最后一栏用于记录 6 个观察指标的实际表现。应用该评价指标体系，基本上能全面评价教师教导行为的总体表现及课堂教学的实际效果。（见表 2.3）

表 2.3 东莞市小学科学“品质课堂”课堂教学评价量表

一级指标	二级指标	评价要素	得分
教师“教”的品质（50%）	教学理念（5%）	面向全体学生，以学生发展为本，关注信息化环境下的教学改革，实施以探究式学习为主的多样化学习方式。	
	教学目标（5%）	以学生为中心，落实学生核心素养发展要求；教学目标表述准确，设定合理，符合学生实际，达成度高。	
	教学设计（5%）	关注学生已有经验，活动设计结构性强，有层次，有利于学生的体验、合作、探究；活动器材准备充分，活动记录单设计合理。	

（续表）

一级指标	二级指标	评价要素	得分
教师“教”的品质（50%）	教学行为（30%）	构建自主、合作、探究的学习方式，营造严谨、平等、和谐、有序的课堂氛围，学生主动参与。	
		体现“双主体”，在充分发挥学生主体性的同时，有效落实教师组织者、引导者、合作者的作用。	
		体现基于真实情境、问题导向的互动式、启发式、探究式、体验式、开放式等先进教学方式，并有效组织学生参与学习。	
		重视学生学习习惯、学习方法、思维品质的培养；关注个体差异，因材施教，促进学生个性化发展。	
		教学手段符合实际，教学媒体使用合理，充分体现信息技术与学科教学的深度融合；实验教学规范、有效，合理使用活动记录单。	
		以恰当方式对学生学习过程进行评价，体现激励性，促进学生发展。	
	个人素质（5%）	教学基本功扎实，课堂驾驭能力强，有个人特色；教学语言清晰、准确，科学性强；板书规范，教态自然。	
学生“学”的品质（50%）	参与情况（5%）	全员参与、全程投入、积极主动、兴趣浓厚、观察探究认真。	
	思维品质（10%）	主动、独立、深度思考；解决问题思路清晰、有创造性。	
	合作交流（10%）	积极讨论，主动分享，同伴互助，大胆交流，师生、生生有效互动；善于倾听，表达清晰准确；欣赏他人，虚心接受意见。	
	知识发展（10%）	理解、掌握相关知识，形成正确的科学观念。	
	能力发展（10%）	想学、能学、善学，能掌握科学探究方法，有证据意识，认真、如实填写活动记录单，能运用知识解决实际问题，科学素养得到发展。	
	情感态度（5%）	对自然现象保持好奇心和探究热情；珍爱生命，具有保护环境的意识和社会责任感；实事求是，勇于修正与完善自己的观点；崇尚科学，追求创新。	
总　分			
总体评价与改进建议：			

关于评价指标体系的使用，学科中心组成员依据核心素养要求，结合具体课例对观察量表进一步细化。在听评课的过程中，一般会进行观课分工，听课教师会选择其中一个维度进行详细的课堂观察、记录分析，并统计各类学习行为出现的频率及所占时长，以此来判断“以学生为中心”的学习是否真实发生。

3. 强化“以学评教”的情境设计

“以学生为中心”的教学强调学习者应在各种真实情境中应用知识、解释信息、创建模型、解决问题[①]。同时，学习者能够把习得的知识迁移到其他情景中，这样的学习才是真实的、有深度的学习。因此，在“以学评教”的过程中，东莞市小学科学“品质课堂”注重以新情境考查学生的科学素养。主要有以下几个措施：一是依据学科素养目标选取真实的题材进行命题，以此加强试题与科学、技术与社会发展的实际联系。二是把握真实情境的四个编制视角，即指向科学观念的应用、思维品质的提升、探究实践能力的考察和态度责任的培养。三是依据真实情境对评价标准进行适时调整，鼓励学生进行开放性、创造性解答，提升学生在真实情境中解决问题的能力。

总之，从教学时空占用、教学决策依据以及教学评价依据等多方面来看，突出“以学生为中心”的教学是非常必要的。教师应该把握好“少教多学”“以学定教”“以学评教”三个基本原则，让学生的主体地位得以确立，自主性得以发展，学习品质得以彰显。

三、突出以教师为主导

“在教学过程中，发挥教师主导作用”这种提法，最初源自苏联，其原初含义突出的是教师在教学过程中“主导”的地位，以及教师对学生学习过程的“控制、支配和决定”作用。乃至现在，对教师主导作用的理解，整体上仍然存在从“为主、支配、控制、决定”来理解“主导”这一概念的偏误[②]。然而，随着新课程改革的不断推进，以“学生的学”为聚焦点的教学越来越受到人们的重视，同时教师在教学中发挥的主导作用仍不可忽视。事实上，学生无论是从生活经验、知识结构还是情感的体验来看，都不具备真正意义上的自主探究能力。他们在探究活动中必然会遇到一系列的问题和困难。这时，如果缺乏教师

① 刘献君．论“以学生为中心”[J]. 高等教育研究，2012（8）：6. DOI:CNKI:SUN:HIGH.0.2012-08-000.

② 陈佑清．学习中心课堂中的教师地位与作用：基于对“教师主导作用”反思的理解 [J]. 教育研究，2017, 38（1）：8. DOI:CNKI:SUN:JYYJ.0.2017-01-015.

的引导，不仅会让学生感到无所适从，达不到良好的教学效果，还会挫伤学生对科学探究的热情。因此，必须正确认识及突出教师主导作用的地位和功能。教学中要充分发挥教师的主导作用。只有教师组织好、引导好和策划好学科教学活动，学生的学习自主性和创造性才会被有效培养，才能够真正实现课程改革的目标，有效发展学生的核心素养。

2022 年东莞市“品质课堂”把突出“教师为主导”作为改革的重点之一，强调课堂教学过程中，要体现“双主体”，在充分发挥学生主体性的同时，有效落实教师组织者、引导者、合作者的作用。也就是在课堂教学中，教师应调动学生的主体意识，发挥学生的主体作用，促进学生自主学习和合作学习，引导学生对所学知识和方法进行总结、反思、应用和迁移，促进学生的主体发展；而不是教师包办代替学生进行学习，更不是教师“主宰”，同时也不是对学生放任自流，放弃对学生应有的指导，让学生在学习过程中盲目尝试和探究[①]。

基于对国内当下已经形成的众多关于教师主导作用研究成果分析，以及对新的课堂教学改革经验的吸收，东莞市小学科学“品质课堂”教学样态突出教师主导作用呈现以下几点明显特征。

（一）教学互动：尊重多元化原则

在以往的教学过程中，教师常常以自己的节奏带动学生，一旦学生的学习思路、行为等与教师的教学预设出现偏差，教师会习以为常地用一定方式来纠“偏”，否定学生；甚至，教师成为课堂中绝对的知识权威，任何学生都不得对教师所讲述的内容提出质疑，一旦这种质疑的声音出现，教师会视为课堂中的异端，对其进行“抹杀”[②]。这就必然会逐渐磨损学生进行自主探究的兴趣、动力和信心。而在新的教学实践中，我们提倡尊重多元化原则。

尊重多元化原则就是在教学过程中，第一，教师要尊重每一个学生的个性，尊重学生的选择，尊重学生的自主探究的状态，这样学生才能真正在自主探究的过程中感受到被尊重，感受到平等，感受到自己的价值。第二，从多方面对学生进行评价，挖掘学生的闪光点，让学生明白，任何人都可能在知识上犯错，任何人也都有在知识上进行发声的权利，

①②刘建红．探究教师主导作用在高中生物课堂教学中的发挥[D]．南京师范大学，2018．DOI：CNKI:CDMD:2.1018.254266.

自己与教师之间的关系不是绝对服从，而是相互平等的。第三，每一个学生都有其不同的优点，在学习上也都会表现出不同的天赋。有些学生擅长动手操作与创造，有些学生擅长理性分析，有些学生精于发散思维……只要教师充分了解每一个学生，因材施教，发现他们在学习上的擅长之处，课堂上与学生互动时，就能够有针对性地对学生进行引导，从而激发学生学习的兴趣，使学生获得更好的发展。尊重多元化原则，使学生能够在学习中体会到自己能力的独特之处。这样，学生就能够放心大胆地对自己的想法进行表达、交流，也会更加努力去探究、创造。

（二）教学设计：基于学生生活和认知

教学过程中，我们想要让学生达成某个教学目标，就必须先要引发学生的兴趣，激发学生的求知欲，这样才能促进学生去探究。在这一过程中，教师首先要为学生创设一个基于学生生活和认知的情境，引导学生从情境中聚焦某一现象，如此才容易让学生对其产生好奇心，从而激发学生的探究兴趣并进行自主探究。

科学课程最基本的特点是从儿童身边的自然事物开始学习活动，提倡教学内容贴近小学生的生活。学生对科学知识的学习始于他们在生活实践中对自然界的认识，而不是单纯对书本知识的记忆和接受。因此，在教学设计时必须关注学生的原有认知，从学生可触可识的生活经验找到起始点，尽最大可能借助各种教育资源组织教学，引导学生在原有经验的基础上，主动探究新知，学习科学方法，发展科学探究能力，培养科学思维。

例如：粤教版《认识地球》一课讲述地球的形状这一概念，教材中仅从一个模拟实验：小船模型分别从桌面、撑开的伞面远离观察者，来类比海边帆船远去桅杆消失现象，从而推断出地球面是球形。实际上，人类认识地球形状的过程曲折复杂，绝非从这一例就得出真知。显然，这没有遵循人们探知地球形状的真实认知过程。这样的教学没有基于儿童视角，若是这样实施，不仅难以激发学生兴趣，建构的概念更是不牢固。基于儿童视角和认知水平，一名教师在设计上紧扣人类认知自然事物“直觉—推测—证实—确证—得出结论”这一逻辑主线，分别选取人类探索地球形状过程中古人天圆地方说（直觉）、天似鸡蛋说（帆船归航、月食现象，推测）、麦哲伦环球航行（证实）、卫星照片（确证）等四个阶段代表性的典型事例引领学生认识人类探索地球形状的过程。同时，设计引导学生认识当时（创情境，促学生身处在每个时期的情境中）人类产生这一认知缘由（为什么会产生这样想法），让学生体会到得出科学规律、结论的过程是一个不断思考、付出艰辛努力、不懈探索、基于实证逐步获得真知的过程。这样的设计，既符合学生的认知水平，更贴近学生生活。学生兴趣高，主动积极，学以致用，可更高效地建构地球形状这一科学概念。

（三）教学引导：促进学生真正参与探究

当我们引导学生进行自主探究时，我们要教给学生的不仅仅是知识点本身，更重要的是要学习方法。所谓“授人以鱼，不如授人以渔”，当学生掌握了一种建构概念的方法时，他们就能够用这种方法去了解更多的概念，这样学生的概念体系就会活起来，随时都能够通过各种现象去了解新的概念，事半功倍[①]。所以，我们要创造真正意义上的让学生参与探索的机会，表面上的参与，难以培养学生的科学素养。

如实验操作时，若学生按照教师给的步骤操作下去，看上去是学生参与探索，实质是让学生在设计好的脚印上一步一步走到终点。这样的探究让学生的探究思路停留在表象上。实际上，科学探究的过程不可能一帆风顺，要多次尝试，甚至吃苦头，这样才是真正的探索。因此，老师应让学生在不违背实验原则的前提下，引导学生自行设计，给学生一定“试错”的时间和机会，让他们自己去发现和调整。教师随时关注课堂情况并能灵活处理和利用，这样才能真正地培养学生的科学素养。《热胀冷缩》一课中提到关于空气受热的方法，一教师让学生自己想办法，有的用点燃蜡烛烧，有的放入热水中，有的用手捂等，再让学生比较哪种方法更合适，最终找出简洁有效的用手捂的方法。这样学生就能够走上正确的思考路径，更好地解决问题和建构概念。这样就能真正给学生创设机会，促进学生的主动探究，培养学生的创新精神和实践能力，提升学生的科学素养。

（四）教学实施：提供结构性支架

科学学习中，多数重点概念同时也是难点概念。如何把概念理解得更深刻，概念的理解能达到什么样的程度，重难点怎么突破，都离不开教师主导作用的发挥。其实，我们提供的支架的水平会直接对学生学习过程中的认知产生影响。小学生正处于从形象思维向抽象思维过渡的阶段。科学课上的活动器材是支撑儿童探究的有效脚手架。提供有结构性的

---

① 刘建红．探究教师主导作用在高中生物课堂教学中的发挥[D]．南京师范大学，2018．DOI:CNKI:CDMD:2.1018.254266.

活动器材不仅能激发他们的学习兴趣，同时还能提高探究活动的有效性，更重要的是促进其对概念重难点的理解。

科学教具、动手实验是促进儿童探究科学概念最有效、有力的支架。它能把科学知识形象化、直观化，学生会获得较强的感性认识，可以有效突破教学难点，从而建构科学概念。这些方法对突破教学难点具有针对性，符合学生的认知规律，能有效地激发学生的求知欲望，因而能取得良好的教学效果。

如地球宇宙部分，其神秘性使学生对它充满好奇。但由于人的视觉范围所限，对其的认识是抽象的、陌生的，不易理解，难以感知。如《火山喷发》一课学习火山喷发的原理，由于火山喷发是一种剧烈的地质现象，在现实生活中难以真正感知，必须寻找合适的材料代替，否则肯定枯燥无味，学生被动接受，积极性肯定不高。但是，如果基于学生的认知特点，引领学生设身处地，提供有结构的模拟活动器材（番茄酱、土豆泥、醋、小苏打等），采用模拟实验进行观察、探究、推理、分析，这样的教学效果肯定直观深刻。

依据教学内容的不同，恰当地运用现代化信息技术手段等，同样也有利于概念建构。

教师在教育教学中的角色是策划者、引导者、组织者，是学生的学习伙伴、学生学习资源的提供者和学习的评判者。我们强调突出教师主导作用，就是教师要引导学生自主探究学习；强调更加民主化的课堂，就是让学生在课堂中进行自主学习，而不是让某一种教学方式成为固定的教学样态。以上所述的小学科学“品质课堂”样态突出教师主导作用的几种特征是我们在一线教学多年的科学同行与专家们研讨总结出来的，供更多一线的教师们借鉴参考。教师在具体的教学实践中会根据教学内容、学生的学情、个人的风格和教学条件等不同，进行灵活的处理和转化，不断创新实践，这样学生才能够更加自主的进行学习和发展，达到教学效果的最优化。

四、突出学科育人功能

新课标为我们描绘出了培养“有理想、有本领、有担当”的适应未来发展的学生画像。《义务教育科学课程标准（2022年版）》将责任态度定位为既是学生所要发展的四个核心素养之一，也是科学课程的课程目标，体现了科学课程的育人价值。它是学生基于对科学观念的深度理解，在探究实践的支撑下，通过科学思维内化而形成的必备品格。如何在小学科学教学中落实态度责任目标，培养学生社会主义核心价值观，实现为党育人、为国育才，是小学科学品质课堂必须研究的主题。

学科是主渠道，课堂是主阵地，我们理解的小学科学的学科育人有以下三个特点：

从学科角度看，学科教学作为“育人”的资源与手段，必须要服务于“育人”这一根本目的。因此必须以科学知识为载体，以育人为目标，深入挖掘学科本身内在的精神价值。小学科学学科育人就是从学生的发展需要出发，挖掘学科的德育内涵，帮助学生获得科学的思维方法，并获得独特的科学体验。

从学生的角度看，学生的发展是学科育人价值的直接体现。学科育人就是要让学生学会像学科专家那样思考解决问题。因此课堂上，教师应认真对学科活动进行设计，让学生经历学科活动全过程，在这个活动过程中形成相应的思维方式，花时间引导学生深入理解若干关键概念及其相互之间的关系，体验相关思维方式。

从教学的角度看，正如赫尔巴特所指出的：“我不承认任何无教育的教学，也不承认任何无教学的教育。”我国基础教育的根本任务是培养社会主义建设者和接班人。因此，教学必须坚持正确的政治方向，将社会主义核心价值观有机地融入教育教学全过程。

总之，教师要深入挖掘教材中的思想道德资源，处理好知识传授与思想道德教育的关系，以身示范，以德施教，实现教书与育人的统一。在小学科学教学中，发挥学科育人价值要主要做到三个统一。

（一）注重综合价值与独特价值的统一

在小学科学品质课堂建设中，要注意学科育人价值的综合性和独特性。第一，科学学科与其他学科一样，具有传授知识、传承文化、培养素质、训练思维的共性育人价值。第二，科学学科又有其独特的育人功能，主要体现在培养科学精神和创新意识方面。科学强调勤于动手、严谨求实的作风。通过探究实验，学生可以培养科学探究的兴趣和创新思维，这是科学学科特有的育人价值。所以，在科学品质课堂中，既要实现与其他学科共有的育人功能，又要发挥科学学科独特的育人作用，使学生在科学实践中得到全面发展。叶澜指出，“学科育人价值具有共通性，是为培养怎样的人服务的问题，即需要从单一的传递教科书上呈现的知识，转化为培养能在当代社会中实现主动、健康发展的一代新人”[①]。因此，在教学中，教师应该把握这种综合性与独特性的统一，既发挥科学课程的综合育人功能，又充分利用科学学科的特色优势，使学生得到全面发展。

例如，教师可以结合语文课文《两个铁球同时着地》，介绍伽利略通过实验推翻亚里士多德统治西方学术界将近 2000 年的“重物体比轻物体下落速度要快些”这一错误观点的故事，接着让学生自主搜集有关伽利略的更多资料，了解到目前主流的科学史学家认为伽利略实际上是通过思想实验来推翻亚里士多德的观点，使得学生对这些科学家及其研究的认识更为全面，从而使学生更认同科学家为了真理不懈努力的优秀品格，引导学生学习科学家献身科学的精神。

同时，我们还要充分考虑科学学科的本质属性——重视科学事实、强调逻辑推理、尊重证据等。在教学中，要以大量的观察、探究等活动，让学生感受和体会科学工作的真实情况，培养学生理性求真的科学态度。在课堂讨论环节，教师可以引导学生进行合理推理，分析问题的来龙去脉。这可以帮助学生养成科学严谨的学习态度。此外，适当加入一些开放性实验，开展项目式探究活动，锻炼学生的动手能力和科学探究能力。

（二）注重显性价值与隐性价值的统一

小学科学课程的育人价值可以分为显性价值和隐性价值。显性价值直接体现在课程的知识内容和学习目标上，这反映了科学学科的核心属性。如传授科学知识概念、培养科学实验技能等，属于科学课程的显性育人价值。而隐性价值蕴含在这些知识技能学习背后的思想意义中。比如在科学实验过程中培养学生求真务实的学习态度，提升学生的观察能力、动手能力、合作精神等，这些都是科学课程隐含的育人价值。如果仅局限于知识传授，而忽视其中的思想感化作用，则无法实现科学课程的真正育人功能。所以在小学科学教学中，教师既要传授科学知识，完成显性的育人目标，更要通过各种方式激发学生的科学兴趣、探究精神、创新意识，让科学学习成为学生全面发展的一环，充分发挥科学课程的隐性育人价值，最终达到完整的育人效果。

例如，在《人类对太空的探索》教学中，教师可以讲述中国航天事业的发展历程以及其对国家安全发挥的巨大作用，激发学生为祖国的科技事业贡献自己力量的信念。在“身

---

① 叶澜．“新基础教育论”：关于当代中国学校变革的探究与认识 [M]. 北京：教育科学出版社，2006.

边的桥梁”单元《巧用悬索》一课的教学中，教师可以结合港珠澳大桥的建设，介绍桥梁工程师们面对外国公司的技术垄断，通过艰苦奋斗实现了深埋沉管隧道突破国际“技术禁区”、120 年使用寿命突破国内“惯例”等多项世界一流水平技术的事迹，激发学生科技自立自强的民族自信。

（三）注重即时价值与长效价值的统一

小学科学课程通过传授科学概念知识，满足学生当前对科学学习的需求，这属于短期育人价值。但更为重要的是，科学学习可以培养学生的科学探究兴趣、动手实践能力、团队合作精神等，这会对学生的人生观、价值观产生深远影响。比如，科学实验可以培养学生实事求是、严谨负责的科学态度，这将使学生终身受益，这样的教育能发挥长效育人价值。另外，适当的科学设计可以启发学生的创新思维，这对学生创造力和实践能力的发展也有长远帮助。因此，小学科学教学要立足学生发展需要，注重科学课程的长效育人价值，使每一个孩子在科学学习中得到全面发展，并终身受益。

例如：在学习《蜡烛燃烧的秘密》一课时，学生普遍认为，罩在烧杯里的蜡烛之所以熄灭是因为烧杯里的氧气被消耗没了。传统教学中，引导学生到达这个程度，教学活动基本就达到目的了。然而，如果教师与时俱进，他还可以借助数字化传感器开展这个探究实验，通过测量的数字化和图形化，引导学生发现，蜡烛熄灭后，烧杯里并非一点氧气都没有，而是氧气含量降低到 15% 左右，不支持蜡烛的燃烧。这样的实验结果冲击了学生的固有认知，对学生建立凡事讲证据、讲数据的实事求是的科学态度起到非常大的促进作用。再比如，在《月相变化》一课中，有的学生非常敏锐地发现满月的时候，地球处于月球和太阳中间，如果三者是在同一直线，地球就会挡住太阳发出的照向月球的光，这时月球不就得不到光了，怎么还会是满月呢？如果将其作为课堂的学习任务，显然这个问题教师在课堂上可以不回答，然而正是这样的质疑，才使学生的思维得到真正的发展。因此，面对此类情况时，教师不可推搪敷衍，而应该正面回应，不应只看见短时的育人价值，忽略长效的育人价值。

五、突出信息技术融合

没有教育信息化，就没有教育现代化。教育信息化是实现教育变革的核心驱动力。新颁布的《义务教育科学课程标准（2022 年版）》指出，教师应利用信息技术辅助手段，如虚拟仿真实验、数字化实验等，让学生比较直观便捷地学习相关知识。学校与教师还应关注数字化教材、音像资料、多媒体软件等资源的开发与使用①。课程标准内容板块也指出，要借助信息技术手段，加深学生对抽象空间、相对位置、层次等概念的认识。因此，2022年东莞市小学科学“品质课堂”把“突出信息技术与学科深度融合”作为变革的一项重要内容，以此改变教学方式模式化、学习方式标准化和教学评价模糊化的问题。

（一）教学方式：从模式化转向个性化

人工智能时代，信息技术的丰富，使传统的科学课堂发生了实质性的改变。东莞市小学科学“品质课堂”已不再是简单、固定、重复、模式化的学科教学，而是转变为复杂、精准、充满智慧与创新的个性化教学。

1. 个性化教学表征一：“翻转课堂”

“翻转课堂”这一概念，顾名思义，即将课堂内外的时间进行重新调整，将学习的主导权从教师转移到学生。它代表了一种“以学生为中心”的教学创新方式，颠覆了传统的教学结构、常规教学方法和模式②。慕课、微课、直播、录播等多种多样的教学方式，使线下教学与线上教学紧密结合，教学交互更为生动活泼，从而实现了“翻转课堂”的常态化应用。

在2020年春季居家学习期间，东莞市教育局教研室小学科学教研员何建东老师组织科学教师骨干团队开发了一系列具有学科特色的线上教学资源，包括科学教材以及《趣味实验》《敬畏自然，尊重生命》《战疫情，爱科学》三门课程。

科学教师们采用直播和推送优质资源的教学方式，为学生提供了充足的自主学习空间，确保了线上课程的教学质量。疫情结束后，这些宝贵的教学资源继续被科学教师们充分利用：课前预习推送，实现提前学习目标；课中精准推送，达到有效教学目标；课后分层拓展推送，实现深度学习目标。

“翻转课堂”打破了传统课堂时空的限制，为教师的个性化教学提供了更为精准的服务，有助于构建新型的师生关系。

---

① 中华人民共和国教育部．义务教育科学课程标准（2022年版）[M]. 北京：北京师范大学出版社，2022.
② 林悦云．基于微课的小学科学课翻转课堂有效管理策略的研究[D]. 广州大学，2016.

2. 个性化教学表征二：仿真实验

虚拟仿真实验基于计算机技术、网络技术、虚拟技术以及多媒体技术将真实实验虚拟化，利用虚拟仪器设备进行实验，实验场景就像是一个无墙实验中心，它不受时空的束缚，能够随时随地操作使用，并对实验过程和实验结果的性能进行预测和评价，从而缩短实验操作时间和设计周期①。小学科学包含物质科学、生命科学、地球与宇宙科学、技术与工程等内容，受限于材料、空间、地域、时间等因素，教材中的一些内容无法直接观测和实验。东莞市小学科学“品质课堂”在传统实验教学的基础上，利用虚拟实验系统展示一些在传统实验中难以观察到的现象，帮助学生形成更为完整和立体的认知。

以 NOBOOK、PhET（Physics Education Technology）为代表的虚拟实验仿真平台可以模拟物理、化学、生物、地理及数学实验，在直观、立体、高效、多样化的人机互动中，便于学生观察现象，提高学生学习兴趣。比如，运用 3D 模型观察人体的内脏器官，运用虚拟实验探究声音的传播过程，运用模拟实验观察植物的光合作用等。仿真实验可以高效完成教学目标的达成度。

当然，虚拟仿真实验是对实验教学的有效补充。开展虚拟仿真实验不是取代常规教学，而是利用它更好地解决难题，从而有效地突破重难点，达成教学目标。

3. 个性化教学表征三：数字实验

随着智能手机的发展，带有传感器的微机电系统（MEMS，Micro-Electro-Mechanical System）的应用已非常普及。传感器是一种检测装置，能感受到被测量的信息，并能将感受到的信息，按一定规律变换成为电信号或其他所需形式的信息输出，以满足信息的传输、处理、存储、显示、记录和控制等要求②。例如，陀螺仪、光线感应器、重力感应、距离感应、电子罗盘、气压计等提供的丰富的测量数据，可以在手机上产生许多功用。

东莞市小学科学“品质课堂”依托手机传感器在科学探究中定量地展开探究，让数字化实验有了一个质的飞跃，给学生带来了前所未有的精准体验。例如，测量心率时，传统的教学一般采取数脉搏的方式，但利用“心率检测仪”软件可以起到监测的效果。该软件通过监测面部微弱颜色变化规律来测量心跳速率。这种微弱的变化是人眼无法识别的，但

① 李伟，蔡燃，宋伟，等．虚拟仿真实验在中学物理教学中的应用实践：以《欧姆定律》课程为例 [J]. 中国教育信息化，2021（24）：5.

② 吴向东．智能手机传感器在小学科学探究教学中的应用 [J]. 教育导刊（上半月），2014（09）.

通过对摄像头成像的分析，却可以把这种微弱的变化区分出来。再例如观察四季星空时，教师可以利用 GPS 全球卫星定位系统确定人们当前的经度和纬度，再利用磁场传感器确定当前方位，接着利用陀螺仪确定屏幕所指方向。这时移动学习终端就能根据这些得到的信息计算出手机屏幕背对着天空方向的星座图。顺着屏幕方向仰望星空，我们就可以看到和手机屏幕一样的星座了。

除了数字类传感器 App 外，还有很多认知类和探究类 App 广泛应用在课堂教学中。东莞市小学科学品质课堂中使用的部分科学类 App 统计情况如表 2.4 所示。

表 2.4　科学类部分 App 在科学实验中的使用情况

App 类别	软件名称	软件应用	学习内容
—	GoSkyWatch	识别和定位恒星、行星	宇宙
	Star Walk 2	观察各种星宿星图	地球的运动
	星图	航空研究	地球的运动
	WWF-Together	了解不同物种的特征	生物的多样性
	形色	识别植物的品种，了解植物的价值	植物
探究类	地震数字科普管	了解地震知识和避险技能	地震
	3Dbody 解剖	三维模型解剖人体	人体系统和器官
	心率检测器	测量脉搏跳动的次数	人体系统和器官
	分贝测试仪	声音分贝的检测	声音

（二）学习方式：从标准化转向定制化

在技术赋能的背景下，东莞市小学科学”品质课堂”从学习资源、学习内容和学习方法等方面和信息技术深度融合，使信息技术的功能从“支持教师的教”转变为“支持学生的学”。学习方式不再是单项信息叠加式的科学探究，而是基于教师、学生、智能技术的个性化定制，即学习方式从“标准化”向“定制化”转变。

1. 学习资源定制化

现代建构主义教学理论主张，学生的认知结构是通过同化和顺应过程逐步构建的，并在“平衡—不平衡—新的平衡”的循环中得到丰富和发展[①]。为了丰富和发展学生的认知，

① 温彭年，贾国英．建构主义理论与教学改革：建构主义学习理论综述 [J]．教育理论与实践，2002，22（5）：6. DOI:CNKI:SUN:JYLL.0.2002-05-003.

需要扩大教学信息量。传统课堂主要依靠课本提供学习内容，但这存在较大局限性。信息技术的迅猛发展改变了传统的纸质教材。数字化、可视化、虚拟现实等形式多样的教材正在逐渐涌现并相继进入课堂。

电子教材作为一种数字化教材形式，不仅包括传统意义上的教科书，还包括电子出版物以及存在于互联网上的所有已经组织好的能用于教学的数字形式材料。这些电子教材、电子备课系统、多媒体课件、专题学习网站、微课视频、各类教学 App 等形式的数字化教材信息量大，不受时空限制，获取方便，形式多样，可综合作用于学生的多种感官，有助于促进学生思维成长。

科学教师可以根据需要为学生提供一些电子学习资源，让学生根据自身情况进行选择。这样既能满足不同学生的学习需求，又能激发学生的学习兴趣，提高教学质量。

2. 学习内容定制化

技术的迅猛发展促使科学内容的表征方式也由静态、平面、线性转为动态、立体、交互。延伸与扩展教学内容的组织、呈现及讲授，由传统以知识为中心的标准化创建方式转向因材施教的“定制化”[①]。例如，东莞市部分有条件的学校利用智慧教室开展实验教学，这种教学方式可以让学生更加主动地参与到学习过程中，提高学习效果。在实验探究过程中，学生利用平板电脑做出假设、搜集证据、得出结论，每一个环节都能够精准地向教师传输相应数据。教师则通过控制终端调取每位学生的实验数据，然后对学生出现的问题进行逐一指导。这种教学方式可以更好地满足不同学生的学习需求，提供针对性、个性化的定制内容。

3. 学习方式定制化

信息技术的快速发展使得教学方式呈现出多样化的特点，如慕课、微课、直播、录播等教学形式改变了传统的物理空间。同时，学生的学习方式也从标准化向定制化转变。在新的学习范式下，“翻转课堂”成为主要的学习方式，学生可以根据自己的实际情况做出不同的选择。学生的角色也由被动接受者转变为主动建构者，依托数字化的学习资源和教学手段将学习的主动权交给学生，让学生在“具身”的实践中体验学习过程的艰辛与成功的喜悦，在解决实际问题的过程中提高科学素养，真正体现“以学生为中心”的教学理念。

① 李律锌．人工智能时代：小学科学教育的思变，应变与不变[J]．齐齐哈尔师范高等专科学校学报，2022（6）：1–4.

（三）教学评价：从模糊化转向精准化

教学评价分析是一种收集教学过程中各种数据的方法，通过对学生的学习兴趣、思维活动、学习方法和学习过程进行建模，将内隐的学习过程可视化，为教师捕捉学生课堂学习行为提供证据[①]。精准化的教学评价分析是指根据学生的实际情况和学习需求，采用科学的方法和工具对学生的学习过程和学习成果进行准确、全面的评估和分析，以改变传统模糊的、主观的评价方式。通过精准化的教学评价分析，可以更好地了解学生的学习情况，及时发现问题并采取相应的措施加以解决，从而提高教学质量和效果。

1. 学情分析精准化

学情分析是伴随现代教学设计理论而产生的重要教学环节之一，它通常被称为"教学对象分析"或"学生分析"。学情分析以研究学生的实际需要、能力水平和认知倾向为出发点，优化教学过程，从而使教师更有效地达成教学目标，提高教学效率。在信息技术的支持下，通过种类丰富的评估工具可以在课前对学生进行精准化的学情分析。问卷星是一款功能强大的学情分析工具，具有在线采集、在线投票、在线测试等功能。学生完成任务后，教师可以通过"统计与分析"功能查看测试结果，包括每位学生的回答情况、完成测试所花费的时间以及翔实的分析报告。除此之外，钉钉酷应用、微信小程序、UMU（互动学习平台）、粤教翔云等平台也可以轻松完成学情的调查和分析。教师可以根据搜集到的数据快速、精准地分析学生现有的知识结构、思维情况以及兴趣点，然后根据学情进行教学设计，从而实现基于技术的"以学定教"。

2. 课堂评价精准化

在技术赋能的背景下，东莞市小学科学"品质课堂"的教学评价利用学习移动终端和App获得学生在科学知识、探究实践、科学思维及科学态度的数据，对学生进行精准化的过程性评价及分析。目前，东莞市部分学校已经在小学科学课堂教学中引进课堂观察工具，如NVivo软件、ITIAS分析系统、科大讯飞"智慧课堂"等。这些观察工具通过编码表可以多维度、个性化地分析教师和学生的交互行为并给出教学改进建议。然而，研究发现这些工具存在模式化倾向，无法突出科学的课程特点。多数教师运用班级优化大师和希沃白板进行课堂观察。他们随机抽选学生分组答题竞赛，借助互动游戏检测学习效果，自定义

① 黄璇．新课程背景下中学生物课堂教学评价指标体系的构建研究[D]．广西师范大学[2023-08-24]．DOI:CNKI:CDMD:2.1012.377703．

点评内容，规范课堂行为，生成的数据自动记录、归档和计算。这种方法可以帮助教师了解学生的学习情况，及时调整教学策略，提供个性化的教学支持，促进学生进步。

3. 作业评价精准化

利用信息技术，东莞市小学科学的作业评价主要有以下三项措施。首先是将纸质作业转化为电子文档，并分析作业属性信息，建立作业档案，以便进行标签化管理与应用，为作业检索、使用、优化提供便利。其次是改进布置作业的方式，将单一呈现的作业形式转变为多媒体互动形式的多样化作业形式，提高学生的学习兴趣和参与度。最后是利用网络进行作业结果传输，进一步加强作业与课堂教学的联系。以课外实践类作业为例，教师采用最多的方式是将电子作业发布到班级群中，详细阐明作业的要求及注意事项，明确评价标准。学生完成作业后将作业提交到班级 QQ 相册或钉钉班级圈中，教师根据不同学生的学习特点和水平进行个性化评价，并给出针对性的建议和指导。对于部分优秀的学习成果，教师会通过文字、图片、视频相结合的形式制作成美篇、推文在全班展示。学生也可以通过投票和点评功能参与作业的评价过程。通过明确评价标准、个性化评价、多元化展示方式以及学生参与评价等方法，可以实现作业的精准化评价和展示。

综上所述，在信息技术赋能的背景下，东莞市小学科学“品质课堂”能够从教学资源、学习环境、学习方法和评价方式等方面与信息技术深度融合。这种融合使得教学方式从模式化转向个性化，学习方式由标准化转向定制化，教学评价由模糊化转向精准化，体现了学生的主体地位，突出了教师的主导作用，提升了科学课堂的教学品质。

五、突出综合评价赋能

基于核心素养的综合评价，是教学过程中不可或缺的组成部分和重要环节，是对“教得怎么样”或“学得怎么样”的问题的回答，具有诊断、激励和促进的作用。中共中央、国务院印发的《深化新时代教育评价改革总体方案》中明确提出，要“改进结果评价，强化过程评价，探索增值评价，健全综合评价”的相关政策要求实施综合评价。《义务教育科学课程标准（2022 年版）》提出，要“重视综合评价，促进学生发展”，构建素养导向的综合评价体系。何为综合评价？综合评价也叫综合评价方法或多指标综合评价方法，是指使用比较系统的、规范的方法对于多个指标、多个单位同时进行评价的方法。综合评价是以促进学生发展、发挥学生潜能和达到教育目的为中心的评价，不仅重视评价学生科学观念的形成，更重视评价学生的科学思维、探究实践、态度责任等，其改进终结性评价，强化过程性评价。

根据上述文件的总体要求，小学科学品质课堂①以综合评价为突破口，全面提升小学生科学核心素养。科学课程要培养的学生核心素养，主要是指学生在学习科学课程的过程中，逐步形成的适应个人终身发展和社会发展所需要的正确价值观、必备品格和关键能力，是科学课程育人价值的集中体现，包括科学观念、科学思维、探究实践、态度责任等方面。本文以小学科学“品质课堂”的教学评价问题为突破口，围绕综合评价推进学生学科核心素养②发展展开论述。

（一）重视科学观念

科学观念是在理解科学概念、规律、原理的基础上形成的对事物的总体认识。科学观念既包括科学、技术与工程领域的一些具体观念，也包括对科学本质的认识，还包括其在解释自然现象、解决实际问题中的应用。科学观念的形成要依托科学知识，科学知识是形成科学概念、定律、理论等核心内容的载体。在教学中要关注学生的前概念，注重活动性与探究性，关注学生的问题解决能力。

1. 说理题目评价

说理题是让学生根据图形、表格数据、示意图、情境材料等解释科学现象表达自己真实认识的一类试题。为考查学生对能量转化和守恒观念的掌握情况，教师可以设计如图 2.5 说理试题。考查学生在具备能量转化和守恒的观念后，能否正确利用科学原理解释科学现象。

① 杜尚荣，张锦．论高品质课堂的本质内涵与价值追求 [J]. 教育与教学研究，2018，32（7）：7. DOI: CNKI:SUN:CDJY.0.2018-07-002.

② 蒋萍．在科学探究课中落实科学核心素养的策略研究 [J]. 魅力中国，2021（3）：173．DOI:10.12294/j.1673-0992.2021.03.261.

图 2.5　说理试题

2. 实践任务评价

课外拓展实践任务能考查学生对科学知识、概念、规律掌握的程度，能考查学生应用科学观念解决复杂问题的能力，在科学品质课堂教学过程中，教师可联系具体教学内容设计课外实践作业。（见表 2.5）

表 2.5 课外实践作业

教学内容	实践任务	实验器材	科学观念
浮力	鸡蛋的浮沉	烧杯、水、鸡蛋、食盐	力的相互作用
电磁铁	神奇的电磁铁	干电池、铜线、铁钉、回形针	物质的运动与相互作用

3. 情境试题评价

解题的思维过程是运用科学知识进行分析、判断、简化、建模等思维活动，把情境化问题转化为非情境化的过程。真实情境能够考查学生对科学观念的建构。

例如，在炎热的夏天，馒头很容易发霉，这是什么原因？本题考查学生对生活中常见微生物的认识。解决此题的关键是学生把真实情境转化为科学知识的能力，具有理论联系实践的观念。

（二）关注科学思维

科学思维是从科学的视角对客观事物的本质属性、内在规律及相互关系的认识方式，主要包括模型建构、推理论证、创新思维等。《义务教育科学课程标准（2022 年版）》中对科学思维发展水平进行了年龄段水平等级划分，不同的水平等级阶段所要求的科学思维内容并没有太大的差异，但是对相应的科学思维要求高度和深度却随着等级水平的提高而增加。结合课程标准水平等级的要求，从模型建构、推理论证、创新思维等方面设计不同类型的试题来完成对学生科学思维水平的等级评价。

1. 从模型建构评价科学思维

模型建构能力包括两个层次：一是模型理解能力，即理解模型的要素与结构，运用模型解释、解决问题；二是模型建构能力，即确定本质要素的结构、功能、关系，形成与真实系统一致或基本一致的模型。

2. 从推理论证评价科学思维

推理论证能力指运用归纳、演绎、类比、分析、综合、比较、分类、控制变量等方法进行假设检验或问题解决，并正确建立证据与结论之间的关系，提出合理见解。

3. 从创新思维①评价科学思维

创新思维是最重要的一种品质或能力，具有创新思维的学生能独立思考，不迷信权威，能依据客观事实和推理提出不同观点；善于从不同角度分析和思考问题，能提出个性化、创造性的思路和见解，开展有创意的设计。

（三）强调探究实践

探究实践主要指在了解和探索自然、获得科学知识、解决科学问题以及技术与工程实践过程中，形成的科学探究能力、技术与工程实践能力和自主学习能力，在呵护和发展学生的好奇心及探究精神、提升学生的批判思维和创新思维能力、发展学生的团队合作和交流能力上具有重要的教育价值。

1. 明确探究选题，前置评价重心

学生都应有目的地开展探究活动。这就要求在开展探究实践活动之前应明确研究的方向和问题，有目的地开展活动。因此探究实践能力评价应从确立研究方向或研究主题阶段开始，鼓励学生查询活动相关资料，结合自己的兴趣提出研究的设想，选定适合自己的研究课题。选定课题后，组织学生交流研讨，反复修正研究课题，引导学生组建研究团队，进一步提炼研究课题，评价前置的过程不仅体现了评价的引导作用，而且学生的学习兴趣也得到了充分的尊重。

---

① 蒋炜波，赵坚．物理核心素养的试题命制与评价策略研究：以科学思维评价为例 [J]. 物理教学，2020，42（3）：2-6.

2. 关注实践过程，评价主体多元

探究实践活动的学习会受到教师、同学、家长或与研究活动相关人员的关注与评价。评价主体多元化对学生探究实践活动效果做出正确评价至关重要。对于小学生而言，鼓励的、积极的显性评价对探究实践活动效果影响较大。同时，隐性评价主体也会对学生的探究实践活动产生间接性影响，同样需要引起教师的重视。教师应重视并发挥隐性评价的主体作用，为学生营造良好的育人环境。

3. 围绕能力提升，促进个体发展

从课程培养目标和学生个人发展来看，探究实践活动的育人目标是使学生在参与探究实践活动的过程中，具备综合运用知识和技能来解决某一具体问题的能力，从而发展学生的核心素养。因此，教师在总结性评价中应当紧密围绕学生能力的提升而展开，引导学生在反思中进步，发展和改进科学思维方式，为再次开展探究实践活动打下基础。

案例 2.1　东莞市小学科学实验操作与探究技能考核

2019 年，教育部颁发的《教育部关于加强和改进中小学实验教学的意见》指出，应“把学生实验操作情况和能力表现纳入综合素质评价”。东莞市自 2021 年 9 月实行小学科学实验操作考核以来，小学科学实验教学日渐受到重视，各小学实验室建设日趋完善，专职科学教师明显增多，实验开出率大幅提升，实验教学质量显著提高。

案例 2.2　东莞市深入实施小学科学义务教育质量监测

东莞市教育局加强与高校、科研机构合作，构建以学生发展为核心的监测指标体系，充分利用大数据、人工智能等技术搭建教育评价数据平台，对东莞市义务教育学校开展综合测评。开展中小学生学业负担测评，监测学生作业、睡眠、手机使用、课外读物、心理健康等状况，切实推动减轻中小学生过重的学业负担。

（四）注重态度责任

科学教学的目的不仅仅是向学生传授科学知识，更重要的是促进学生良好科学态度的养成，引导学生正确认识科学的本质，激发学生的好奇心与求知欲，在认识科学本质及规律，理解科学、技术、社会、环境之间关系的基础上，逐渐形成良好的科学态度与社会责任感。经过科学课堂教学以后，学生的科学态度与责任究竟发展到了什么程度？这需要进行相应的检测评价。

1. 以问卷调查的形式进行科学态度与责任感的评价

科学态度与责任感发展水平比较抽象，《义务教育科学课程标准（2022 年版）》中提到的相关能力要求并不适合通过试题进行评价，比如与他人合作、有良好的学习兴趣等等。教学中的过程性评价可采用问卷调查的形式进行测评。

2. 以主观试题的形式进行科学态度与责任感的评价

小学科学是一门综合性课程，包括生物、化学、物理、地理等多个学科。科学实验是科学教学中的重要组成部分。实验过程中，要求学生对实验保持客观与尊重，自觉维护真理，在小学科学学习中养成良好的科学态度。同时科学作为一门基础学科，与社会和环境的联系是非常紧密的，其既能对社会发展起到巨大促进作用，也对环境产生巨大的改变作用。同时科学与技术之间一直是相互促进的，科学促进技术的变革，技术反过来又促进科学的发展。从《义务教育科学课程标准（2022 年版）》中的要求可以看到，实事求是、坚信真理等关于科学、技术、社会、环境的科学态度与社会责任感是可以通过主观试题进行评价的。命题的素材可以包括科学发展历史、实验、科学技术与社会环境问题等，可以通过科学史和实验来评价学生的科学态度，通过科技社会等相关问题来评价学生的社会责任感。

小学科学教学的目的不仅是向学生传授科学知识，更重要的是促进学生养成良好科学态度，培养学生正确认识科学的本质，激发学生的好奇心与求知欲，形成社会责任感。试题评价并不是评价学生的科学态度和社会责任感的最好方式，但由于涉及很多意识形态的内容，因此比较难通过试题进行评价，须有针对性的结合多种评价方式，才能够对科学态度与社会责任感进行评价。

案例 2.3　健全评价监测结果应用机制

《义务教育科学课程标准（2022 年版）》提出健全教育系统协同、市镇协同、教育系统与行政部门协同、学校内部协同、学校与家长协同的“五大协同”应用机制，建立教育评价及质量监测结果报告与发布机制，引导全社会树立科学健康的教育发展观。实施基于监测结果的强弱项补短板工程，构建聚焦结果、精准归因、强化改进的评价结果应用闭环运行机制，以评价监测结果引导教学改进，提升以评促改、以评促建的改革实效。

综上所述，对于小学生而言，基于“教—学—评”一致性的小学科学“品质课堂”综合评价就像是一把标尺，每个学生在此中把握自己的位置。综合评价要坚持以促进学生全面发展和个性成长为本，讲究科学性和艺术性相结合、共性和个性相结合，体现教育智慧，即好的综合化评价既要有适合的评价标准和适量的评价内容，又要有适宜的评价主体和适当的评价方法，还要有适宜的评价时机。评价内容决定评价方法的选择，随着评价内容的综合化，量化的评价方式已不能全面、客观地评价出学生的真实发展水平。因此，新课标中的学生评价强调综合评价，注重评价方法的多元化。除考试或测验外，还要通过多种方法，以作业、学习日记、考试、质量抽测、实验考核等形式对学生进行全程、全面的评价，以更清晰、更准确地描述学生的现状和进步。

学生是整体的人，学生发展具有多面性，评价内容需涵盖学生发展的各个方面，评价方法多种多样，如纸笔测试、实践操作、表现性评价等等。以新课标提出的核心素养课程目标为依据，实现评价内容的综合性，可以增强学生对小学科学的学习兴趣，提升学生学习主动性，提高自身素质；可以促进教师个性的发展、创新精神的发扬，为教师专业成长搭建舞台，创设良好环境；可以对落实相关文件精神，深化课程改革，全面推进素质教育将产生重大影响；可以推动实现到 2035 年基本形成富有时代特征、彰显中国特色、体现世界水平的教育评价体系的教育评价改革目标。

亲历者言

对孩子来说，有一种能力是宝藏一样的存在，那就是“自然观察力”。只有将它挖掘出来，孩子才能体会个中的美好与珍贵。

我带着孩子们动手种植番茄，观察番茄的种子，记录番茄的成长，既把课内课外教学有机结合，也把科学和劳动教学紧密结合。离开水泥屋，投入到身边的自然界中，通过普通、直接的种植观察和实践活动，和自然界亲密接触，感受植物的多样性，孩子们由衷地产生了对植物的热爱！

科学无处不在，科学的奥秘就在自然界之中。引导孩子们了解与欣赏植物，培养孩子们的自然情结，形成自然情愫，这是孩子们产生保护自然观念的基石。

——东莞市樟木头镇实验小学　蔡旭平

第三章　基于“品质课堂”的小学科学探究式教学

第一节　探究式教学概述

一、探究式教学发展历程

（一）国外探究式教学的发展

从古至今，“探究”思想一直贯穿于教学中，苏格拉底的“产婆术”被称为西方最早的启发式教育①，然而，随着时代的发展，探究式思想也在不断完善。18 世纪，卢梭（Rousseau，1712—1778）首次提出了“人与生俱来就有探究欲望”的观点，奠定了探究式教学思想基础②。

20 世纪中叶，约翰·杜威（John Dewey，1859—1952）继承了卢梭的教育观点，并对传统教育中过分强调知识的积累与分数的比较现象进行批判，他认为“科学教育的发展需要通过问题来进行导入”③，因此他很早就提出“问题的学习法”。

1957 年，由于苏联成为首个发射世界人造地球卫星的国家，美国分析落后原因后，决心进行教育改革，特别是科学教育改革——通过建立探究性课程范式将“探究”全面渗

① 郭景扬，练丽娟，陈振国．课堂教学模式与教学策略 [M]. 上海：学林出版社．2009.

② 卢梭．爱弥儿：论教育 [M]. 北京：商务印书馆，1978.

③ CSMEE, Committee on the Development of an Addendum to the National Science Education Standards on Scientific Inquiry, National Research Council. Inquiry and the National Science Education Standards: a guide for teaching and learning [M]. Washington DC, USA: National Academy Press, 2000.

入20世纪60年代后的基础教育体系，为探究式教学的发展提供了沃土。

1961年，美国课程专家瑟夫·施瓦布（Joseph J. Schwab，1909—1988）正式提出“探究式学习”——儿童通过自主参与探究，不仅可获得科学知识，还能掌握科学方法，进而培养探索未知世界的积极态度，这一观念极大地推动了探究式教学的发展，并对其他国家产生了重大影响。萨奇曼（Richard Suchman）将其概括成谈及时教学理论。

美国哈佛大学教授兰本达（Brenda Lansdown，1904—1987）在20世纪40年代开始创立“探究—研讨”教学法，并于1971年与他人合著了《小学科学教育的“探究—研讨”教学法》一书[①]。虽然当时她的教学法在美国只是“在极小的范围内得到推广”，但随后对我国探究式教学产生了深刻的影响。

20世纪90年代，美国《国家科学教育标准》（1996）中明确提出采用探究式教学的方法，探究式教学逐步被认可并成为开展科学教育最有效的手段。

（二）国内探究式教学的发展

1. 探究式教学的思想渊源

关于探究式教学的思想渊源，可以追溯到伟大的教育家孔子。孔子强调“多问”，通过学生自己主动学习寻找新知识，在学生经过一系列的思考活动后还是无法领悟到新知识时，教师加以点拨，从而让学生对所学知识有更深刻的理解和把握。这是探究式教学的思想萌芽，然而，探究式教学真正发展的契机在改革开放之后。

2. 探究式教学的理论初启

相较于国外探究式教学的发展，我国的探究式教学起步较晚。借助改革开放的春风，我国探究式教学理论真正的兴起起源于一本书和一个人——1983年，美国著名学者兰本达出版了《小学科学教育的“探究—研讨”教学法》一书，并来到我国举办探究教学讲习班。之后，探究式教学被大家所知晓，鲍兆宁、黄明皖、顾宏等人对探究式教学进行理论引入与探讨，为后面的教学实践打下理论基础[②]。

---

① 吴向东．兰本达小学科学教育思想的哲学基础与启示[J]. 教育导刊，2012（5）：22-24.

② 黄球琰，杨圆，邹斌．改革开放40年来探究式教学在中国的发展历程[J]. 教育观察，2019，8（30）：3-5.DOI:10.16070/j.cnki.cn45-1388/g4s.2019.30.001.

3. 探究式教学的实践发展

20 世纪 90 年代以来，人们对教育越来越重视，顺应教育改革的大趋势，倡导探究教学已然作为新一轮国家基础课程改革的重要目标之一。1999 年我国正式实施基础教育课程改革，为了解决教育领域中学生的学习脱离生活实际，无法满足学生个性化学习的状况，而提出开展探究式学习。2001 年，在基础教育第二次改革中，我国颁布的《基础教育课程改革指导纲要（试行）》对学生的学习探究活动提出了相关的具体化建议。我国 2017 版《义务教育小学科学课程标准》中对探究式学习进行了定义：探究式学习是指在教师的指导、组织和支持下，让学生主动参与、动手动脑、积极体验，经历科学探究的过程，以获取科学知识、领悟科学思想、学习科学方法为目的的学习方式[①]。这时，探究教学引起了广大学者和教育工作者的广泛关注，大量的探究教学文献相继发表。

二、探究式教学的研究概况

（一）探究式教学的理论基础

1. 建构主义理论

建构主义理论认为知识存在的意义在于不断探索真理的过程，主张知识要与所处的具体环境联系在一起，知识的获得过程是与学生头脑中已有的知识相结合的过程。因此，教师要引导学生在实际生活中去发现问题、研究问题，在学生前概念的基础上建立学生对于世界的新认知，并基于小组群体交流讨论中得出的假设来进行实验设计，获得结论，达到有意义的建构。

2. 发现学习理论

由美国认知心理学家布鲁纳提出的“发现学习”理论认为，在学生学习的过程中，接受的新事物与头脑中的同类事物相联系，形成新的认知结构[②]。发现学习可以促使学生学会发现探究方法，建立学科体系，学生通过自身动手探究后，更有利于学生对知识的内化和迁移。发现学习在激发和培养学生内在动力的同时，促使学生智力的提升。

---

① 中华人民共和国教育部．义务教育小学科学课程标准 [M]. 北京：北京师范大学出版社，2017.

② 布鲁纳．发现的行为 [M]// 瞿葆奎，徐勋，施良方．教育学文集　教学：上册．北京：人民教育出版社，1998：584-585.

（二）探究式教学的概念界定

1. 国外对探究式教学的概念界定

1996 年的全美首部《国家科学教育标准》将科学探究界定为：“科学家们用于研究自然并基于此种研究获得的证据提出解释的多种不同途径。探究也指学生用以获取知识、领悟科学家的思想观念、领悟科学家研究自然界所用的方法而进行的种种活动。”[①] 学者们从不同的角度赋予探究式教学不同的含义。Zacharia（2003）指出“探究式教学强调科学教学的重点是引导学生理解科学过程，而不是去记忆孤立的科学事实和概念”[②]。Wolf 和 Fraser（2008）则认为“探究式教学是一种帮助学生感知自然现象，修改和发展科学认知，提升科学论证和合作能力的教学方法”[③]。2006 年 6 月，国际科学院联盟组织科学教育项目组（IAP-SEP）在探究式科学教育项目的国际评估报告中对探究式科学教育作了如下界定[④]：探究式科学教育（IBSE）不是一种单纯的教学法，而是一种有着主要特征并可以以多种方式实施的教学法。它与传统科学教育有些相同之处，但在很多方面又是不同的：它不仅仅让学生进行动手操作，更让学生参与到“识别相关证据”“进行判断性推理和逻辑性推理”和“思考如何解释”等环节中去。

2. 国内对探究式教学的概念界定

国内对探究式教学界定的分歧主要表现在：有些学者将探究式教学视为一种教学形式，即“学生在教师指导下，以类似科学研究的方式去获取知识的一种教学形式”[⑤]；有些学者将探究式教学视为一种教学实践活动，即“探究性教学是在教师指导下，学生主动地从学习生活和社会生活中选取与教学目的和教学内容有关联的问题或项目，用类似于科学研究的方式去获取知识、应用知识、解决问题的教学活动”[⑥]；有些学者把探究式教学看成

① 美国国家研究理事会．美国国家科学教育标准 [M]. 戢守志，等译，北京：科学技术文献出版社，1999.

② ZACHARIA Z，ANDERSON O R. The effects of an interactive computer－based simulation prior to performing a laboratory inquiry－based experiment on students’ conceptual understanding of physics[J]. American Journal of Physics, 2003, 71（6）: 618.

③ WOLF S J，FRASER B J. Learning Environment, Attitudes and Achievement among Middle－School Science Students Using Inquiry-based Laboratory Activities[J]. Research in Science Education, 2008, 38（3）: 321-341.

④ HARLEN W，ALLENDE J. Report of the Working Group on International Collaboration in the Evaluation of Inquiry-Based Science Education （IBSE） Programs［R］. Santiago：IAP，2006.

⑤ 徐学福．探究学习的内涵辨析 [J]. 教育科学，2002，18（3）：33-36.

⑥ 郝志军．探究性教学的实质：一种复杂性思维视角 [J]. 教育研究，2005（11）：66-70.

一种教学方法，既“探究教学实质上是将科学领域的探究引入课堂，使学生通过类似科学家的探究过程理解科学概念和科学探究的本质，并培养科学探究能力的一种特殊的教学方法”[①]。王晶莹博士认为探究教学本身具有两重涵义，既以探究为方法的教学和以探究为内容的教学，前者指以科学探究为主要模式的教学方法，也就是我们通常所说的探究式教学；后者是以科学探究的技能和过程以及本质作为教学内容和目标，并采用探究的方式来教授，可以说是以探究为内容的教学。

我国2017年版《义务教育小学科学课程标准》中指出：探究式学习是指在教师的指导、组织和支持下，让学生主动参与、动手动脑、积极体验、经历科学探究的过程，以获取科学知识、领悟科学思想、学习科学方法为目的的学习方式[②]。

课堂中对于探究式学习的应用离不开教师的安排与指导，因此在课堂教学的语境下，探究式学习与探究式教学其实是一体的两面：从学生的角度则称为探究式学习，从教师的角度则称为探究式教学。本文中统一将其称之为探究式教学。

综上所述，我们认为小学科学探究式教学，是指在教师的指导下，学生有组织、有目的、有计划地围绕科学问题，在学习概念和原理时，教师只给学生一些事例和问题，让学生以类似科学家探究发现的形式，通过阅读、观察、实验、思考、讨论、听讲等途径去独立探究，自行发现并掌握相应原理和结论的一种教学活动。

（三）探究式教学的类型

基于不同的标准，学者们将探究式教学划分为多种类型。如根据学生提出问题和回答问题的独立程度，Germann将课堂探究从低到高分为：强化型探究、结构型探究、指导型探究和自由型探究[③]。根据探究水平，Wenning将探究式教学分为发现学习、互动演示、课堂中的探究、实验室探究以及假设性探究[④]。根据教育思想和哲学理论，丁邦平教授将探究式教学划分为发现式科学探究教学、接受式科学探究教学和建构式科学探究教学[⑤]。

---

① 柴西琴．浅谈对探究教学的认识与思考[J]. 教育学报，2001（10）：7-12.

② 中华人民共和国教育部．义务教育小学科学课程标准[M]. 北京：北京师范大学出版社，2017.

③ GERMANN P J, HASKINS S, AULS S. Analysis of nine high school biology laboratory manuals: Promoting scientific inquiry [J]. Journal of Research in Science Teaching, 1996, 33（5）: 475-499.

④ WENNING C J. The level of inquiry model of science teaching[J]. Journal of Physics Teacher Education, 2011, 6（2）: 9-16.

⑤ 丁邦平．探究式科学教学：类型与特征[J]. 教育研究，2010（10）：81-85.

（四）探究式教学的特征

美国《国家科学教育标准》中如此阐述探究式教学的特征：“学习者围绕科学性问题展开探究，学习者获取可以帮助他们解释和评价科学性问题的证据，学习者根据事实证据形成解释，学习者利用科学理论进行解释，学习者交流并论证他们的解释。”[①] 柴西琴通过对探究教学内涵的分析，将其特征归纳为五个方面：“第一，学生通过探究活动获得新知和提高能力；第二，注重从学生的已有经验出发开展教学；第三，重视证据在探究中的作用；第四，重视合作式学习；第五，探究教学重视形成性评价和学生的自我评价。”[②]

（五）探究式教学的模式

1. 发现式学习模式

布鲁纳提出的发现式学习模式是指学生在学习概念和原理时，只从教师那里获得资料和启示，学生通过自主思考、积极探索、科学认识并解决问题，来研究客观事物的属性，发现事物发展的起因及其内部联系，从而找出规律并形成自己的概念[③]。

2. 学习环模式

麦仑·阿特金和罗伯特·卡普拉斯等人提出学习环模式。第一环节为探索阶段，教师向学生提供资源材料和启发性问题，让学生从事各种探索活动，在直接经验中建构科学的概念；第二环节为概念引入阶段，学生用前一阶段在探索中获得的资料和产生的想法，在互动式讨论中对概念做出适当的解释；第三环节为概念运用阶段，将前一阶段形成的新概念拓展运用到不同的情境中[④]。

3. 5E 学习环模式

美国生物学课程研究所（BSCS）提出 5E 学习环模式。吸引（Engagement）：教师根据学生对已学概念的理解，鼓励学生提出问题，使其有兴趣参加活动；探索（Exploration）：教师向学生提供活动主题，鼓励学生与他人一起积极探索，学生要亲身体验并善于思考，促进概念的改变；解释（Explanation）：教师向学生提出问题，鼓励其对探索获得的观点

① 美国国家研究理事会．美国国家科学教育标准 [M]. 戢守志，等译．北京：科学技术文献出版社，1999.
② 柴西琴．浅谈对探究教学的认识与思考 [J]. 教育学报，2001（10）：7-12.
③ 王林雪，路静文．国内外探究式教学的研究述评 [J]. 教育教学论坛，2015（44）：1-4.
④ 徐学福．科学探究与探究教学 [J]. 课程·教材·教法，2002（12）：20-23.

进行解释，学生要为自己的观点下定义、形成概念，并与他人讨论；深化（Elaboration）：给学生更多机会扩展概念的理解和技能的获得，让学生将新学到的概念或能力运用到日常情境中；评价（Evaluation）：教师根据课程规定的教学目标做总结性评价，可以列出适当的标准来评价学生的学习能力和学习成果①。

4. 探究—研讨模式

兰本达提出探究—研讨模式，认为课堂结构一般分为探究和研讨两个部分，基本程序为：教师选择“有结构的材料”研究材料；学生围绕研究目的，观察、操作和自由探究；教师组织全体学生共同探讨，根据自己的理解寻找其中的规律，获得科学结论。

5. 基于问题的学习模式

基于问题的学习（Problem-Based Learning，PBL）是以学生为中心构成学习小组，通过解决问题来学习知识的一种问题导向型的探究教学模式。通过问题激发学生的认知兴趣，学生基于提出的问题组成学习小组，在教师指导下通过自我学习和解决问题而最终获得新知识，培养学生有效解决问题的能力、自主学习能力和有效协作能力②。

6. 基于模型的探究模式

温德希特尔、汤普森和布拉登提出了一种探究式教学模式，该模式将建模教学与探究教学相结合，注重让学生在探究活动中通过构建和修正科学模型来理解和预测自然界的科学规律③。主要包括明确研究对象、提出问题、生成假设、查找证据以测试模型、论证修订模型等环节。

三、基于“品质课堂”的小学科学探究式教学

东莞推进的“品质课堂”紧紧围绕立德树人的根本任务，坚持有教无类、素质教育、因材施教的教育理念，以课程标准为依据，以发展学生核心素养为目标，更加突出素养导

---

① BYBEE R W. The BSCS E Instructional Model: Personal Reflections and Contemporary Implications [J]. Science and Children，2014（1）：10-13.

② Hmelo-Silver C E. Problem-based learning：What and how do students learn？ [J]. Educational Psychology Review，2004，16（3）：235-266.

③ Windschitl M, Thompson J, Braaten M. Beyond the Scientific Method: Model-Based Inquiry as a New Paradigm of Preference for School Science Investigations[J]. Science Education. 2008, 92（5）：941-967.

向，更加突出以学生为中心，更加突出学科育人，更加突出信息技术与学科教学深度融合，更加突出教师素养提升，更加突出多元评价。

基于“品质课堂”的小学科学探究式教学，以核心问题为导向，借助探究式教学的策略，引导学生解决问题。一方面，探究式教学中核心问题的提炼都基于课程标准和教材内容，既能够深入探究科学问题的本质，又能够把握课程标准的素养导向。另一方面，恰当的教学策略是课堂生动的灵魂，因此，组织好探究式教学课堂的策略显得尤为重要。在“品质课堂”视角下，针对探究的核心问题，需要结合学生的学习情况和一线教师面临的实际问题，创造性地制订合适的探究式教学策略，尽可能地让学生经历一个完整的知识发现、形成、应用和发展的过程，突出以学生为中心，同时注重教师素养的提升。

（一）基于“品质课堂”的小学科学探究式教学模式及操作流程

随着对探究式学习的深入研究，不同学者专家提出了不同的教学模式，比如前文提到的布鲁纳提出的发现式学习模式、麦仑·阿特金和罗伯特·卡普拉斯等人提出学习环模式、美国生物学课程研究所（BSCS）提出的5E学习环模式……随着东莞市“品质课堂”的开展，“品质课堂”视角下的小学科学探究式教学模式逐渐积累形成，其包含“情景导入—探究实践—交流研讨—总结应用”四大方面，具体涵盖“提出问题、作出假设、制订计划、搜集证据、处理信息、得出结论、表达交流和反思评价”八个要素，坚持以教师为引导，以学生为主体，这些要素的单向或融合发力助推课堂从“浅层思维”走向“深度学习”，为课堂教学改革找到切入点（图3.1为探究式模式的操作流程）。

新课标提出小学科学学科的核心素养包括科学观念、科学思维、探究实践、态度责任四个方面。其中科学探究是一种学习科学观念、发展科学思维、形成科学态度和责任的重要途径。为了凸显小学科学核心素养，避免教学过程程序化，教师教学过程中可以灵活运用提出问题、作出假设、制订计划、搜集证据、处理信息、得出结论、表达交流和反思评价八大要素。下面以粤教修订版小学科学四年级下册《让小车动起来》一课为例，展示如何选择合适的探究要素，聚焦核心问题，形成探究式教学流程。

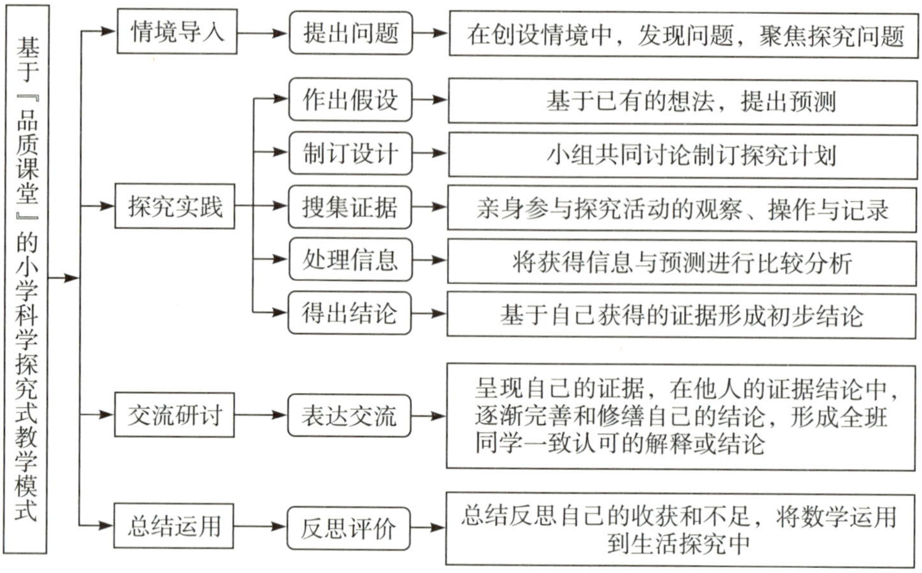

图 3.1 基于“品质课堂”的小学科学探究式教学操作流程

1. 在情境体验中“提出问题”

出示一辆实验用小车，让学生们提出感兴趣的问题，引导他们聚焦到与本课教学内容相关的“怎样让小车动起来？”这个核心问题。

2. 在互动交流中“作出假设”

在真实的情境中通过师生间的对话，通过有层次性问题的引导，让孩子基于已有的经验和知识作出猜想，用口述的方式进行表达，促进孩子语言动起来，思维活起来，帮助教师了解学生的前概念。

分组动手试一试，让孩子们在真实体验中，发现拉、推、吹、弹等方式都可以使小车动起来，并适时过渡到第一个具体问题“小车为什么会动起来？”

3. 在材料驱动中“制订计划”

聚焦第二个具体问题：“多大的力可以让小车动起来？”提出问题，你刚才用了多大的力使小车动起来？凭个人的感觉来判断用力的大小是不够准确的，究竟用了多大的力呢？同学们能不能通过提供的材料把这个力的大小测出来？

聚焦第三个具体问题：“怎样把这种力测出来？”出示实验探究的材料：小车、回形针、棉线、垫圈、带定滑轮的木板、计时器。在小组组内与组间充分的讨论中，孩子们不知不觉完成了本实验的设计，使“制订计划”行之有效。

4. 在实验操作中“搜集证据”

在探究实践的过程中，需要充分调动感官观察实验现象，使用记录这个单支架，结合图文等方式记录实验结果，并通过分析数据得出实验的结论，在探究实践环节应该充分尊重和顺应孩子“好奇”“探索”的天性，给予充裕的探究时间“做中学，玩中思”。

先想再做，先出示实验记录单，猜测多少个垫片可以使小车动起来，并把猜测的数值记录在实验单“预测”栏；分组开展多次实验，并把数据记录在实验记录单“测试”栏。

5. 在分析对比中“得出结论”

在“怎样把这种力测出来”这个问题的引领下，孩子们积极主动地进行了垫片数量和小车行驶时间数据的观察和比较（处理信息），在比较中发现了垫片数量越多，即小车受到的拉力越大，小车行驶时间越短，小车行驶得越快（得出结论）。客观科学记录有助于孩子培养实证意识，帮助学生建构“力与物体运动关系”的概念，即拉力越大，小车的行驶速度越快。

6. 在拓展延伸中“反思评价”

实验中垫片的拉力让小车动起来，在生活中还有哪些力让物体动起来的例子？举例说一说，如马的拉力可以使马车动起来，手的推力可以使手推车动起来等。通过拓展延伸，把所学与生活进行链接，培养学生多思考善发现的好习惯。最后，通过多元主体评价手段，检验自我学习效果的并促进自我团队能力的提升。

科学课堂教学是一个动态的变化生成过程，精心设计核心问题，在师生对话中发展学生思维，给予充裕的探究实践时间，课堂注重生成，则让科学课更灵动而有科学味。巧取智用八大要素，可以有效提高孩子的科学核心素养。

（二）基于“品质课堂”的小学科学探究式教学的实施建议

1. 注重在真实情景下凝练“探究的核心问题”

把探究式教学比作人体，那么核心问题就是血液流动的起点与核心——“心脏”，显而易见，探究的核心问题是组织该类课程的关键要点。作为一线教师，可以从此处切入，进行探究式教学的实践。具体而言，便是从教师“教”的角度出发，以教材分析、课标分析为抓手，梳理提炼出本课“探究的核心问题”，即本课需要建构的核心概念和探究式教学的重点内容。

2. 注重在教学设计中制定“科学的教学策略”

围绕核心问题开展的探究式教学，解决核心问题是课堂组织的重难点。针对核心问题，需要因地制宜采取合适的策略，构建合适的支架，逐步引导学生在活动中亲历探究。从学生“学”的角度出发，以学生学情分析为抓手，概述本课设计中所用到的探究式教学的策略，围绕“探究式教学”，进行“学为中心”的教具创新和教学方式创新等探索。比如，精心营造探究氛围。教师应当营造氛围，通过听取学生的观点、鼓励公开的讨论、接受与众不同的观念、允许学生犯错误、给予学生思考时间、培养他们的自信心并真正重视他们表达的内容，促进学生积极思考。探究式教学的策略还有许多，如合作交流策略、体验式策略、个体差异策略等等。科学的教学策略对贯彻落实新课标、发展学生个性、发掘学生的自主探究能力、改变学生学习方式方法、培养创新性人才将会有很大的好处。

3. 注重在实验设计中开发“结构化的材料”

结构化的实验材料有利于学生积极融入科学探究的情景中，掌握科学知识，促进学生在课堂中深度学习，并延伸到课后的思考，甚至动手实践探究。在教学中，教师要根据具体的探究内容精选或者创造结构化实验材料，并按照一定的顺序呈现，进而促进学生探究体验，提高科学课堂教育的品质。

4. 注重在探究实践中突出“学生的主体性”

有的教师在开展探究式教学时，只对学生进行以知识点巩固、记忆为主的提问，或安排学生自行对某一个问题进行小组讨论，就认为在开展探究活动了。学生的主体地位，特别是对问题探究的主观能动性，却没有真正发挥出来，只流于形式，没有产生实际的效果。总之，在教学过程中，教师要注重探究结果的不确定性，与学生组成学习共同体，共同探究核心问题而非向学生灌输知识，引导学生将探究式学习作为一种学习方式。

5. 注重在探究课堂中落实“过程性的评价反思”

有的教师对学生学习的过程性评价不够全面，无法引导学生解决所要探究的核心问题，建构学科核心概念，从而造成一堂课下来，学生所学、所思、所研究的内容不够全面深刻。其实，反思评价是探究式教学不可缺少的要素，反思评价是为了诊断、改进课堂教学，提升“教”与“学”两方面的效果。探究式教学侧重课堂的过程性评价，在小学科学的探究式教学中，教师要注重评价主体多元化与评价方式的创新性，促进学生的发展。传统的评价主要是以教师为主的单一评价，而评价主体多元化是指包括师生评价、生生互评、小组评价在内的多维度地对学生与教师进行评价，其既可促进学生能力的发展，也能促进教学思路的完善。创新性的评价方式包括表现性评价、项目式评价、评价前置等，有利于学生从不同角度发现自己的优势。

第二节　基于“品质课堂”的小学科学探究式教学案例及评析

《声音的强弱》教学案例与评析

执教／吴景婵　评析／何建东

一、探究的核心问题：物体振动幅度与声音强弱的关系

依据《义务教育科学课程标准（2022年版）》，《声音的强弱》一课指向课标内容要求“知道声音有高低和强弱之分，声音高低和强弱的变化是由于振动的变化引起的”和学业要求“能解释声音产生与物体振动的关系，以及声音高低、强弱的改变与振动变化的关系”。

粤教版教材设计了两个观察活动——“鼓面上的豆子”和“判断声音的强弱”。两个活动指向概念的同级建构，共同点是均依赖感觉器官判断；不同点在于实验对象及判断感官的变化。分析其内在逻辑发现，每个活动均缺乏支撑概念建构的有力证据；活动之间，结构性和进阶性体现不明显。故教师在教学中可根据学生实际，重构探究活动，使活动层次分明，推进概念建构从现象认知走向本质理解。

二、探究式教学的策略：构建基于学习者视角的“阶”

学习进阶思想认为学习是一个不断积累、发展的过程。学生对核心概念的理解并非一蹴而就，而是需要经过许多不同的中间阶段，学生对核心概念的理解和运用才会逐渐发展、不断成熟。

（一）问题驱动思考，促进进阶教学

根据课标要求，分析学生在本节课表现性评估方面需要达到的效果，将教学目标进行

细化、聚焦，转变为关键问题，驱动学生思考。如：“你有办法使小鼓的振动被看见吗？”“你能让钢尺的振幅从看得见转变为可测量吗？”“物体振动幅度与发出声音强弱之间是什么关系？”“当追求更精准的实验证据，而现有材料不能满足我们的需求时，可以怎么做？”

这些引导性问题不仅是教学的重要线索，更是航向教学目标的“指明灯”，是引领学生学科素养发展的“核心问题”。在螺旋上升式问题串的引领下，学生的思维模式变得活跃，不断对问题进行深入的思考，逐步挺进思维的纵深处。

（二）探究生成智慧，实现进阶教学

原教材活动中，“声音的强弱与物体振动幅度关系”概念建立容易，内化困难。根据学习进阶思想，引入自制教具“振幅测量尺”和“声音的强弱演示仪”，让物体振动幅度及声音强弱可视化，同时采用渐进式的“小步子缓慢递进”学习路线重构教学活动，将本课概念分解为振幅及声音强弱两个元素间关系的探究。（见图 3.2、图 3.3）

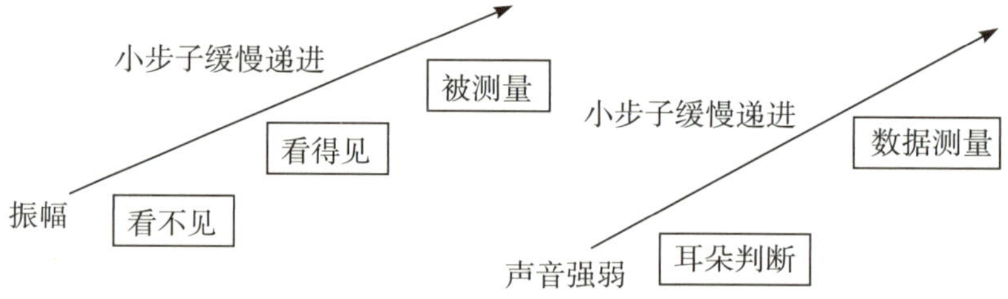

图 3.2 《声音的强弱》进阶教学

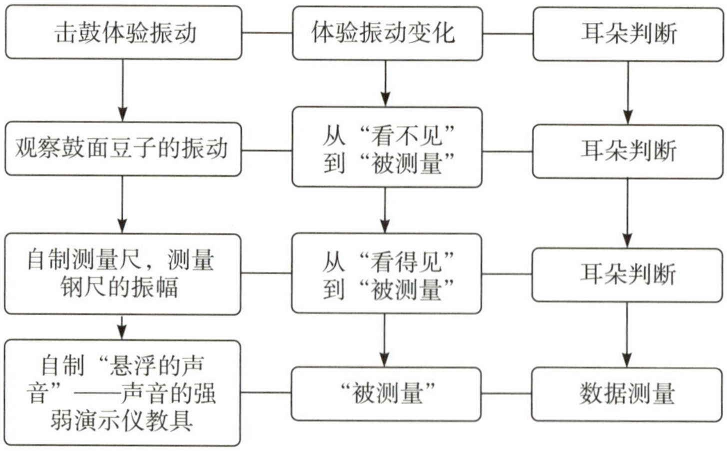

图 3.3 《声音的强弱》学习路线

三、教学设计

知识点来源

《义务教育科学课程标准（2022 年版）》“物质的运动与相互作用”这一核心概念下的学习内容“声音与光的传播”。

粤教粤科版《科学》四年级上册第 3 单元“声音”第 14 课《声音的强弱》。

教学目标

（一）科学观念

分析实验现象及数据，知道物体振动幅度越大，发出的声音越强；物体振动幅度越小，发出的声音越弱。

（二）科学思维

发现实验材料存在观测不易的问题，提出借助外物或改进实验材料的想法，获取更显著的实验现象，发展批判性思维、创新思维。

（三）探究实践

体验由感官判断到数据测量的不同实验探究方式，步步进阶，逐步收集可信度更高的实验证据。

（四）态度责任

以事实为依据做出影响声音强弱原因的判断，培养实事求是的科学态度。

器材准备

教师准备：课件、自制教具——声音的强弱演示仪。

分组材料：1 个小鼓、4 颗黄豆、1 把自制振幅尺、1 把钢尺、实验活动记录单。

教学过程

（一）创设情境，唤醒前置概念

1. 感受音量的大小

表演：教师击鼓表演进教室，用音量大小不同的鼓音，“鼓”动课堂。

提问：教师敲击小鼓的声音，有什么不同？

2. 控制声音的强弱

谈话：声音有大有小，我们把声音音量的大小叫作声音的强弱。

问题：能使小鼓发出强弱不同的声音吗？你是如何做到的？

交流：用不同力度敲打鼓面，鼓面振动不同，产生了强弱不同的声音。

【设计意图】学习进阶理论倡导在特定学习情境中调取学生的前概念，作为教学生长点。

（二）进阶学习，构建科学概念

1. 感官判断，形成概念表象

回顾：声音是如何产生的？

关键问题：小鼓的振动与声音的强弱有什么关系？

推断：越用力敲，小鼓振动越厉害，声音越强。

进阶：小鼓的振动我们能看见吗？你有办法使小鼓的振动被看见？

交流：在鼓面撒豆子，敲击小鼓，豆子跳动说明小鼓在振动。

小结：豆子跳动的高度实际就是鼓面振动的幅度。

提问：用不同力度敲击鼓面，出现了什么现象？这与声音的强弱有什么关系？

推测：用不同的力度敲击鼓面，鼓面豆子振动的高度不一样。鼓面豆子跳起越高，发出的声音越强；鼓面豆子跳起越低，发出的声音越弱。

探究：小组合作，以实验分析两者关联。

（注意事项：敲击时锤子不伤及旁人。及时做好实验记录。）

分享：请愿意分享的小组上台展示并分析你们的实验结果。

交流：学生据实验现象做分析。

总结：用力敲，鼓面豆子跳动得高，小鼓的振幅大，小鼓发出的声音强；轻轻敲，鼓面豆子跳动不高，小鼓的振幅小，小鼓发出的声音弱。

【设计意图】小鼓的振动肉眼不可见，学生通过外物使小鼓的振幅可见，在进行小鼓的振幅与声音强弱的关系探索中培养求证意识，发展科学思维。

2. 方案创新，建立概念认知

问题：其他能发声的物体，它发出声音的强弱与什么有关？如何证明？

进阶：在同学们的努力下，小鼓的振幅从“看不见”到“可看见”，那么能让钢尺的振幅从“看得见”转变为“可测量”吗？

讨论：小组交流如何测量钢尺的振幅。

归纳：师生归纳形成完善的实验方案。

引导：（出示振幅测量尺）这把尺子有何特别之处？如此设计对测量钢尺的振幅有什么帮助？

媒体：播放实验操作指引。

活动：学生采集钢尺振幅数据，观察其大小与产生声音强弱的关系。

汇报：各组实验完毕，汇报小组发现。

进阶：在以上实验中，明明可以依靠感觉器官观察振幅，为何还要测量呢？

小结：数据实证比感觉器官更客观可靠，不容易受个人因素影响。

【设计意图】振幅测量尺，是推进深度学习进程的工具和资源，学生经此探究，进一步理解科学概念，运用科学方法。

3. 数据分析，理解概念内涵

介绍：了解自制教具。

操作：调节音量旋钮，采集振幅数据及音量数据。

分析：从数据中找规律。

小结：通过数据测量，证实：物体振动的幅度大，产生的声音强；物体振动的幅度小，产生的声音弱。

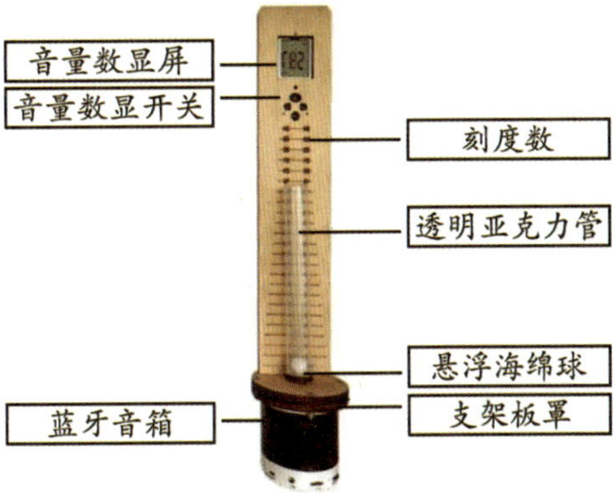

图 3.4　声音的强弱演示仪

【设计意图】通过分析振幅与音量数据，学

生透过现象看到概念本质，对“物体振动幅度与声音强弱的关系”完成符合他们认知能力的概念建构。

4. 探究整合，论证科学方法

引导：我们用豆子让振幅从“看不见”到“可看见”，利用自制尺子将振幅从“可看见”变为“可测量”，最后借助自制教具让振幅与音量都可被测量，当追求更精准的实验证据，而现有材料不能满足我们的需求时，可以怎么做?

【设计意图】三次实验后，有必要将探究对象及探究方法集中起来，进一步丰富感知，进行系统的比较、分析。这有助于学生巩固实证探究的方法，确立严谨的探究科学态度，强化证据意识。

（三）回归生活，应用科学概念

引导：介绍声音分贝表及分贝仪，公布老师在课堂不同时段记录的音量分贝值，学生自查课堂音量是否达标。

应用：运用今天所学，解释为什么用过高分贝音量喊叫会伤害声带。

倡议：从保护嗓子、保护听力的角度，提出合适的做法。

【设计意图】科学源于生活，科学学习从实践中来，回到实践中去，让学生意识到学习科学具有现实意义。

四、评述与建议

本节课围绕核心问题“物体振动幅度与声音强弱的关系”，沿着渐进式学习路径推进教学，设计了三个主要探究活动：一是观察鼓面豆子的振动，让振幅从“看不见”转为“看得见”，用耳朵判断鼓音强弱；二是自制振幅尺，测量钢尺的振幅，让振幅从“看得见”转为“被测量”，用耳朵判断钢尺发出声音的强弱；三是通过“悬浮的声音”——声音的强弱演示仪自制教具，让振幅与声音强弱同步被测量。

本课以学生的科学前概念（对声音大小现象已有的认识和经验）为教学的生长点，以“物体振动的幅度与声音强弱的关系”概念的转变、建构、发展为线索，从认识概念规律的表象到用数据实证概念的内涵，循着层层递进、抽丝剥茧的思维路径，由表及里地分析、推理、建构概念。三个实验活动，学生循“阶”而上，渐进把握振幅与声音强弱关系的概念内涵。

（一）提供结构化探究材料，促进概念理解

围绕振幅从“看不见—看得见—可测量”的探究活动，课堂上分别提供了小鼓、豆子、钢尺、自制振幅测量尺、自制声音的强弱演示仪等结构性探究器材，让学生亲历步步求证的科学探究过程，学生对物体振动幅度与声音强弱的关系概念不再停留于表层，深入剖析数据后对概念本质有了深层理解。

（二）设计问题解决式探究过程，聚焦素养发展

问题的有效解决，离不开具体的知识与技能，离不开相应的思考与探索，在解决问题的过程中，学生的能动性、价值观得到充分彰显。从这个角度看，问题在科学课堂上得到解决，牵一发而动全身。本课教学中，学生在教师的引领下，提出用豆子解决“鼓面振幅看不见”的问题，用宽线条尺解决“钢尺振幅难被测量”的问题，借助先进仪器设备或自制学习用具解决“追求更精准的实验证据，而现有材料不能满足需求”的问题，并在探究中一一验证解决方案。这个过程锤炼了学生的科学思维，发展了学生的科学创造能力，有效提升了学生的科学核心素养。

《植物的花》教学案例与评析

执教 / 单妙金　评析 / 蔡敏胜

一、探究的核心问题：花由哪些部分组成

依据《义务教育科学课程标准（2022 年版）》，本课对应的内容是“说出植物的某些共同特征”，对应的学业要求是“能概括植物的某些共同特征”。在粤教版教材中有“观察植物的花”“解剖一朵花”“比较不同植物的花”三个活动内容。学生根据生活经验，已经知道不同的花在颜色、大小、形状等方面具有各自的特点，已基本掌握了观察植物的方法。但是学生对于花有哪些相同的部分并没有多少认识。因此，本课探究的核心问题是“花由哪些部分组成”。经过初步的观察、交流，引出问题“花的结构都一样吗？”，以

问题为导索，引导学生积极思考花的构成和研究的方法，激发其实验探究的乐趣，促使其“做中学，学中思”，并进行合作与探究，在探究中发现新知，逐步培养学生收集和处理信息的能力、获取新知识的能力、分析问题和解决问题的能力。

二、探究式教学的策略：巧用“六导”优化探究全过程

提升科学课堂品质，必须提升学生的科学探究能力。探究和实践是科学学习的主要方式，要加强对探究和实践活动的研究与指导，整合启发式、探究式、互动式、体验式和项目式等各种教与学方式的基本要求，设计并实施能够促进学生深度学习的思维型探究和实践。本课以“六导”优化探究的全过程，如图 3.5。

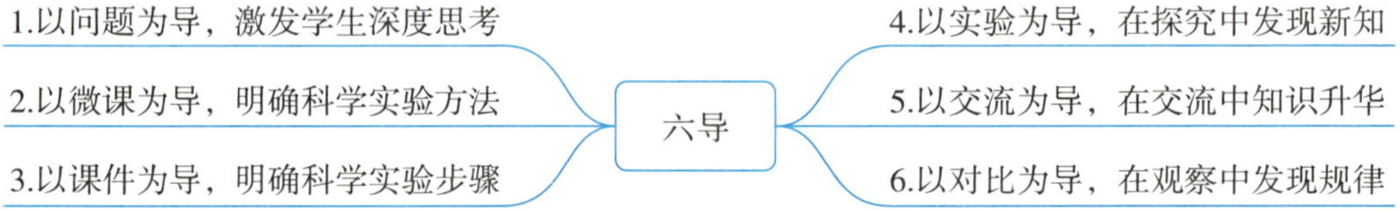

图 3.5　“六导”优化探究

通过问题、微课、课件帮助学生整理思路，明确动手实验的方法与步骤。精心组织，加强监控，让学生经历提出问题、作出假设、制订计划、搜集证据、处理信息、得出结论的有效探究和实践过程，指导学生有条理、有秩序地进行科学实验，提高学生实验探究的能力，激发学生学习科学的兴趣。

三、教学设计

知识点来源

《义务教育科学课程标准（2022 年版）》中“生命系统的构成层次”这一核心概念下的学习内容“地球上存在动物、植物微生物等不同类型的生物”。粤教粤科版《科学》三年级下册第 3 单元“植物的身体”第 15 课《植物的花》。

教学目标

（一）科学观念

观察植物的花，了解花的基本结构。根据花的构成认识完全花和不完全花。

（二）科学思维

以花的构成作为分类依据，对常见的花进行分类。

（三）探究实践

通过解剖花这一实践活动，理解科学探究的一般过程和方法，对观察到的信息作出分析与解释。

（四）态度责任

在探究过程中，保持好奇心和探究热情，善于合作，乐于分享，感受科学探究的乐趣。

器材准备

教师准备：各种各样的花、放大镜、镊子、课件。

分组材料：百合花、红花羊蹄甲、放大镜、镊子、预习单、学习单、评价表。

教学过程

（一）课前预习，加强自我学习能力

采用翻转课堂教学模式，课前发布预习单和《镊子的使用》微课，收集身边植物的花进行观察，完成预习任务单，任务单设计如下。

会操作：观看视频后，你会正确使用镊子吗？

会观察：请你观察几种植物的花，说一说它们由哪些部分组成？并记录下来。

会提问：你还想了解花的哪些问题？

会分享：请你搜索与花有关的信息。

【设计意图】从会操作—会观察—会提问—会分享“四个会”有梯度地引导学生自主学习。

（二）课上探究，提升科学探究能力

1. 创设情境，提出问题

引言：同学们，请大家看看，今天老师给大家带来了什么？预设：花。

播放用延时摄影技术记录的植物开花瞬间的微课。

提问：这些美丽的花有什么共同特点？

【设计意图】通过植物开花的瞬间吸引学生的注意力，激发学生的学习兴趣，创设愉快的教学氛围，适时提出探究问题，驱动探究任务。

2. 交流互动，主动建构

（1）小组交流课前的预习收获。

（2）全班汇报。预设：植物的花由雄蕊、雌蕊、花瓣和萼片组成。

（3）互动探讨：以桃花为例，观察研究，整理花的基本结构。

【设计意图】通过生生互动和师生互动，引导学生主动探究，结合学生的自学认知，再观察、梳理，加深对花的基本结构的认识。

3. 动手探究，发展规律

（1）以问题为导，引导学生深度思考

提问：同学们真是热爱学习、善于观察的好学生。花的结构都一样吗？我们应该怎样研究？

（2）以微课为导，明确科学实验方法

播放解剖油菜花的微课并引言：在科学研究中，生物学家常常用解剖的方法来了解植物体的结构。让我们通过微课，一起来学习一下解剖花的过程。

【设计意图】通过微课可形象、有条理地演示解剖花的过程，明确解剖一朵花的方法。

（3）以课件为导，明确科学实验步骤

①初步观察，用放大镜观察实验用的花是否完整。

②按顺序解剖，用镊子由外至内逐层分离花的各部分。

③整理分类，将分离的各个部分按外形特征进行分类。

④观察各部分的形态和数量，做好记录。

提问：实验时，还有什么要特别注意的？预设：使用镊子时，用大拇指和食指控制镊子的松紧，要夹住被撕部分的基部而不是上部。注意安全，不要被镊子夹到手。

【设计意图】通过课件的演示，学生结合自己的思考，更加明确实验的方法与步骤，为动手实验做好铺垫。

（4）以实验为导，在探究中发现新知

引言：第一大组解剖红花羊蹄甲，第二大组解剖百合花。请大家边解剖边观察并做好实验记录，看看不同的花在结构上是否都一样？

每组的材料员领取实验材料，然后开始实验探究。

【设计意图】以乐于实验探究为导，为学生提供充足的实验材料和探究时间，在探究中发现新知。

（5）以交流为导，在交流中升华知识

实验结束，选择有代表性的作品展示，让学生汇报并小结。

预设一：我们组解剖的是红花羊蹄甲，我们发现红花羊蹄甲的萼片有 1 片，花瓣有 5 片，雄蕊有 5 枚，雌蕊有 1 枚。

小结：我们发现红花羊蹄甲有萼片、花瓣、雌蕊、雄蕊四个部分。雌蕊和雄蕊是花的重要部分，花瓣组成花冠，萼片组成花萼。

预设二：我们组解剖的是百合花。我们发现百合花没有萼片，花瓣有 6 片，雄蕊有 6 枚，雌蕊有 1 枚。

【设计意图】通过动手解剖，了解花的结构，培养学生有条理地进行科学实验的能力，体现科学的严谨性和条理性，提高实验探究能力。

（6）以对比为导，在观察中发现规律

①对比红花羊蹄甲和百合花的解剖图，你发现了什么？②交流小结：像红花羊蹄甲一样由雄蕊、雌蕊、花冠、花萼四个部分组成的花，是完全花，如油菜花。像百合花这样缺少一个部分或几个部分的花，是不完全花，如黄瓜花。

【设计意图】对比两种花的解剖图，引出完全花和不完全花的概念。

4. 学无边界，拓展升华

（1）知识迁移，巩固提高

①小组活动。为每个小组准备一个信封，信封里装有一些常见花的图片和学习单。根据花的结构辨一辨、分一分完全花和不完全花。

②解答预习单中“会提问”一栏所提的问题。

【设计意图】开展知识应用和能力迁移活动，提高学生的综合能力。

（2）乐于分享，学无边界

展示预习单的“会分享”，让学生分享课前收集的有关花的有趣信息。

【设计意图】学习无边界，在交流中拓展升华。

5. 总结评价，促进发展

谈谈这节课的收获，并拿出评价表对这节课的表现进行评价。

【设计意图】引导学生梳理本课的知识，回顾探究方法，提高探究能力。及时评价，既可对教学的效果进行检测，也与教学的过程相互交融，促进学生的发展。

（三）课后拓展，着力提高综合能力

课后完成活动手册第15页第2题。在校园里寻找一种植物的花，观察并描述它的颜色、形态、气味、大小等特征，并将这朵花的结构用简笔图画下来。

四、评述与建议

这节课运用“三环五步六导”教学策略，紧紧围绕“立德树人”这一根本任务，以发展学生核心素养为目标，重塑课堂的新样态，优化学习的全过程。

（一）巧设“三环”，梯度式发展核心素养

第一环课前预习：精心设计导学案，从会操作、会观察、会提问、会分享“四个会”有梯度地引导学生自主学习。第二环课上探究：以乐于探究为导，采取以探究式学习为主的多样化学习方式，促进学生主动探究。第三环课后拓展：把所学知识与生活相结合、动手与动脑相结合、书本知识学习与社会实践相结合、理解自然与解决问题相结合，着力提高学生的综合能力。

（二）创设“五步”，提升科学探究能力

在课堂上设计“创设情境—交流互动—动手探究—学无边界—总结评价”五个步骤，重塑课堂的新样态，以乐于探究为导，采取以探究式学习为主的多样化学习方式，促进学生主动探究。突出创设学习环境，为学生提供更多自主选择的学习空间和充分的探究式学习机会；强调“做中学”和“学中思”，通过合作与探究，逐步培养学生提出科学问题的

能力、收集和处理信息的能力、获取新知识的能力、分析问题和解决问题的能力，以及交流与合作的能力等。

（三）巧用“六导”，优化动手探究的全过程

巧用“问题—微课—课件—实验—交流—对比”导索，整合启发式、探究式、互动式、体验式和项目式等各种教与学方式，设计并实施能够促进学生深度学习的思维型探究和实践，优化动手探究的全过程。

《提重物的轮子》教学案例与评析

执教 / 邱文婷　评析 / 张茂良

一、探究的核心问题：定 / 动滑轮是否省力

本节课引入探究式教学，将生活问题科学化，依据学生对新鲜事物充满好奇的心理特点，从学生日常生活经验入手，结合积木、实物模型初步感知定滑轮、动滑轮的概念和区别。“滑轮的运动方向”和“是否省力”是学生理解书本上知识的难点，因此，在实验教学的过程中以任务驱动单辅助教学，让学生通过观察、设计、思考、实验、合作交流的方法自主开展探究学习，先引导学生尝试作图设计实验的过程，组内交流讨论，头脑风暴，进而纠错并统一意见，最后由小组代表进行模型展示交流，引导全体学生提出不同见解，过程中掌握不同滑轮绳子运动的不同方向。本节课与信息技术深度融合，通过统计图分析，从而进一步解决滑轮是否省力的核心问题，培养学生的自主探究和解决问题能力。

二、探究式教学的策略：运用信息技术创设真实生活情景

（一）创设真实生活情景，合理利用身边材料

基于本节课的知识与技能目标，在课堂导入环节，教师进行角色转换，装扮成“渔民”，以钓鱼的方式出场，带动课堂氛围，给学生提供无限的创新遐想空间。结合 3D 乐高模型，提高学生的探究欲望。

（二）以学生为主体，开展自主探究

运用自主观察探究的方法，课前让学生初步感知滑轮特性，激发学生学习兴趣。以任务单为索引开展探究式教学，引导学生自主学习本课知识点，初步认识定滑轮和动滑轮的概念。课堂中，灵活地设计课堂活动并开展实验，加深学生对概念的理解，鼓励学生对滑轮进行创意改造，锻炼学生的创新思维。

（三）充分融合信息技术，培养学生创新思维

合理地使用信息技术，巧妙地将学生的实验记录单与 Excel 表格深度结合，从条形统计图中直观地得出实验结论。引导学生结合滑轮的特点，大胆设想，进行创意设计。开发各种新颖的教学方式，优化小学科学课堂的教学效果，培养学生的创新思维能力。

三、教学设计

知识点来源

《义务教育科学课程标准（2022 年版）》的“技术工程与社会”这一核心概念下的学习内容“技术与工程改变了人们的生产和生活”。

粤教粤科版《科学》六年级上册第 2 单元“机械好帮手”第 10 课《晾衣架上的小轮》。

教学目标

（一）科学概念

1. 了解滑轮的基本概念和特性。
2. 结合数据分析，学会准确描述滑轮运动方向和省力的特点。

（二）科学思维

学习科学探究的基本方法，通过探究实验，分析概括定 / 动滑轮的特性。

（三）探究实践

1. 经历“问题—猜想—验证—总结”的探究过程，结合任务驱动单，自主合作与交流，及时记录和分析数据。

2. 尝试利用提供的实验材料组装滑轮并进行实验，会设计简单的实验方案，并尝试运用其采集、整理、分析和解读实验数据。

（四）态度责任

1. 知道利用滑轮可以提高功效；了解滑轮在生产生活中的运用，并结合知识，大胆创新设计。

2. 体会科学技术与社会、生活之间的密切联系的，提高乐于探究、大胆想象的意识；知道科学探究可提供新经验、新现象、新方法、新技术。

器材准备

教师准备：课件、升旗台和塔吊模型、各类型轮子、任务驱动单。

分组材料：8 组实验箱（升旗台和塔吊模型、各类轮子），弹簧测力计、砝码若干、任务驱动单。

教学过程

（一）创设情景，聚焦滑轮

1. 情景：教师扮演渔民钓鱼，引导学生仔细观察，渔具上有什么装置在帮助钓鱼呢？

2. 谈话：生活当中有很多的物品是利用轮子提起来的，特别是提重物的时候，今天我们就一起来探究这提重物的轮子。

【设计意图】尽管生活中大部分孩子接触过钓鱼，但是对于钓鱼渔具上所用到的工具认识比较模糊。教师以渔民的装扮登场，会让学生眼前一亮，引起学生的注意，激发学生的好奇心和求知欲，营造愉快和谐的课堂氛围。

3. 交流：（展示课堂前测单数据）通过课堂前测单我们发现，大家对车轮子接触比较多，对于另外两款轮子则不太熟悉，今天我们要研究的提重物的轮子，在生活中也很常见。

4. 比较：请大家打开我们的实验箱，在箱子的左下角有不同的轮子或卡片，请你们给它分分类，并说一说为什么这样分？（学生分一分，说一说）

5. 交流：生活中像这样边缘有凹槽、绕着中心的轴转动的轮子，我们叫滑轮。

【设计意图】教师精心制作实验箱学具，为后续学生自主探究奠定基础，会极大地发挥学生的主观能动性。同时，新课开始前通过课堂前测单了解学生的基本认知，可以更好把握学生的学情。在分类环节上，有的小组派发的是卡片，有的小组派发的是实物，引导孩子们以更开放的方式认识生活中不同的轮子，促进其形成多元化的分类方法和知识。

（二）任务驱动，自主探究

1. 谈话：老师在实验箱中准备了两个模型，一个是升旗台模型（组装），第二个是工程建设中使用的塔吊模型。我们有两个模型，小组长要注意做好分工安排。请根据任务驱动单，进行小组探究。

2. 学生根据任务驱动单，自主探究，教师巡视并积极引导。

【设计意图】学生结合任务驱动单，经历自主组装—探究—思考—发现的过程，教师引导学生思考，关注学生生成，发挥品质课堂的“双主体”作用。

（三）展示交流，分享汇报

1. 展示：请小组代表上台展示你们小组的讨论结果。

2. 交流：像升旗台上的滑轮一样固定在一个位置不会随重物改变的叫定滑轮，像塔吊上的滑轮一样会随着重物移动的叫动滑轮。

3. 绘制：请学生上台绘制出定滑轮和动滑轮上绳子的绕行方式，重物和手拉绳子运动的方向请用箭头表示。进一步发现当定滑轮提起重物时力的方向发生了改变，而动滑轮提起重物时没有发生改变。

4. 提问：既然两种滑轮力的方向有它们各自的特点，再请同学上台说一说在探究使用滑轮时力的大小有什么变化，怎样探究呢？请小组代表分享实验设计方案。

【设计意图】鼓励学生在交流活动后大胆发言，引导其发现动滑轮和定滑轮力的方向的不同，也由此引出力的大小的变化。

5. 微课：通过微课学习如何做实验吧！

6. 交流：做实验之前，你们认为要注意什么呢？需要注意多次测量减少实验误差，还要注意实验安全。

7. 分析：通过条形统计图，可以分析出来，定滑轮不能省力，动滑轮能省力的特点。

【设计意图】巧妙地运用微课，让探究过程更清晰。在研究力的大小的时候，合理地借助条形统计图，更直观地感受定滑轮不省力、动滑轮省力的特点，充分体现信息技术与学科教学的深度融合。

（四）情感升华，拓展创新

1. 谈话：在我们的生活中，定滑轮和动滑轮有着十分广泛的应用。你知道生活中滑轮有哪些应用吗？

2. 微课：展示生活中定滑轮和动滑轮的应用事例。

3. 创意：你会怎样创新设计滑轮呢？

4. 感受：通过这节课的学习，你学到了什么？有什么感受呢？

5. 总结：本节课我们学习了定滑轮和动滑轮各自的特点，在生活中也有广泛运用，感受我国是基建大国，科技的进步也让我们的生活更加美好。同时老师希望你们做一个生活的有心人，多观察生活中的物品，大胆创新设计，相信你们一定会发现更多的科学奥秘。（见表 3.1）

表 3.1 小组评价表 第（ ）组

内容	评分标准			自评	师评
	1分	2分	3分		
分工合作	小组成员不积极参与活动	大部分成员参与小组活动，但没有分工合作意识	每个成员都分工明确，积极参与小组合作，完成各项任务		
文字与设计	设计不合理，没有文字说明	主动参与设计但局部设计不够合理	每个成员都积极组装模型和提出建议，绘制出实验设计方案，并有文字说明		
展示请解	表达不清晰，缺乏逻辑	表达相对较清晰，缺乏科学严谨性	能清晰明了汇报成果，表述严谨科学		
自主创新	想法单一，天马行空，不切实际，没有创新思维	有一些想法，但模糊不清	有创新意识和想法，大胆主动创新		
感悟提升	没有太多感悟和想法	有一些知识点上的感悟	对知识层面、科学层面、国家建设层面有较深的体会和领悟		

【设计意图】结合生活实际，谈谈生活运用，首尾呼应，鼓励学生观察生活中的科学现象，并了解科技给生活带来的变化，激励学生好好学习科学知识。

四、评述与建议

《提重物的轮子》一课的教学任务探究定滑轮和动滑轮的特点，认识定滑轮和动滑轮的实质。学生在任务驱动单和教师的引导下，经历“问题—猜想—验证—总结”的探究过程，学习科学探究的方法，发现定滑轮、动滑轮的不同特性，从而了解生活中人们用定滑轮、动滑轮提升重物的科学原理。

（一）探究滑轮的基本结构：通过组装模型，深刻理解概念

关于滑轮的基本结构，在前测单中可以看出学生对滑轮比较陌生，通过将传统滑轮与生活经验相结合，引导学生在组装滑轮的过程中，了解滑轮的基本结构并掌握概念。

（二）方法改进：以“画、试、析”培养实践能力

1. 引入探究，将生活问题科学化

教材以生活经验运送货物引导学生思考滑轮是否省力的问题，但是学生很少有利用滑轮运送货物的亲身经历，为能更好地引起学生共鸣，教师依据学生年龄段特点，自制了升旗台模型（定滑轮）和塔吊模型（动滑轮），借助实物模型，引导学生尝试画一画轮子和绳子的运动方向，让其在画一画的过程中发现不同滑轮运动方向的不同，引发认知冲突，真正激发学生的探究欲望。

2. 信息融合，将复杂问题简单化

整节课以学生课堂任务驱动单为索引，让学生自主设计实验、动手操作、交流讨论，运用微课辅助教学，测量出数据后，利用 Excel 表格和统计图，引导学生分析数据，逐步认识滑轮的特点，激发学生探究的兴趣，突破了本节课的教学重难点。

（三）着重培养学生的创新思维能力

在学生掌握滑轮的特点后，引导学生开展头脑风暴，尝试大胆想象和设计，给学生更多创造空间，进一步培养学生的创新思维，让科学知识生活化。

《种子的传播》教学案例与评析

执教 / 简玲珊　评析 / 莫春荣

一、探究的核心问题：果实（种子）的结构与功能

本课让学生观察和比较多种植物的果实和种子的结构特点，并将结构特点与其传播方式相关联。本课通过一系列的活动，让学生知道不同的植物以不同的方式把种子传播到远处，使生命得以延续，引导学生初步形成结构与功能及环境相适应的观点。

一方面，很多学生在日常生活见过房顶上长有花草，但很少会去关注植物的种子怎样到达房顶；他们知道风可以把蒲公英的种子传播到远处，但往往不会把种子的结构特点与它的传播方式相关联。另一方面，四年级的学生已经具有较强的观察能力，也具备一定的推测能力，因此，本节课先让学生观察、比较各种植物的果实和种子的结构特点，引导他们猜测其传播方式，从而把果实和种子的结构特点与其传播方式联系起来。最后，引导学生应用本课学习的知识解决问题，制作模拟种子传播的模型，加深对植物种子传播方式的认知，并初步形成种子的结构与功能及环境相适应的观点。

二、探究式教学的策略：运用学习单开展基于问题的探究

本课以附件中的学习单为索引进行教学，用问题贯穿课堂，以问题引入—问题探究—问题解决—问题拓展的学习模式开展教学。把源于生活现象的真实问题引入课堂——“很多高高的屋顶上都长着开小黄花的野生黄鹌菜，是谁把小黄花种在高高的房顶上？”突显现象的真实性，吸引学生开展探究式学习。将探究过程分解成进阶式的两个问题：“它们是怎样传播的？”“怎样让一颗种子借助风力传播到更远的地方？”学生遵循“启发式的问题、有结构性的材料、有序性的探究”模式开展探究，教师应鼓励他们先进行独立思考，再与同组同学开展交流、讨论，最后再进行全班汇报，最终学会本课核心概念。学习单中的框架式支架，会帮助学生形成结构化思维，以学习单帮助学生学会学习。

三、教学设计

知识点来源

《义务教育科学课程标准（2022年版）》“描述有的植物通过产生种子繁殖后代；列举动物帮助植物传粉或传播种子的实例”。粤教科技版《科学》四年级上册第1单元“生命的延续”第3课《种子的传播》。

教学目标

（一）科学观念

知道植物能依靠风力、水力、动物、自身弹射力等方式传播种子。

（二）科学思维

通过观察和比较，能描述不同传播方式的果实和种子的主要结构特点。

（三）探究实践

能根据植物果实或种子的结构特点，判断其传播方式。

（四）态度责任

对植物果实和种子的传播方式表现出探究兴趣，并愿意与同学合作，爱护植物。

教学过程

（一）现象引入

现象：很多高高的屋顶上都长着开小黄花的野生黄鹌菜。

问题：是谁把小黄花种在高高的房顶上？

交流：根据生活经验，猜测黄鹌菜的种子是怎样落在房顶上的？

【设计意图】出示图片，引入现象“屋顶瓦片上长满小黄花”。问题凝练源于生活现象，突显现象的真实性。

（二）问题探究

问题一：是谁把黄鹌菜种在房顶上?

任务：观察黄鹌菜成熟的果实（种子），根据其结构特点猜测种子传播的方式。

分享和交流：通过观察，你发现黄鹌菜的果实和种子有什么特点？根据黄鹌菜果实的结构特点，猜测黄鹌菜的种子是怎样到达房顶的?

播放视频：自然界中黄鹌菜种子的传播过程。

小结：黄鹌菜果实很多、很小、很轻，果实上长有很多冠毛，冠毛带着种子，风一吹就会散落到远处或高处。

问题二：它们是怎样传播的?

讲解：自然界中的果实和种子，有的借助风力传播到远处，有的则通过其他方式传播。

问题三：这些植物是通过什么方式来传播种子的呢?

任务：观察酢浆草、莲、蒲公英、鬼针草、樱桃、槭树的果实和种子，根据它们的外形特征，猜测它们的传播方式，将序号填写在相应的圆圈内，完成后与组内同学交流猜测的理由。

交流：说说不同植物的果实和种子的结构特点，猜测它们的传播方式。

问题四：木棉的棉絮、蒲公英和黄鹌菜的冠毛、槭树的翅，这些结构都能帮助种子利用风力传播，其他植物都有哪些适应其传播方式的特征吗?

小结：植物能依靠风力、水力、动物、自身弹射力等方式传播种子。果实或种子的形态结构与其传播方式相适应。

【设计意图】从风力传播开始，引导学生根据生活经验，列举木棉、槭树、蒲公英等具有棉絮、翅、冠毛等结构的其他借助风力传播种子的植物，再引导学生观察其他植物果实和种子的结构再猜测其传播方式（水力、自身弹力、动物传播）。通过探究，理解“植物的果实或种子具有适应不同环境的形态或结构”。（见表 3.2）

表 3.2　不同植物的种子传播方式

植物名称	果实（种子）特点	猜测的传播方式	依据
莲	莲蓬很轻，组织疏松	水力	莲蓬能浮在水面，莲子容易从莲蓬里掉出来
酢浆草	果皮成熟时纵裂	自身弹射力	开裂时种子会被弹射到远处

（续表）

植物名称	果实（种子）特点	猜测的传播方式	依据
木棉	果实成熟后会裂开，棉絮包裹着种子	风力	果实裂开后飘出棉絮，种子随棉絮飘到远处
鬼针草	果实表面有很多钩状的刺	动物	容易钩在动物皮毛或人类衣物上，不易脱落
槭树	果实上长有翅，又薄又轻	风力	果实上的薄翅使其能随风飘落在较远的地方
蒲公英	果实上长有长长的冠毛	风力	果实很小并且有冠毛，风一吹就能飘到空中
桑	果实肉甜美味，内果皮坚硬	动物	果肉甜吸引动物吞食，内果皮坚硬，不容易被消化而排出
椰子	果皮十分疏松，富有纤维，而内果皮很坚厚，果实里还有椰汁	水力	椰子的外果皮疏松，能漂浮在水里，内果皮坚厚防水，果实随水漂到远处

（三）问题解决：怎样让一颗种子借助风力传播到更远的地方

任务：选择一种风力传播的植物，设计其种子传播的模型。

要求：先观察所选植物果实和种子的传播特点，参考教科书上的设计，选择合适的材料设计种子模型，可以画出设计图。时间为 3 分钟。

分享交流：增加哪些结构能让种子模型借助风力传播到远方？应选用哪些材料和方法来进行制作和测试？

小结：植物的果实或种子具有适应不同环境的形态或结构。

【设计意图】给予学生真实的情境和任务，让学生利用已学知识设计、制作、测试种子模型，提高解决真实问题的能力，发展综合、判断、分析等高阶思维。

（四）问题拓展：如何进一步完善种子模型的设计并制作模型

测试自制种子模型的传播效果。进一步完善种子模型的设计与制作，让“种子”能传播到更远的地方。

四、评述与建议

《种子的传播》这节课的设计，构思精巧，目标设定准确，内容选择合理，条理清晰，层次分明。既体现了新课标中基于概念建构的探究教学理念，又培养了学生的科学探究能力，促进了学生思维的发展。关于这节课的课堂评价见表3.3。

表3.3 《种子的传播》课堂评价

	理解层次	星级水平	我的评价	组长评价	教师评价
课堂评价	认识常见的种子传播方式	☆			
	能依据植物的果实或种子的形态结构准确判断其传播方式	☆☆			
	应用所学原理，设计、制作、测试不同传播方式的种子模型	☆☆			
	总得星：（　　）☆				

（一）由真实的生活现象引出核心问题

问题是探究的开端，科学现象是探究的源泉。在本节课中，教师从生活中常见的科学现象导入，学生并不是空着脑袋走进教室的。关于这个现象，学生原本就有一些想法。因此，教师设计了一个对话的环节，用以揭示学生的前概念，引导学生提出一个可探究的问题，并对此问题产生探究的兴趣。

（二）问题贯穿课堂，关注学生的科学素养

教学中常常采用基于问题的学习模式，强调把学习设计在复杂、有意义的问题情境中，让学生合作解决嵌入真实情境中的问题或与真实世界相关的问题，促进学生对所学知识的理解与建构，从而习得隐含于问题背后的科学知识，形成解决问题的技能和自主学习的能力。

《运动的物体有能量》教学案例与评析

执教 / 廖鑫　评析 / 周德富

一、探究的核心问题：运动物体能量的大小与什么有关

根据《义务教育科学课程标准（2022年版）》，本课对应的学习内容与要求为“知

道运动的物体具有能量"，学业要求为"举例说明运动的物体具有能量"。粤教版教材中设置了"运动的小球"和"碰碰棋"两个活动。基于新课标活化教材，凝练出本课所要探究的核心问题"运动物体能量的大小与什么有关"，通过真实情景中的真实问题启发学生的思考，借助问题串和追问等形式搭建结构化思维阶梯，从而帮助学生建构科学概念，以思维本位和问题主线来落实科学核心素养的培养。

二、探究式教学的策略：基于转换法科学思维优化实验探究

本课的探究难点在于能量是看不见、摸不着的，如何根据四年级学生的认知特点，将肉眼难以观察的能量转化为可测量的数据，则需要利用转换法科学思维来优化实验探究，让学生能在探究实验中观察、体验、感知、记录，并通过直观的数据分析来发现规律。

（一）改进实验一"运动的小球"，减少影响因素，增强实验严谨性

用单摆小球代替玩具弹弹球，大大减少弹性势能或其他形式的能的影响，同时避免出现两个小球打圈圈晃荡的情况，降低学生实验操作的难度。

（二）创新实验二"小球撞击木块"，实现定量研究，提高探究科学性

用带刻度的斜槽轨道作为撞击实验的轨道，大小不同的钢珠球作为撞击物，圆柱体木块作为被撞物。本实验能更好地让学生探究运动物体能量大小的影响因素，初步建构"运动物体的质量越大、速度越快，具有的能量越大"的科学概念。

三、教学设计

知识点来源

《义务教育科学课程标准（2022 年版）》"能的转化与能量守恒"这一核心概念下的学习内容"能的形式、转移与转化"。

粤教科技版《科学》四年级下册第 3 单元"运动与力"第 19 课《运动的物体有能量》。

教学目标

（一）科学观念

1. 能举例说明生活中运动的物体具有能量。

2. 理解质量大、速度大的物体具有更大的能量。

（二）科学思维

1. 能简单设计对比实验。

2. 能对记录的数据进行分析，发现影响运动物体能量大小的因素及其规律。

（三）探究实践

1. 通过“运动的小球”实验，认识运动的物体有能量。

2. 通过“小球撞击木块”的实验，探究影响运动物体能量大小的因素及其规律。

（四）责任态度

知道运动的物体因为具有能量而可能对人体造成伤害，建立注意交通安全、遵守交通规则的安全意识。

器材准备

教师准备：课件、斜面、小车、方形木块。

分组材料：斜坡滑轨、带刻度的水平滑轨、钢珠球、圆柱体木块等。

教学过程

（一）创设情景，聚焦问题

1. 创设情景：用教学课件展示同学们下课追逐玩耍的情景。

2. 提出问题：为什么课间活动时不能快速地追逐奔跑呢？

预设：跑得很快时，如果不小心撞到人会很痛，甚至受伤。

3. 教师追问：如果只是正常行走会撞伤吗？

预设：不会，因为正常行走时速度比较慢，就算碰到其他同学也不会受伤。

4. 教师：那这其中到底蕴含了什么科学道理呢？这节课我们一起来探究《运动的物体有能量》！

【设计意图】课间追逐打闹是小学阶段常有的现象，尽管教师时常提醒孩子们课间不要快速奔跑，但还是有不少学生缺乏安全意识，也不明白其中蕴含的科学道理。本课基于真实情景中提出真实问题，激发学生的好奇心和求知欲，紧扣核心概念。

（二）问题探究，建构概念

问题一：为什么静止的小球会动起来？

1. 观察现象，初步感知

教师：这是一个铁架台，上面悬挂着两个钢珠球，两个小球的中心点水平对齐。当老师将右侧小球拉起，不施加外力，然后松开，让其撞击左侧小球，会出现什么现象呢？

预设：左侧的小球受到撞击后动起来了。

教师追问：可是我们并没有给小球施加外力，为什么静止的小球会动起来呢？

小结：运动的小球具有能量，当它碰撞到静止的小球时，这种能量就会传递给这个静止的小球，驱使静止的小球运动起来。

【设计意图】让学生观察小球碰撞的现象并基于现象进行分析，引导学生从能量的角度去解释原因，初步感知运动的小球有能量。

2. 思维进阶，建构概念

师：运动的小球有能量，那其他运动的物体也具有能量吗？

（课件展示打保龄球、下雨、刮台风等熟悉的生活场景图）

预设：学生进行讨论交流，回答问题。

师生总结：运动的物体都具有能量。

【设计意图】教师先指导学生尝试从能量的角度分析熟悉的生活现象，再让学生独立思考，举例分析运动的物体都具有能量的生活现象，感悟生活中的科学，构建科学概念。

问题二：运动物体能量的大小与什么有关呢？

1. 设计实验，思维碰撞

教师：运动物体的能量有大小之分吗？与什么有关呢？

（展示实验材料：带刻度的斜槽轨道、两个大小不同的钢珠球、圆柱体木块。）

教师：根据这些实验材料，如何设计实验对比运动物体能量的大小呢？

预设：学生小组交流，汇报分享。

教师：同学们觉得哪个方法更好呢？为什么？

预设：学生讨论交流，回答问题。

教师总结：虽然我们看不见能量，但是可以用运动的钢珠撞击木块，使木块移动，从而将看不见的能量转换为可测量的距离。这是我们科学探究中常用的一种实验方法——转换法。

【设计意图】利用实验材料和问题串搭建学习支架，引导学生设计实验，把看不见的能量转化为可视化的测量数据，培养学生的高阶思维能力。

2. 实验探究，发现规律

小组合作实验探究，教师巡回指导。实验结束后，每个小组汇报实验数据至班级数据汇总表，教师利用 Excel 表格工具将数据快速转化为散点图。

教师：同学们，通过散点图呈现的实验数据，你能发现什么规律吗？

教师追问：你能尝试用能量角度来解释钢珠球把木块撞得更远的原因吗？

预设：我发现钢珠球的质量大，下落时运动的能量大，因此把木块撞击得更远。

（教师揭秘有一半小组的斜槽标注的下落起点比较高，另一半小组的斜槽标注的下落起点比较低。）

教师追问：下落起点高，木块被撞得更远，说明了什么？

预设：下落起点高，钢珠球的运动速度快，能量也更大。

师生总结：运动物体的能量有大小之分，质量大、速度快，具有的能量越大。

【设计意图】利用可视化数据，结合散点图科学直观地展示全班数据，让学生分析数据，发现质量大、速度快，则能量更大的科学规律，突破本节课的重难点。

（三）联系生活，拓展升华

1. 教师：现在你能解释为什么课间不能快速追逐奔跑了吗？

预设：大部分学生能说出奔跑追逐速度过快，撞到其他人会容易受伤；还有的能说出有的同学比较高大，质量大，速度太快撞到其他人或物体会造成更大的伤害。

2. 观看交通事故视频中人与物体发生碰撞的现象，接受安全教育，并引导学生运用本节课所学的知识解释这一现象，学以致用，树立安全意识。

【设计意图】不仅让学生建构相关的科学概念，更要让孩子们能够运用科学知识解释生活现象。

（四）总结提升，迁移运用

1. 总结归纳：运动的物体具有能量，质量大、速度快，具有的能量越大。

2. 课后拓展：为什么在同一路段上会出现两种不同的限制速度呢？

【设计意图】把所学知识运用到生活中，鼓励学生学以致用，把科学活动拓展至课外，达到巩固新知的目的。

四、评述与建议

《运动的物体有能量》一课以“为什么课间时不要快速地追逐奔跑？”为驱动性问题，设置了两个问题串。问题探究一：为什么静止的木块会动起来呢？问题探究二：运动物体的能量大小与什么有关？该课通过递进式的问题串及结构化的实验材料，给学生搭建思维支架，让学生亲历猜想、设计实验、实验探究、分析、得出结论的探究过程，从而建构“运动物体的质量越大、速度越快，具有的能量越大”的科学概念。

（一）注重新课标理念，实现教学以学生为中心

本课遵循新课标理念——激发学习动力，加强探究实践，以探究和实践为主的多样化学习方式，结合“做中学”的理念，为学生提供结构化的实验材料及引导式的学习单，让学生在探究实验中观察、体验、感知、记录，并通过直观的数据化分析来发现规律，真正做到把课堂交给学生。

（二）设置结构化探究，让课堂闪烁科学的光芒

1. 设置问题情景，激发学生兴趣，产生探究问题。

2. 通过猜想、验证、观察、分析等学习活动，认识运动的物体具有能量。

3. 通过引导产生新问题的方式，进一步感受运动物体的能量大小，并进行细致的观察和比较，提高解决问题的能力，深化对概念的理解和认识。

（三）提供创新型教具，落实思维型探究式教学

为了让学生在课堂上能够更好地进行实验探究，发现科学规律，教师改进实验一“运动的小球”，并创新实验二“小球撞击木块”，将肉眼难以观察的能量转化为可测量的数据，并通过数据化分析发现“运动物体的质量越大、速度越快，具有的能量越大”的科学规律。

《能溶解得更快一些吗》教学案例与评析

执教 / 李玲　评析 / 刘为森

一、探究的核心问题：如何加快方糖在水中的溶解速度

根据《义务教育科学课程标准（2022 年版）》，本课对应学习内容“知道是否搅拌和温度高低是影响物质在水中溶解快慢的常见因素”和学业要求“能设计对比实验探究物质在水中溶解快慢的影响因素，能用简单的文字和图画描述观察到的现象”。粤教版教材中有“加快溶解的方法”和“能让冰糖溶解得更快吗”两个活动内容。本案例顺应孩子的天性，突出孩子的主体本位，挖掘出本课探究的核心问题“如何加快方糖在水中的溶解”。素养导向的科学课程特征是“以学生中心”，探究式教学法保证了学生活动、交流、研讨的时间和空间。在学生探究怎样让方糖溶解得更快过程中，以探究的核心问题为导向，引导学生学会如何设计对比实验，如何开展探究活动，从而掌握一定的探究技能。

二、探究式教学的策略：渗透“控制变量”科学思维

在前一课《物质的溶解》学习中，学生已经使用过搅拌棒，关注到溶解的快慢问题。是什么因素影响了溶解的快慢？怎样才能使物质溶解得更快一些？本课主要通过学习使用控制变量的实验方法来获取“加快溶解的方法”的实验数据，让学生在探究中感悟如何控制变量，即在其他变量恒定不变的情况下，有意识地一次仅改变一个变量，观察另一个变量会有什么相应的变化，从而学会设计对比实验，开展加快溶解速度的实验活动。

（一）改进实验的材料：用方糖代替冰糖，控制相同质量

1. 使用独立包装的 5 g 方糖代替冰糖，帮助学生建构等量的概念。

2. 提供研钵，学生自行研碎方糖，分装到小方格，让学生认识到研碎的和完整的方糖的量是相等的。

（二）改进实验的方法：用“同时勺”，“同时”操作

创新制作“同时勺”，达到“同时”放方糖目的。把两个相同的塑料小方格，用白乳胶粘贴在一根长塑料片上。装入方糖，倾倒“同时勺”，即可同时放入方糖。

三、教学设计

知识点来源

《义务教育科学课程标准（2022 年版）》中“物质的变化与化学反应”这一核心概念下的学习内容“物质的溶解与溶液”。

粤教粤科版《科学》三年级上册第 2 单元“水与溶解”第 9 课《能溶解得更快一些吗》。

教学目标

（一）科学观念

1. 认识到搅拌、加热和研碎等方法能够加快方糖在水中的溶解速度。

2. 尝试设计开展对比实验，形成细致观察才能准确描述的科学意识。

（二）科学思维

1. 认识设计对比实验的基本方法，在其他变量恒定不变的情况下，只改变其中一个条件，观察方糖溶解的快慢。

2. 分析获得的数据，归纳概括搅拌、温度、研碎与方糖溶解快慢的关系。

（三）探究实践

1. 尝试设计对比实验，互相交流方案，自主实施方案，并及时记录。

2. 能用自己擅长的方式表达和交流探究的过程和结果。

（四）态度责任

1. 对搅拌、温度、研碎与方糖在水中溶解快慢之间的关系表现出兴趣。

2. 愿意将对比实验这种科学方法运用到解决同类科学问题的研究当中去，发展公平实验的意识，面对有说服力的证据，愿意调整自己的想法。

器材准备

教师准备：课件、一次性透明杯子、方糖、凉开水。

分组材料：6个烧杯、2根搅拌棒、6块方糖、“同时勺”、热水、冷水、1套研钵、计时器、实验活动记录单、抹布等。

教学过程

（一）情境导入，聚焦问题

1. 出示一杯凉白开水，把一块方糖放进水里，让学生说出自己的猜测，并分别说出“甜”和“不甜”的理由。

2. 请一位同学尝一尝，说出水的味道。（预设：不甜。确定食品安全后才可以尝，下面的实验不要尝。）

3. 为什么加了方糖的水不甜呢？此时方糖溶解了吗？（预测：溶解了一点，但溶解得比较慢。）

4. 揭示研究问题：方糖能溶解得更快一些吗？

5. 你有哪些方法能使方糖能溶解得更快一些，早点喝到一杯甜糖水呢？（预测：搅拌，用热水，研碎）

【设计意图】通过猜糖水甜不甜和喝糖水的体验，激发学生对溶解快慢的兴趣，通过糖水“甜”和“不甜”这两个不同的结果，引导学生思考和讨论，快速聚焦探究问题。

（二）探究实践，建构概念

1. 对比实验，探究“搅拌”能否加快方糖溶解

（1）提出问题，聚焦探究：选用哪些材料、如何搅拌能使方糖溶解得更快一些？

（2）交流预测，认知冲突：学生1选用1套材料进行搅拌实验；学生2选用两套相同材料，一杯搅拌，一杯不搅拌。搅拌是否能使方糖溶解更快，怎样做到公平对比？预设：

同样多的水、同时放方糖、水的温度要一样、都放一块方糖（教师补充介绍：“同时勺”可以实现同时放方糖）

（3）挑选材料，分组实验：运用对比实验方法，挑选实验材料，小组合作完成实验并记录。

（4）分析数据，对比总结：对比溶解时间发现，同组间，其他条件相同的情况下，相比静置，搅拌使方糖溶解的时间缩短。不同小组对比发现，都是溶解 1 颗方糖，都使用冷水，水量也相同，使用搅拌方法，溶解方糖的时间长短不同。请搅拌时间长短不同小组的展示，重现刚才的搅拌。对比发现：其他条件相同的条件下，搅拌的速度越快，方糖溶解的时间越短，说明搅拌能使方糖溶解得更快一些。

【设计意图】遵循“体验—质疑—探究—形成科学概念”的认知规律，顺应孩子的探究欲望，引导孩子围绕“如何设计实验”开展交流互动。通过讨论，让学生整理出对比实验中哪些条件是相同的，哪个条件是不同的，从而建构起对比实验的概念。

2. 自主探究，发现“加热”能加快方糖溶解

其他条件相同的情况下，加热能不能加快溶解呢？小组合作探究，分析对比热水和冷水中方糖溶解的时间，发现热水中方糖溶解的时间比冷水中的短，说明其他条件相同的情况下，加热能使方糖溶解得更快一些。

【设计意图】因有了前面的实验基础，故采用“半扶半放”的方式，围绕核心问题进行让学生自主进行探究。先小组合作讨论：本次实验要对比的是什么？相同条件是什么？然后交流完善实验方案，再进行实验操作，学生通过观察实验现象，分析数据，很容易就会得出实验结论。

3. 实验竞赛，体验“研碎”能加快方糖溶解

（1）出示竞赛任务：进行“探究研碎能否使方糖溶解得更快一些”科学实践竞赛，比一比哪组最先完成挑战。

（2）完成竞赛任务：总结成功经验，研碎方糖的溶解时间比完整方糖的短，其他条件相同的情况下，研碎能使方糖溶解得更快一些。

【设计意图】有了前两个实验的铺垫，本次实验采用开放的竞赛形式，鼓励学生灵活运用所学，完成实验竞赛，达到活学活用的目的。

（三）交流研讨，深化概念

通过三组对比实验，验证之前的猜想：其他条件相同的情况下，搅拌、加热、研碎都能使方糖溶解得更快一些。以上三种都是只改变一个条件的对比实验，你能模仿上述对比实验方法，设计其他条件下方糖在水中溶解快慢的实验吗？（预设：摇动、吹气、放在太阳下晒、降温等）

【设计意图】通过回顾，对加快方糖溶解速度的方法进行概括和总结，深入理解对比实验。

（四）总结运用，拓展延伸

1. 如何使水果糖更快溶解呢？你有哪些方法？

2. 解释生活中盐、洗衣粉为什么要做成很细的颗粒？

【设计意图】把所学知识运用到生活中，鼓励学生学以致用，把科学活动拓展至课外，达到巩固新知的目的。

四、评述与建议

《能溶解得更快一些吗》一课以“你有哪些方法使方糖能溶解得更快一些”为任务驱动，让学生经历“提出问题—作出假设—实验验证”的科学探究活动的一般过程。学生经历了一个任务的三次探究，第一次是在教师的指导下，理解对比实验的特点，尝试设计并完成搅拌能否加快方糖溶解的实验；第二次在模仿学习中，以小组团队合作形式完成加热能否加快方糖溶解的实验；第三次以竞赛活动方式探究“研碎”能否加快方糖溶解。

（一）转变学习方式，扶放结合促进探究

三次探究实践是不同形式的探索，从搅拌能否加快方糖溶解的“扶”，到加热能否加快方糖溶解的“半扶半放”，再到研碎能否加快方糖溶解的“放”，做到扶放结合，张弛有度。这样的设计不仅体现了“以学生中心”的理念，转变了学生的学习方式，而且促进学生的学习呈现梯度前行，能力呈螺旋式上升。

（二）引入生活情境，让学习迁移自然发生

1. 从体验冲突中引出探究问题

从猜想糖水“甜”到尝到“不甜”，引发认知冲突，思考“方糖溶解了吗？”“如何加快方糖溶解？”快速引出本课探究问题。

2. 从数据对比中构建科学概念

其他条件相同的情况下，从组内到组间数据对比，基于数据进行逻辑推理，深入构建其他条件相同的情况下，搅拌、加热、研碎能加快方糖溶解的科学概念。

3. 从拓展应用中回归生活

运用本课所学，解释盐、洗衣服做成很小颗粒状的原因，学以致用。

（三）教师提供结构化材料，让学习充满科学味

在课堂上，教师必须引导好学生的第一次探究，明确对比实验的特点及设计方案，为后两次设计对比实验打下坚实的基础。为了对比实验的公平性，教师创新实验工具“同时勺”，有利于学生理解“同时”，体验对比实验的公平性。

《蜡烛的燃烧》教学案例与评析

执教 / 邱妙婵　评析 / 何建东

一、探究的核心问题：蜡烛燃烧产生了什么和蜡烛燃烧需要什么

根据《义务教育科学课程标准（2022年版）》，本课对应学习内容“知道有些物体发生了变化，如纸燃烧、铁生锈等，构成物体的物质也发生了改变”和学业要求“能寻找证据解释和判断物体发生变化时，其构成物质是否改变”。本课有“蜡烛燃烧变成了什么”和“蜡烛能一直燃烧吗”两个活动内容，聚焦课标与教材，挖掘本课探究的核心问题“蜡烛燃烧产生了什么和蜡烛燃烧需要什么”，引导学生用探究实践的方法解决问题，借助创新方法增强实验的现象，帮助学生在建构概念后运用知识与方法解决实际问题，促进科学思维发展。

二、探究式教学的策略：渗透创新思维，高效利用趣味现象

学生知道蜡烛能燃烧且会发光发热变短，但对蜡烛燃烧的认识只停留在肉眼可观的现象，而很少会深入思考蜡烛燃烧为什么会变短，蜡烛燃烧后变成了什么，蜡烛燃烧需要什么条件？由于气体是看不见的，学生难以通过课本上的实验判断蜡烛燃烧产生了新物质，也难以确定支持蜡烛燃烧的气体是氧气，因此需要借助创新实验增强实验现象，突破教学重难点。

（一）改进实验材料，突破教学难点

用试管代替烧杯，将澄清石灰水滴入试管代替润湿烧杯壁，用燃烧匙将点燃的蜡烛伸进试管中燃烧，并且使用两支试管，设置对比实验，将教材中原本的观察实验转化为对比实验。通过对比使实验现象更直观，培养学生公平实验的意识。

（二）巧用趣味实验，增强实验现象

根据氧气大约占空气 21% 的常识，将大小烧杯划分为五等份，在课本实验用具的基础上增加色素、盘子和水。高效利用趣味小实验“水往高处流”，用水上升的量代表燃烧消耗掉的氧气的量，将不可见的氧气转化为“可见的水”。

三、教学设计

知识点来源

《义务教育科学课程标准（2022 年版）》中“物质的变化与化学反应”这一核心概念下的学习内容“物质变化的特征”。

粤教粤科版《科学》五年级上册第 3 单元“物质的变化”第 12 课《蜡烛的燃烧》。

教学目标

（一）科学观念

知道蜡烛燃烧后会产生新的物质，能了解蜡烛燃烧发生变化后，新产生的物质与原来构成蜡烛的物质不一样；知道蜡烛燃烧需要氧气。

（二）科学思维

通过实验现象分析总结出蜡烛燃烧后其构成物质发生了变化。

（三）探究实践

能通过实验获得的数据判断蜡烛燃烧产生了新物质，能够验证物质燃烧需要氧气。

（四）态度责任

观察到事物发生变化后产生科学探究的兴趣；学会合作，交流和分享。

器材准备

教师准备：课件、烧杯、澄清石灰水、蜡烛。

分组材料：两支试管、试管架、滴管、澄清石灰水、蜡烛、燃烧匙、250 ml 和 150 ml 烧杯、点火枪、两个盘子、色素、实验活动记录单等。

教学过程

（一）情境导入，聚焦问题

1. 驱动情境（课件展示），出示四个小朋友一起在庆祝生日的场景图。教师：冰融化了变成水，那么蜡烛燃烧后变成了什么呢？

2. 学生回答，教师小结。

3. 教师小结：蜡烛的燃烧是生活中常见的现象，但是蜡烛燃烧后会变成了什么呢？

【设计意图】从学生熟悉的生活情境导入，聚焦问题：蜡烛燃烧后变成了什么，激发学生的探究兴趣。

（二）探究实践，建构概念

1. 探究蜡烛燃烧产生的新物质

（1）出示任务：先观察未点燃前的蜡烛，再点燃一支蜡烛，仔细观察蜡烛在燃烧过程中出现的现象。学生观察并记录（蜡烛燃烧时会发光、发热，烛芯变黑，蜡烛的长度也在不断地变短）。教师引导学生思考：有肉眼无法观察到的现象吗？蜡烛在产生这些现象的过程中，是不是变成了新物质？

（2）学生猜想，提出自己的观点。

（3）依据材料，设计实验：验证蜡烛燃烧产生了新的物质，学生以小组为单位汇报实验方法。

（4）分组实验，交流分享：你在实验中观察到了什么现象？

用燃烧匙将点燃的蜡烛伸进试管中，待蜡烛熄灭后马上拿出，并在两个试管中倒入等量的澄清石灰水，震荡、观察实验现象。

（5）分析和归纳：通过大家的汇报，我们发现蜡烛燃烧会产生新物质——二氧化碳。所以我们可以说有些物质发生变化后，构成物体的物质也会发生变化。（见表 3.4）

表 3.4　《蜡烛的燃烧》现象分析

现象：实验组中的澄清石灰水＿＿＿＿＿＿＿＿＿＿＿＿＿＿＿ 　　　对照组中的澄清石灰水＿＿＿＿＿＿＿＿＿＿＿＿＿＿＿ 分析实验现象，我们小组发现蜡烛燃烧会产生＿＿＿＿＿＿＿＿＿＿

【设计意图】学生经历感知问题—假设—实验—结论的探究过程，在实验环节中，教师先出示实验材料，让学生在思考如何进行实验的时候有结构支撑。该实验现象明显，而且渗透了对比实验的思想，让学生具备公平实验、控制变量的意识。学生建构起蜡烛燃烧后产生了新物质的概念，从而突破教学难点。

2. 探究蜡烛燃烧需要氧气

（1）提出问题：在活动一的实验活动中，大部分小组都发现了蜡烛不能一直燃烧的现象，这是为什么呢？

（2）学生猜想：蜡烛燃烧需要氧气。

（3）依据材料，设计实验：验证蜡烛燃烧需要氧气。

教师：用烧杯罩住蜡烛，蜡烛最后会熄灭，但仍不足以说明蜡烛燃烧需要氧气。老师给大家准备了实验材料，请同学们思考如何使用实验材料进行验证。

学生：往盘子里倒入色素水，点燃蜡烛，将划分了五等份的大小烧杯同时轻轻地罩住燃烧的蜡烛，观察并记录水上升的高度，以及蜡烛燃烧的时间。

教师：为什么两个烧杯要同时并且轻轻地罩住蜡烛？还有什么注意事项吗？

学生：如果不同时，记录到的蜡烛燃烧的时间会不准确。轻轻地罩住蜡烛是为了避免将盘中的水被人为地挤入烧杯中。在盘子中倒入相同的水量……

【设计意图】出示实验材料，引导学生设计实验，五年级学生学习过气体占据空间，不难想到当气体减少时，水会补充进去。

（4）分组实验，交流汇报：你们小组观察到了什么实验现象？

（5）分析和归纳：结合课本第 33 页的科学阅读和实验现象，试着分析出现这些现象的原因是什么？

预设：阅读书本内容后，我们了解到空气是一种混合物质，氧气大约只占空气的 21%，所以两个烧杯中的水都大约上升到烧杯的第一条刻度线就不再上升了，而大烧杯的水量更多，代表大烧杯中的氧气多，蜡烛燃烧的时间也更久，说明蜡烛燃烧需要氧气。（见表 3.5）

表 3.5 《蜡烛的燃烧》分析和归纳

现象：两个烧杯中的水都大约上升到烧杯的第________条刻度线，________（大 / 小）烧杯中的水量更多，________（大 / 小）烧杯中的蜡烛燃烧时间更久。 分析实验现象，我们小组发现水量代表________的量，________越多，蜡烛燃烧的时间更久，说明蜡烛燃烧需要____。

【设计意图】通过将看不见摸不着的氧气可视化，学生能明确地根据烧杯中的水量来判断烧杯中氧气的含量，不仅验证了蜡烛燃烧需要氧气，也验证了“科学阅读”中“氧气约占空气的 21%”的结论，从而突破教学重点。

（三）总结应用，深化概念

1. 根据燃烧需要氧气，思考有哪些可行的灭火方法。

2. 生活中还有哪些常见的物质变化呢？

【设计意图】上述问题 1 给学生应用知识解决生活中问题的机会，促进知识的迁移和提升；问题 2 激发学生对物质变化的科学探究兴趣，引导学生关注生活，也为本单元后续课程的学习做铺垫。

四、评述与建议

《蜡烛的燃烧》一课以学生为主体，根据学生特点、课程标准制定教学目标，引导学生对效果不明显的实验进行创新，设计了两个有结构的实验探究活动。一是组织学生观察蜡烛燃烧时可见的现象，再引导学生思考有无不可见的现象并进行验证；二是让学生通过实验和科学阅读初步了解燃烧需要氧气。

本课的设计结合建构主义的学习理论及“做中学”理念，以建构概念为目的开展探究活动，并在不改变教学内容的前提下，通过创新实验激发学生的探究兴趣，进而引发学生思考、质疑、创新和探究，提高教学效率。因此，教师在教学实践中发现教学中出现的问题时，应及时对教学方式进行反思、总结和调整，同时引导学生去思考，并不断地进行创新，以此来提高课堂活力，激发学生的学习欲望和兴趣，进而促进学生的思维发展。

（一）自主探究，提升思维能力

探究活动一的实验存在石灰水在烧杯内壁覆盖有限、气体产物容易溢出等问题，从而导致实验现象不明显。教师引导学生改进实验后，克服了教材实验的弊端和不足，有助于学生检验蜡烛燃烧产物，分析总结出蜡烛燃烧会产生新物质，形成“有些物体发生变化后，构成物体的物质也发生了变化”的科学观念。活动一有效地让学生经历科学探究的过程，启发了学生的科学思维。

（二）趣味实验，激发探究兴趣

在探究活动二中，通过开展趣味实验，实验的直观性得到增强，实验巧妙地将看不见摸不着的氧气可视化，使学生能直观看到氧气大约占空气的21%，不仅提高了课堂的趣味性，也激发了学生的探究兴趣。

《它们占据空间吗》教学案例与评析

执教／蔡钰珍　评析／张茂良

一、探究的核心问题：固体、液体、气体是否占据空间

结合课程标准，本课对应的学业要求为“能利用证据说明空气占据空间、充满各处的特点”，并“对常见物体的特征和常见材料的性能表现出探究兴趣；按要求进行合作探究

学习”。在本课教材中有“水位会上升吗”和“气体也占据空间吗”等活动，承接前面固体、液体和气体的学习基础，为后面进一步学习《它们的状态会变化吗》做好铺垫。因此，本课将核心问题凝练为“一、固体、液体、气体是否占据空间”，课堂重点是通过情景任务与结构性材料引导学生探究较为抽象的“空气占据空间吗”。

二、探究式教学的策略：利用创新的结构性材料助力探究体验

基于小学科学实验材料的特殊性，生活性材料对于一线小学科学科实验探究教学而言更具有普遍性。本课将以“加一加”的发明技巧为理念，进行结构化改造与改进，力求使生活化材料贴近探究活动，助力学生直观高效地观察到探究实验中的现象。

将常见的针筒、软胶管和瓶盖组合成软胶管注射器，学生通过拉动或挤压注射器，控制空气进出塑料瓶，可更加高效地观察到塑料瓶内的水位由于空气的增加或者减少而下降或者上升。

将塑料瓶和软胶管组成连通器，创设救援情景，加深学生的探究体验。

三、教学设计

知识点来源

《义务教育科学课程标准（2022 年版）》中“物质的结构与性质”这一核心概念下的学习内容“空气与水是重要的物质”。

粤教粤科版《科学》三年级上册第 3 单元“固体、液体和气体”第 16 课《它们占据空间吗》。

教学目标

（一）科学观念

初步认识固体、液体和气体都能占据空间，并解释现象。

（二）科学思维

能初步运用分析、比较和推理的方法，抽象概括出“空气也能占据空间”的特征。

（三）探究实践

1. 在小黄鸭任务情景中，能初步设计出空气占据空间的实验方案。

2. 能通过观察、实验、讨论等方法得出“空气占据空间”的结论。

（四）态度责任

1. 对固体、液体、气体等物质是否占据空间产生研究兴趣。

2. 懂得与他人合作，在实验中，保持实事求是的科学态度。

器材准备

教师准备：石头、水、小黄鸭、塑料袋、去底塑料瓶、水槽、自制连通器。

分组材料：装有色素的水槽、小黄鸭、去底塑料瓶（瓶盖带孔）、针筒、带吸管的瓶盖、实验记录单。

教学过程

（一）情景导入

师生互动：同学们，欢迎来到奇妙的物质世界！今天老师带来一些道具来研究物质的世界，看看有什么？这是小黄鸭、石头、杯子里装有——水，老师还将现场为大家取一种物质，你们猜一猜是什么？（空气）在物质的世界里，物质可以分为三种，分别是固体、液体和气体。同学们一起来把这些道具分一分类吧！

教具展示：还有一个特殊的道具——一个剪掉底部的瓶子，在这个瓶子里面有一个空间——可以容纳一定物质的空间。

引出探究问题：今天我们要探究的问题就是它们能占据瓶子里面的空间吗？

【设计意图】从学生平常熟悉但又稍有不同的小道具所创设的情景开始交流，既吸引学生的兴趣，又明确本节课的探究对象，引出探究问题：它们能占据瓶子里面的空间吗？

（二）探究活动与交流研讨

◆活动一：乌鸦喝水，水位会上升吗?

1. 质疑

乌鸦喝水的故事中，乌鸦是通过什么方式喝到水的？现实中，乌鸦真的能够喝到水吗?

学生提出自己的猜测，甚至能够说出自己的猜测理由。

2. 验证

明确乌鸦能够喝到水的标准是水位上升到足够的高的位置，并请学生上台往盛有半瓶水的瓶子里慢慢加入石头，画出前后的水位线。

提问：我们看到了水位发生了变化，为什么呢？

学生：石头进入瓶子，占据瓶子的空间，水位就上升了。

3. 迁移

在教室的空间中，你能说出什么物品占据空间吗？

小结：固体和液体都能占据空间。（板书）

◆活动二：空气也能占据空间吗？

探究 1：小黄鸭潜水历险记

1. 提出问题

看不见，摸不着的空气也能占据空间吗？

2. 作出假设

（1）空气能够占据空间；（2）空气不能占据空间。

3. 制订计划

介绍实验材料（小黄鸭、底部开口瓶子、水槽），小组讨论如何验证你的假设。汇报交流：什么情况下空气能够占据空间？什么情况下空气不能占据空间？

明确步骤：用剪去底部的塑料瓶，罩住浮在水面的小黄鸭，保持瓶子垂直向下压入水槽底部，注意观察瓶内的水位线，慢慢拧松瓶盖。

4. 搜集分析证据，并得出结论

组内分工合作，5 分钟内完成小黄鸭潜水任务与记录单，共同讨论观察到的现象与前面作出的假设是否一致，初步形成结论。

5. 表达交流

小组展示记录单，并汇报发现。

师生共同总结：教师利用动图引导全班总结，水和空气占据了瓶子的空间，水变多了，空气就会变少，小黄鸭上升；水变少了，空气就会变多，小黄鸭下降。

【设计意图】通过设置“小黄鸭浮水”这一任务情景并适当提示（瓶盖），引导学生完成探究。明确的实验探究分工有利于学生养成小组合作意识，产生更好的合作氛围与探究体验。通过形象的动图展示，化抽象为具体，顺利小结，达成重点目标。

探究 2：让小黄鸭自由浮动

1. 提出问题并预测

不动瓶子，让小黄鸭自由浮动，谁来说一说怎么做?

学生大胆交流自己的想法。

2. 制订计划

引导：给你一个带吸管的瓶盖和注射器，你怎么做能让小黄鸭上下浮动?（播放操作视频）

3. 学生实验

观察实验现象，并分析现象，初步得出小组结论。

4. 表达交流

你是如何让小黄鸭自由浮动的? 小黄鸭浮动和什么有关系?

师生共同小结：水和空气占据空间，它们占据空间的多少是可以改变的。

【设计意图】在原有实验基础上，加入可以增加和减少空气的注射器，激发学生的探究欲望、思维判断能力，以及动手实践能力，同时，巩固“空气占据空间”的概念，突破难点。

（三）总结运用

师生共同总结本节课探究的结论：固体、液体、气体都可以占据空间，水和空气占据空间的多少是可以改变的。

拓展任务：你能利用这节课所学的内容，拯救掉落瓶底的小黄鸭吗?

（呈现自制连通器）

1. 什么占据了 A 瓶中的空间?

2. 什么方法可以让它们占据 A 瓶内空间的大小发生变化，最终拯救小黄鸭?

请同学们课后思考还有哪些方法可以拯救小黄鸭?

【设计意图】总结与拓展任务，并且将任务拆分为两个子问题，一方面，加深学生对固体、液体、气体占据空间的理解；另一方面，引导学生对科学现象进行持续思考，保持探究的欲望。

四、评述与建议

（一）创设环环相扣的情景，为探究提供“空间”

为了让学生在具体的科学探究课堂中，建构较为抽象的科学概念，提升思维水平，生成深度学习课堂，这节课在实验原型的基础上，设计了三个以“小黄鸭”为角色情景的系列探究实验活动：“小黄鸭潜水历险记”“让小黄鸭自由浮动”和“拯救瓶底的小黄鸭”。在该系列的探究实验活动中，“小黄鸭潜水历险记”是由教材中的基础实验改进而来，涵盖“空气占据空间”的核心概念。在教师的帮助下，大部分学生可以较为容易地完成探究实验。在前者的基础上，引出“让小黄鸭自由浮动”的情景任务，思考难度有所增加，探究的思维灵动性更强，更能够激发学生的探究欲望。最后的迁移拓展“拯救瓶底的小黄鸭”，综合“救援问题”与本课所学的知识，引导学生说出推演的情况，其多元解决途径将学生的思考热情从课堂延伸到课后。本课所创设的探究情景，思维由浅入深，层层递进，环环相扣，触动学生的科学思维生长，为课堂的探究活动提供可施展的空间。

（二）提供结构化的材料，为探究提供“燃料”

教育学原理认为：从材料本身出发来组织教学，既符合儿童的认知特点，也符合世界物质性的基本观点。教师为学生的探究活动提供结构化材料，让学生与材料亲密接触，是科学活动中重要的环节，是提高课堂效率的一个重要途径。实践证明，本课这几种结构化材料的提供，为本课探究活动的顺利进行起到了举足轻重的作用：一方面，激发学生的好奇心与探究欲望；另一方面，结构化呈现材料，一步一步推进各个探究环节的过渡，实现学生思维的逐步递进与深化。由此可见，只有教师精心选择结构化材料，并使这些材料激起学生的探究欲望，才能调动起学生探究的兴趣及参与的积极性，学生才会全身心地投入到探究活动中去。这样的探究活动格外有意义，学生探究起来也会特别投入，探究出来的结果也更有价值。

《设计与制作：简易肺活量计》教学案例与评析

执教 / 刘桂铖　评析 / 周德富

一、探究的核心问题：如何设计与制作一个简易肺活量计

根据《义务教育科学课程标准（2022 年版）》，本课对应学习内容“科学技术工程相互影响与促进”和学业要求“能在教师引导下，利用常用工具制作某种产品的简化实物模型，并能反映其中的部分科学原理，具有参与技术与工程实践的兴趣”。本课涉及的知识点有呼吸过程中的气体交换，液体体积的测量，空气和水占据空间的知识。聚焦课标与教材，挖掘出本课探究的核心问题“如何设计与制作一个简易肺活量计”，引导学生开展设计、制作、测试等技术与工程实践活动，促使学生发散思维，综合运用所学知识，体会到“做”的成功和乐趣，并培养学生善于解决问题的实践能力。

二、探究式教学的策略：在活动中渗透工程思维

本节课属于技术、工程与社会领域，因此创设真实需求“爸爸妈妈在家没办法测量肺活量，你能否制作简易肺活量计为他们测量肺活量”以激发学生兴趣，开展工程实践任务，让学生在长时间、大空间的工程技术实践活动中，明晰肺活量计工作原理，充分渗透“任务—设计—制作—测试—改进”的工程思维。

由于三年级学生还处于以形象思维为主的阶段，无法将本课涉及的旧知识很好地融会贯通并付诸实践，所以本节课在材料准备、活动记录单等方面进行了突破。

（一）改进实验材料，精心设计记录单，突破课堂难点

1. 利用设计图和简易肺活量计装置图，突破“学生不清楚怎么一吹肺活量就测出来的难点”。

2. 通过自制刻度条（见图 3.6）和《如何科学标记刻度》微课，突破“学生不清楚肺活量数值是怎么体现的难点”。

3. 采用创新式数据条（见图 3.7）学习支架，让肺活量数据显性化。

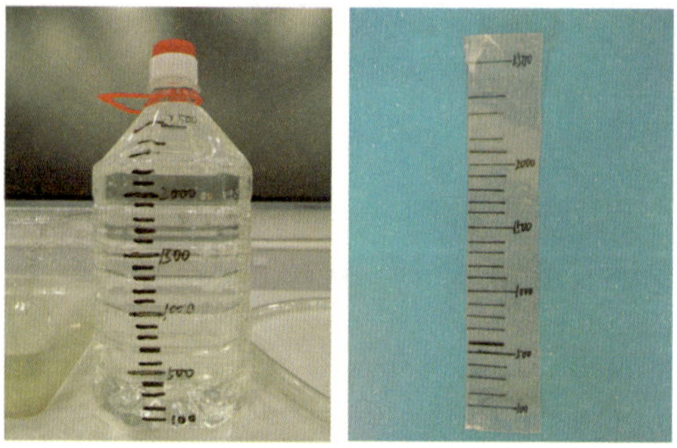

图 3.6　自制刻度条

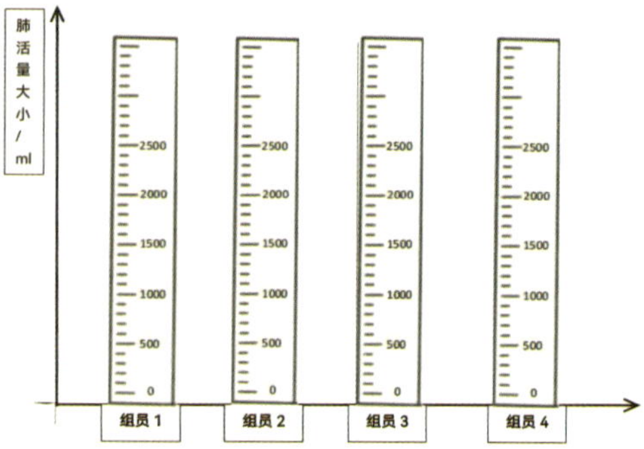

图 3.7　创新式数据条

三、教学设计

知识点来源

《义务教育科学课程标准（2022 年版）》中“技术、工程与社会”这一核心概念下的学习内容“科学技术工程相互影响与促进”。

粤教粤科版《科学》三年级下册第 2 单元“健康每一天”第 9 课《设计与制作：简易肺活量计》。

教学目标

（一）科学观念

1. 知道肺活量是人尽力吸气后再尽力呼气（一口气）所能呼出的气体体积量。

2. 能用科学词汇解释肺活量计的工作原理。

（二）科学思维

1. 分析肺活量计实物构成部件，比较提供的材料和工具，基于“结构和功能”“系统与模型”等科学概念，提出简化肺活量计结构模型方案并交流，养成工程思维。

2. 学习《如何科学标记刻度》微课，形成数据化思维和严谨认真的科学态度。

（三）探究实践

1. 能根据任务，分析可利用的材料，形成设计方案，并简单评估其可行性。

2. 能按照设计，分工合作，完成制作。

3. 通过测量，比较肺活量的大小，分析肺活量与身体健康关系。

4. 能从测试过程的困难程度评价设计优缺点，提出改进和完善建议。

（四）态度责任

1. 能根据别人的意见，反思、调整自己的方案，改进简易肺活量计。

2. 能增强参加体育运动的意愿，并通过锻炼增强肺活量。

3. 能意识到科学不仅在课堂，也在生活中，并运用所学解决实际问题。

器材准备

教具准备：大塑料瓶、简易肺活量计装置图、多媒体教学设备、教学课件。

学具准备：水槽、大塑料瓶、塑料软管、吹嘴、量杯、自制刻度条、水、不同颜色的彩色水笔、《设计与制作：简易肺活量计》活动记录单、抹布等。

教学过程

（一）情境引入，聚焦问题

1. 这张图片中的同学们在做什么？（学生体测场景）

2. 出示肺活量计实物，请一名同学示范测量肺活量，其余同学观察并评价。

3. 教师小结：人尽力吸气后再尽力呼气（一口气）所能呼出的气体体积量就是肺活量。测量肺活量要一口气吹完并缓缓呼出。

4. 明确任务：我们能在学校测量肺活量大小，那你知道爸爸妈妈的肺活量是多少吗？你能设计与制作一个简易的肺活量计给爸爸妈妈测量肺活量吗？

教学过程

基于真实体测场景和肺活量计实物，激发学生兴趣；设计特定需求：为爸爸妈妈测量肺活量，学生兴趣倍增，使命感驱动任务。

（二）探究实践，明晰原理

1. 激活旧知，设计方案

（1）如何把肺活量计简易化？如何把我们呼出的气体收集起来进行测量呢？

（2）出示瓶子，提示：空气和水占据空间，而且空气比水轻。

（3）学生交流小结：将装满水的水瓶倒立在水槽中，呼出的气体会沿着软管进入瓶内，占据上方的空间从而把水挤出去，留在瓶内的气体体积量就是我们的肺活量。

（4）根据提供材料完成设计方案，分享与交流设计图及其原理，教师点评。

【设计意图】通过交流研讨，激活学生已掌握的有关空气与水会占据空间的知识；在设计中将自己脑海中的构想通过纸笔制图方式具象化，在交流分享中明晰肺活量计工作原理，并使用科学词汇解释；教师根据装置图板书进行显性分析，帮助学生联系空气占据空间的知识，突破不清楚怎么测量肺活量的难点。

2. 明晰数据，动手制作

（1）在简易肺活量计中，肺活量大小如何用数据体现呢？

（2）播放《如何科学标记刻度》微课，学生认真观看，学习制作刻度条。

（3）追问：张贴刻度条的0刻度应该靠近瓶口还是瓶底呢？为什么在瓶底？

（4）学生交流小结：空气比水轻，呼出的气体靠近瓶底，0刻度应该在瓶底；同时瓶子正立在桌上，所以贴刻度条应该从下往上贴，0刻度在下方。

【设计意图】学生学习微课，掌握科学标记刻度的方法，突破肺活量数值是怎么体现的难点，同时认识到数据在工程制作中的重要性，养成严谨、认真的科学态度。追问“为什么刻度条的0刻度靠近瓶底”很重要，当教师在装置图板书中标记的0刻度在上方瓶底时，学生可能只记住了“0刻度在上方”，只有解答“为什么”才能真正明白：呼出气体是从瓶底开始聚集的，因此0刻度应该靠近瓶底。本次追问为学生在测试环节正确贴好刻度条打下基础。

3. 性能测试，交流研讨

（1）简易肺活量计的性能如何呢？如何测量肺活量？有什么注意事项呢？

（2）学生认真观看《如何科学测量肺活量》微课，学习操作方法。

（3）学生小结：捂住倒立，轻提水瓶，缓缓呼出，一口气吹完，清洁桌面。

（4）教师补充：不共用吹嘴，每个人都需要使用安全卫生且专用的吹嘴。

（5）认真有序实验，并给记录单数据条相应的位置涂上颜色。

（6）如何比较肺活量大小？肺活量有大有小，如何提高肺活量呢？

【设计意图】通过学习微课，掌握科学测量肺活量的方法，以小组形式自主完成性能测试，培养良好的团队协作能力。采用数据条学习支架，让学生易于记录、涂画，让每个组员的肺活量数据显性化。将小组内部和小组之间的数据进行对比，让学生意识到肺活量有大有小，并增强参加体育运动的意愿。

4. 明晰问题，优化改进

（1）学生回忆测试环节遇到的困难，思考更好的解决办法。

（2）回家后寻找资料，继续完善简易肺活量计。

【设计意图】小组针对遇到的问题，运用获得的概念和经验，想办法优化简易肺活量计，进一步深刻构建科学概念，培养工程思维。

（三）总结运用，延伸课外

1. 回家再次制作简易肺活量计，并测量身边家人的肺活量。（完成设定需求）

2. 锻炼身体一周、一个月后再次测量自己的肺活量。

【设计意图】科学教学不应仅停留在课堂，还应引导学生利用所学知识和技能解决生活中的实际问题，促进知识的迁移与运用，真正落实科学教育。本课通过对体测中的肺活量进行计简化，在生活材料中找到替代物，并回到生活中应用。

四、评述与建议

（一）经历完整工程实践过程，充分渗透工程思维

《设计与制作：简易肺活量计》一课以“你能设计与制作一个简易的肺活量计给爸爸妈妈测量肺活量吗？”为任务驱动，让学生经历“任务—设计—制作—测试—改进”工程实践过程，促使学生发散思维，综合运用所学知识在长时间、大空间的工程技术实践活动中，形成对科学核心概念和跨学科概念的理解，充分渗透工程思维，培养学生善于解决问题的实践能力。

（二）从真实生活情境引入，总结运用解决真实问题

1. 引入真实体测场景和肺活量计实物，激发学生兴趣。

2. 设计特定需求：为爸爸妈妈测量肺活量，学生兴趣倍增，使命感驱动任务，增强家庭科学氛围。

3. 科学教学不仅仅停留在课堂，让学生应用所学知识解决生活的真实问题，实现科学闭环。

（三）基于学生以形象思维为主的特点，采用具象化、显性化材料突破课堂难点

1. 利用绘画设计图，让学生将脑海中的构想通过纸笔制图方式具象化，并对简易肺活量计装置图进行显性分析，突破“学生不清楚怎么一吹肺活量就测出来”的难点。

2. 通过自制刻度条，让学生掌握科学标记刻度方法，突破“学生不清楚肺活量数值是怎么体现”的难点。

3. 采用创新式数据条学习支架，易于记录、涂画，让肺活量数据显性化。

《我的保温饭盒》第一课时教学案例与评析

执教 / 陈敏华　评析 / 詹伟达

一、探究的核心问题：不同材料的导热性以及热传递的特点

依据《义务教育科学课程标准（2022 年版）》，本课对应的内容要求是：①举例说出生活中常见的热传递现象，知道热会从温度高的物体传到温度低的物体，从物体温度高的部分传向温度低的部分；②举例说明影响热传递的主要因素，列举它在日常生产和生活中的应用。粤教粤科版教材先后设置了两个活动：一是通过观察热水里粘在铜棒上的绿豆的掉落次序来推断热的传递方向，二是通过观察黄油在不同材料上的溶解速度来认识不同材料的导热性能，旨在为第二课时设计与制作保温饭盒作知识铺垫。秉承着“以学为主，亲历实践”的探究原则，本课调整了教学思路，先从探究不同材料的导热性入手，再深入探究热传递的特点，由表及里地突破核心问题，更契合学生的逻辑思维能力。

二、探究式教学的策略：渗透科学的“证据意识”

不同材料的导热本领如何？热是怎么样传递的？怎么证明？设问和释问贯穿整个探究过程，学生尝试寻找、分析证据去解决问题，推动主动建构式学习。学生根据核心问题，

作出假设，寻找证据，形成概念，这既是概念内化的重要途径，又能使学生的证据思维、批评思维得到发展。通过设计和改进实验，学生意识到材料、方法的运用对实验的严谨性有很大的影响，基于证据的论证更具说服力。

（一）优化实验材料，为证据获得提供保障

原实验中黄油的溶解速度难以对比和定量，影响着两个实验活动的严谨性。温变油墨在温度高于 31℃时会由红色变为黄色，数显温度计能灵敏地测量物体的温度变化，用这两者观察物体传热的变化，更加直观准确。

（二）优化实验方法，使概念建构更可靠

在探究热传递的方向时，不同的小组可自主选择木棒、塑料棒、金属棒其中一种材料做实验，如此可使全班的实验内容更加丰富，增加证据的说服力。（见图 3.8、图 3.9）

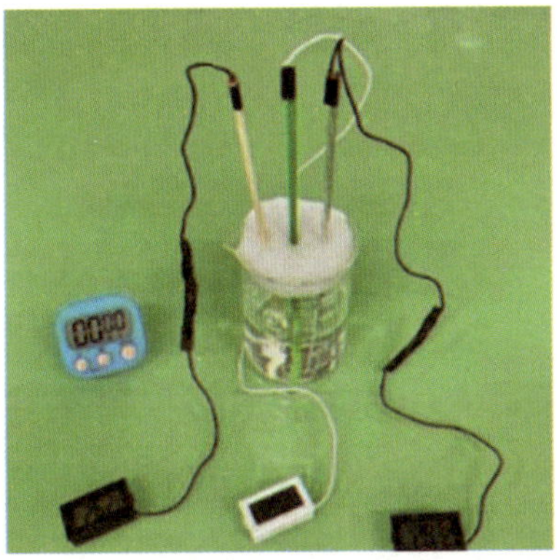

图 3.8　用不同材料探究热传递的方向

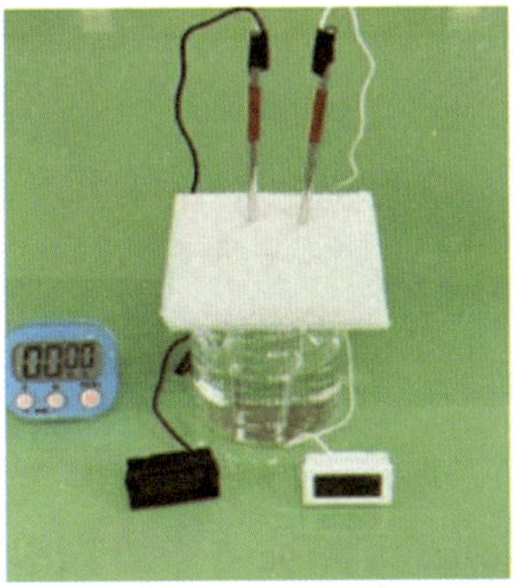

图 3.9　用金属棒探究热传递的方向

三、教学设计

知识点来源

《义务教育科学课程标准（2022 年版）》中“能的转化与能量守恒”这一核心概念下的学习内容“能的形式、转移与转化”。

粤教粤科版《科学》六年级下册第一单元“小小设计师”第三课《我的保温饭盒》第一课时。

教学目标

（一）科学观念

认识到热通常从温度高的一端传递到温度低的一端，知道不同材料的导热性能不同，了解这一科学知识在生活中的应用。

（二）科学思维

能根据问题进行探究，收集、分析实验证据，并通过绘图、陈述等方式有条理地表达观点。

（三）探究实践

能设计并实施探究实验，发现热传递的特点和影响热传递的因素。

（四）态度责任

能以有说服力的证据作出独立判断，养成实事求是的探究习惯，体会到人类可以通过一定的科学原理来改善生活。

器材准备

教师准备：热水、烧杯、金属勺、塑料勺、木勺。

分组材料：实验记录单、热水、胶布、剪刀、珍珠棉、温变油墨、刷子、木棒、金属棒、塑料棒、2 个烧杯、3 个数显温度计、计时器、水槽、抹布等。

教学过程

（一）情境导入，聚焦问题

引入：出示不同材料的勺子，让学生挑选其中一种来喝热水并说出原因。

揭示主题：在生活中，传热现象是很常见的，今天先来研究热的传递。

体验：小心地将热水倒入烧杯中，把不同的勺子同时放在一杯热水中，让学生轻轻触摸并说出感受。

聚焦：物体的导热性能与什么有关？怎样能直观地比较金属、木头、塑料的导热性能？

【设计意图】以生活经验自然地把学生带入导热性能的思考中，通过“我摸到……，我感受到……”，来帮助学生感知热传导，但此时学生依然不能准确把握不同材料的导热性能，应引导学生进一步探究。

（二）探究活动一：不同材料的导热本领

1. 设计实验，交流分享

布置任务：实验室里提供铝棒、塑料棒、木棒、计时器、数显温度计、水温计，感温油墨等材料。尝试设计实验比较不同材料的导热本领。

交流：设计一个对比实验，将三种材料棒分别接入数显温度计，放置热水中，相同时间内观察材料棒在热水中的温度变化来判断传热的快慢。把感温油墨均匀地涂在三种材料上的同一位置，相同时间内观察颜色变化的快慢来判断传热的快慢。两种方法结合在一起，既直观又准确。

点拨：在对比实验中除了材料不同，其他条件须保持一致：①材料棒的粗细长短；②温变油墨的位置和厚度；③连接温度计的位置；④接触热水的时间和材料棒没入水中的长度等。

【设计意图】在明确探究的目的后，在学生组内、组间交流的基础上确立实验方法，最后经过点拨，强化学生对实验严谨性的认知。

2. 小组合作，初次探究

分组实验，记录数据：观看实验微课后，小组合作完成实验并在实验记录单上记录油墨颜色变化的时间以及温度的变化。

分析证据，得出结论：相同时间内，铝棒的油墨先从红色变成黄色，温度也升得最快，是导热最快的材料，其次是木头和塑料。但塑料棒和木棒的油墨未变色，温度变化小，是导热比较慢的材料。

小结：不同材料的导热本领不一样。像金属那样传热较快的材料，我们称作热的良导体，像塑料这样传热相对较慢的材料，称作热的不良导体。

【设计意图】引入微课能让探究更高效，节省课堂时间。学生在此次探究中获取证据的体验提高了其学习的积极性，为后面的探究活动提供方法经验。

（三）探究活动二：热是如何传递的

1. 深入浅出，提出猜想

交流：出示放置铝棒的热水图片，说一说和画一画热水中热的传递路径。

推测：热水中的热量传递给空气、桌子、烧杯和金属棒等，热量从勺子靠近热水的一端传递给远离热水的一端。

小结：热会在物体与环境、物体与物体之间、同一物体不同部分之间进行传递。

聚焦：热在传递时有什么共同点？

猜想：热水的温度高，金属棒、烧杯和空气等的温度较低，接触热水的金属棒一端比远离热水的一端温度高，推测热从温度高的物体传到温度低的物体。

【设计意图】学生通过语言和图示阐释"热传出去的途径"，引发深入思考："这些传热途径的共同点是什么呢？"触发下一步探究。

2. 设计实验，交流分享

提问：可以用一些看得见、摸得着的方法对它进行研究吗？

交流：要研究热是从温度高的物体传到温度低的物体，需测量热水和材料棒实验前后的温度。可以用数显温度计测量材料棒的温度，亦可将温变油墨均匀地涂在材料棒上观察颜色变化，放置在热水中观察。

点拨：实验操作应设置重复实验组，每个小组可以根据自己的意愿选取一种材料（包括铜棒、铁棒、木棒、铝棒、塑料棒）作为实验重复组进行实验。

【设计意图】有了前面的经验后，学生基本能围绕核心问题提出较为完善的实验方案，进行自主探究，而实验材料的不统一也成为本次探究的亮点。

3. 深入探究，得出结论

挑选材料，分组实验，记录实验数据。

分析数据，得出结论：铝棒（或其他材料）上的油墨由下而上从红色变为黄色，说明热在铝棒中是从接触热水端向上传递。实验前热水的温度比铝棒高，实验时热水的温度逐渐降低，而铝棒的温度逐渐升高，证明热是从温度高的热水传到温度低的铝棒中，使后者温度上升。

小结：热在传递时是从温度高的一端传到温度低的一端。

【设计意图】全班展示各组的实验结果，让学生对观察到的现象和收集到的数据作出合理的解释，建构概念，让学生体验到探索的乐趣。

（四）小结归纳，拓展延伸

解释：铁锅的不同部位用材不同的原因。生活中有哪些热的良导体和不良导体？

总结：本节课你收获了什么？不同物体的导热性能不一样，那保温性能是否也不一样呢？

【设计意图】检验学生的学习效果，启发学生用科学知识解决日常问题，最后引出保温性能的话题，为下节课做铺垫。

四、评述与建议

本课循着学生思维发展的轨迹，以探究热传递现象为主线，先让学生体验热传导，再设计实验观察不同材料的热传导性能，进一步独立设计实验来探究热是怎样传递的，环环相扣，层层深入，帮助学生建构概念，训练了学生的科学探究能力以及思维的严谨性和连续性。学生经历了问题讨论、实验探究、分享交流等环节，充分发挥其主观能动性。学生运用习得的探究方法来解决更深层次的问题，让学生应用所学来解释生活现象，让学生学会探究，学以致用。

（一）改进实验，促探究的有效进行

本课通过重构实验活动，创新实验材料，改进实验方法，让学生聚焦探究，透过数据和现象来挖掘科学的本质，培养学生的证据意识与创新思维。

（二）自主探究，促概念的深化理解

在核心问题的驱动下，学生从扶到放，自主探究，完善对热传递概念的认知理解。热水相对于金属棒的温度高，温差是产生热传递的条件，但热不单单传给了金属棒，还使其他物体的温度升高了，触发学生对“能的转化和能量守恒”这一核心概念的深刻理解。

《设计与制作：风帆小车》教学案例与评析

执教 / 刘翠婷　评析 / 蔡敏胜

一、探究的核心问题：如何设计与制作一辆风帆小车

依据《义务教育科学课程标准（2022年版）》，本课指向“物质的运动与相互作用”“工程设计与物化”等内容，承载着“力作用于物体，力可以改变物体的形状和运动状态”“工程设计的规范性与一般流程”等学业要求。本课由任务、设计、制作、测试、评价与改进5个环节组成，共2个课时。引导学生在运动与力的基础上学以致用，通过简单工程问题来研究运动与力的关系，让学生在设计与制作过程中认识到能利用风力驱动小车，并探究影响风帆小车运动快慢的因素，聚焦至本课探究的核心问题“如何设计与制作一辆风帆小车”。

二、探究式教学的策略：渗透工程思维，创设教学新方式

根据教材内容，结合工程思维及创客教育、STEM教育理念，通过观察、实验、分析、设计、制作等活动，让学生对“运动”与“力”有所认识。

1. 让学生用比较的方法理解并描述风帆小车的快慢，创设运动比赛学习情景，激发学生的学习动力与兴趣。

2. 在教学第一个环节创设故事情境，并以科技创新问题引出任务主题，引导学生在解决问题的过程中感受处理工程问题的规范性、解决方案的多样性，以及根据反馈迭代改进作品的必要性，启发学生根据自己的设计有效制作一辆由风力驱动且性能较好的风帆小车。

3. 教学中除了以任务竞赛为主线外，还增加了现场投票活动，评选表彰优秀作品，形成丰富多彩的展示交流活动。

三、教学设计

知识点来源

《义务教育科学课程标准（2022年版）》中“物质的运动与相互作用”这一核心概

念下的学习内容“力是改变物体运动状态的原因”及“工程设计与物化”这一核心概念下的学习内容“工程的关键是设计”。

粤教粤科版《科学》四年级下册第3单元“运动与力”第17课《设计与制作：风帆小车》。

教学目标

（一）科学观念

1. 认识力可以改变物体的运动状态，能利用风力为风帆小车运动提供动力。
2. 思考存在的问题和限制条件，并形成多种设计方案。

（二）科学思维

1. 初步掌握思维重组、思维发散、突破定势等思维创新的基本方法。
2. 能突破生活中常见问题的思维定式，提出有一定新颖性和合理性的观点。

（三）探究实践

1. 能根据自己的设计，选择合适的材料制作风帆，让风帆小车运动得更快。
2. 能在测试中反思设计和制作，不断改进和完善。

（四）态度责任

1. 在好奇心驱使下，乐于动手操作，运用不同思路和方法完成探究与实践。
2. 了解科学技术会对人类生活方式和生产方式产生影响。

器材准备

教师准备：多媒体课件、风帆小车展示台、课堂评价板。

分组材料：拼装好的小车（含车身、车轮、车轴）、风帆材料（木棒、卡纸、KT板、布等）、三档风力电风扇、测试用轨道、皮尺。

教学过程

（一）情景导入，聚焦问题

1. 故事引入

来自跨时代朋友的神秘求助信——“淘气小风”的苦恼：“我是一阵生活在远古的风，

我很喜欢跟人们一起玩耍，然而人们却很怕我……因为每当我出来时，人们的小车总是变得很难很难向前进，我不想伤害他们，我想和他们一起玩，谁能帮帮我让我变成人们的好帮手。”

学生思考：如何借助风，让小车前进呢？

预设回答：力能改变物体的运动状态，风力也是力，可利用其驱动小车前进。

引导：思考我们生活中的哪些事物，是借助风来驱动的呢？

预设回答：帆船、风力发电机、风车等。

2. 产生任务

教师：（出示动态图片）风是一种自然能源……结合刚才“淘气小风”的说法，想想怎样把风变成驱动小车前进的好帮手，怎样把小车改装成零排放零污染的风力驱动新能源小车？

引导：仔细想想可以让小车和什么结合，以创造新产品？

预设回答：结合风帆，帆＋车＝风帆小车

教师：（出示本课任务并板书：《设计与制作：风帆小车》）为“淘气小风”设计与制作一辆靠风驱动的新能源小车。

【设计意图】通过创设有趣新奇的故事情景，激发学生的探究欲望，引导学生探究风帆小车为什么能前进，前进的动力是什么，如何运用所学知识解决问题，同时明确任务——设计与制作一辆风帆小车。

（二）探究实践，建构概念

1. 头脑风暴

（1）认识风帆

（出示课件）认识各种类型的风帆，了解不同类型风帆的作用。

小组讨论：设计风帆小车时，需要考虑哪些影响风帆小车运动快慢的因素？

（板书）制作风帆的材料、风帆的形状、大小、安装位置、角度……

（2）评价前置

教师：提供小组制作风帆小车的评价量表（见表 3.6），项目包括风帆小车设计、风帆小车功能、团队分工合作、展示介绍等，帮助学生完成设计图纸。

表 3.6　测试评价量表

任务：小组合作制作一个通过风力驱动、让小车行驶距离最远的风帆小车。			
项目	评价内空	小组自评 1 ☆表示不满意 3 ☆表示比较满意 5 ☆表示非常满意	师评 1 ☆表示不满意 3 ☆表示比较满意 5 ☆表示非常满意
风帆小车设计	了解风帆小车各部位的名称	☆☆☆☆☆	☆☆☆☆☆
	画出风帆小车的正面设计图	☆☆☆☆☆	☆☆☆☆☆
	绘制有风帆的独立设计图	☆☆☆☆☆	☆☆☆☆☆
	风帆小车年固美观	☆☆☆☆☆	☆☆☆☆☆
风帆小车功能	能根据设计图与材料，制作出风帆小车	☆☆☆☆☆	☆☆☆☆☆
	制作的风帆小车能被风驱动向前进	☆☆☆☆☆	☆☆☆☆☆
团队分工合作	设计前，每位组员都充分发表自己的意见	☆☆☆☆☆	☆☆☆☆☆
	团队里有合理的分工，主动承担分配职责	☆☆☆☆☆	☆☆☆☆☆
展示介绍	对设计和制作过程的讲解思路清晰，声音洪亮	☆☆☆☆☆	☆☆☆☆☆

（3）设计图纸

教师（展示示例图）：利用风作为动力时，要如何增大风的动力呢？如何让风帆小车走得更远呢？

学生：小组讨论后，形成一致意见，再开始完成小组设计图。（见图 3.10）

探究活动	设计——头脑风暴（请把小组的设计方案通过“画图+文字”的形式表达出来） 选用材料： 卡纸□、布□、塑料薄膜□、KT板□、小车零件□、木棍□、吸管□ 

图 3.10　小组设计图

【设计意图】评价前置，让学生在设计和制作前确定目标，提出问题，引导学生思考并明确衡量的标准与约束条件，形成多种可能方案，并进行自我监控和评价。利用"学以致用"及对照实验的方法改进教学环节，以任务、比赛、挑战的方式展开教学，激发学生动力，以时间与距离为任务评价标准，评价风帆小车的成功程度。

2. 建模探索

制作：根据自己的设计，选用材料，计算成本，制作风帆。

测试：完成三次不同条件的测试（材料、风力、角度），什么情况下风帆小车能跑得更快?

实验注意事项：

（1）准确：控制变量法，每次需要控制单一条件，每个条件测试 3 次以上；

（2）安全：注意实验时手指不要伸进扇叶，并注意用电安全。

【设计意图】学生在一定限制条件下设计方案，完成实物模型制作，并能根据实物模型的不足进行初步改进，进行工程项目思维训练。

（三）交流研讨，深化概念

1. 车展——"风帆小车发布会"

各小组测试产品后，举办小型风帆小车作品发布会，各小组展示作品并介绍设计思路、性能测试、美观、材料选择、成本计算等。

改进：根据风帆小车的性能测试结果，借鉴各组作品，改进风帆小车。

交流：谈谈做了哪些修改？为什么要进行这些修改？修改后的效果如何?

2. 竞赛——"风帆小车动力赛"

把科创竞赛项目以活动的形式带进课堂，让学生真正体验科学教育。

【设计意图】在评价与改进环节中，有意识培养学生养成"问题—改进—新问题—再改进"的实践习惯，引导学生在测试作品后，根据交流、展览结果，反思、改进风帆小车，并总结制作要点及影响小车行驶快慢的因素，让学生多次感受工程问题的规范性与优化改进的必要性。

（四）总结运用，拓展延伸

1. 总结升华

设计风帆小车的目的是以创新的理念去改造原有产品形成新产品，引导学生通过本节课的任务，明白在科技快速发展的今天，各种创新发明层出不穷，而这一切都从设计开始，所以要敢于思考、乐于研究、大胆尝试、不断改进，每一个设计都有可能是一个新的发明，每一个人都可以是小小科学家！

2. 拓展延伸

思考还可以从哪些方面继续改进风帆小车？继续进行对比实验，尝试用不同的方法挑战制作行驶得更远的风帆小车。

【设计意图】让学生根据总结的方法逐一尝试，不断循环迭代，形成“问题—改进—新问题—再改进”的工程设计改进思路。

四、评述与建议

大部分学生都见过帆船、玩过风车，都有过与风打交道相关的经历，但是如何更好地利用风力来设计与制作一辆风帆小车，这就考验学生利用工程思维、学以致用地解决问题的能力。本课例巧妙地构建了一节培养学生核心素养的趣味科学课堂，让学生在交流分享、设计制作、测试改进中，达到沉浸式的深层次学习效果。

（一）设计恰当的情境与活动，让科学教育真正发生

兴趣是学习的动力，常态课堂中设计了奇妙的情境，并让“动力小车”等科创竞赛走进课堂，在聚焦情节与任务驱动中，把课堂推向高潮，使学生的思维得到发散与训练，能在一个个环节中保持探究的热情；使学生不仅学习到科学知识，也体验到科学教育的真正意义，真正做到品质课堂。

（二）嵌入巧妙的评价标准，让教学目标有效落实

设计与任务相匹配的前置评价标准，能更好地让学生在设计与制作前确定目标，明确衡量的标准与约束条件，促进和支持学生开展探究活动，尤其是学生能通过评价标准得知

整节课的学习目的与任务，对风帆小车的完成有较大的控制与调整空间。这有利于落实课程目标，让学生得到应有的激励性评价。

（三）渗透规范的理念与模式，让学习方式主动激活

本课例需要教师放下过去重知识轻实践的包袱，看到学生真实学习的发生，学生有参与感、有目标，在其中体验工程课的规范性与多样性。本课的教学简化了学生的汇报流程，留出充足的时间让学生通过测试与交流作品，找到改进风帆小车的方案，感受工程设计迭代改进的必要性，培养学生的工程实践能力和创新能力，提高学生改进原产品或发明新产品的兴趣与激情。

《铅笔与彩笔》教学案例与评析

执教 / 朱福清　评析 / 刘为森

一、探究的核心问题：不同的笔迹是否具有不同的特征

结合《义务教育科学课程标准（2022 年版）》，本课对应学习内容“观察并描述物体的轻重、薄厚、颜色、表面粗糙程度、形状等外部特征，能根据物体的外部特征对其进行简单分类”和学业要求“能举例说出生活中常见物体和材料的外部特征，能依据一定的外部特征对常见的物体进行比较和分类”。在粤教版教材中有“铅笔的笔迹”“彩笔的痕迹”“亲子时间”三个活动内容，为顺应一年级孩子的天性，突出孩子的学习主体地位，本课对原教材内容进行调整与开发，整堂课始终围绕“铅笔与彩笔”的故事来开展教学探究活动，挖掘出本课探究的核心问题“不同笔芯的笔迹是否具有不同的特征”。通过明确任务、学习知识与方法、设计制作、汇报展示、测试和改进等解决真实情境问题，这符合新课标对工程与技术方面的教学理念要求和学习目标要求。

二、探究式教学的策略：用故事贯穿课堂，寓教学于情境之中

一年级小学生由于年龄小，课堂上注意力集中的时间有限，形象性思维占主导，对童

话故事非常感兴趣，因此在小学科学课上充分利用故事情节曲折、扣人心弦的特点，在“情景导入—探究实践—交流研讨—总结运用”各教学环节中均融入相关故事，一步一步引导学生对铅笔和彩笔笔迹产生探究兴趣，渲染课堂气氛，始终吸引学生的注意力。

三、教学设计

知识点来源

《义务教育科学课程标准（2022 年版）》中“物质的结构与性质”这一核心概念下的学习内容“物质具有一定的特性与功能”。

粤教粤科版《科学》一年级上册第 3 单元“我们的文具”第二课《铅笔和彩笔》。

教学目标

（一）科学观念

1. 认识不同类型的铅笔的笔迹深浅不同，不同类型的彩笔的痕迹粗细、明暗不同。

2. 知道笔的笔芯不同，笔迹特征也不同。

（二）科学思维

1. 通过观察、对比和描述不同类型的铅笔笔迹或彩笔痕迹，概括出不同的笔芯具有不同笔迹特征的结论。

2. 能根据不同笔芯的特点，在不同的需求中选择合适的笔。

（三）探究实践

1. 能通过观察、实验、讨论等方法得出“不同的笔芯具有不同笔迹特征”的结论。

2. 能用自己擅长的方式表达和交流探究的过程和结果。

（四）态度责任

1. 通过研究铅笔和彩笔，对身边的物品产生观察的兴趣。

2. 乐于表达、分享自己的观点，并愿意倾听同学的观点。

器材准备

教师准备：3 支铅笔（H、HB、2B）、3 套彩笔（蜡笔、彩色铅笔、水彩笔）。

分组材料：铅笔笔迹观察活动记录单、彩笔笔迹观察活动记录单、铅笔（H、HB、2B）、彩笔（蜡笔、彩色铅笔、水彩笔）。

教学过程

（一）情境导入

（情景 1）：一天夜里，妍妍的书包里传来一阵激烈的争吵，这究竟是怎么回事呢？原来是彩笔家族傲慢地对铅笔三兄弟说：“喂，小不点们，你们看看自己的身子，黑乎乎的，难看死了。”铅笔三兄弟抬头瞥了它一眼，谦虚地说道：“彩笔兄弟，虽然我们不是那么好看，但作用还是可大啦！”说完，铅笔们马上在白纸上用心用力地画出了一幅漂亮的素描画。

1. 出示素描画，引导学生观察。请大家认真观察画中线条的笔迹有什么特点呢？

2. 根据观察的结果，提出问题：为什么铅笔的笔迹会深浅不一？

3. 学生思考，作出假设：可能和书写力度、铅笔类型的不同等有关。

【设计意图】由童话故事《铅笔与彩笔》中的争论导入，可使理性平淡的科学课堂变得有趣真切。通过问题驱动，引导学生观察、思考并提出假设，进一步激发学生探究铅笔奥秘的兴趣。

（二）探究实践

◆活动一：探究铅笔的笔迹

1. 提出问题：故事中同样是铅笔，却能书写出不一样的线条。现实中，铅笔真的有这么神奇的本领吗？

2. 取材探究：学生领取材料盒，从材料盒里取出标注 1、2、3 号数的 3 支铅笔（H、HB、2B），组内观察这三种铅笔的各自外在特征。时间是 2 分钟。

3. 表达交流：铅笔的上部标注了（H、HB、2B）字样。

【设计意图】学生在初步探究铅笔的外观后，能够很容易发现铅笔的笔杆上英文字母标志不一样，获得学习的成就感。

4. 收集证据和处理信息：同学们再从自己文具盒里取出铅笔。继续探究并交流，你的铅笔型号是什么？你还发现了哪些铅笔型号？并把它记录在学生活动记录单。

5. 表达交流：我的铅笔型号是……

【设计意图】从观察材料盒里面的铅笔到观察自己平时使用的铅笔，进一步探究铅笔的型号，容易让低年级的孩子获得兴奋感和成就感，同时培养学生养成观察周围事物的习惯。

6. 深度探究：在铅笔笔迹观察活动记录单上，使用 1、2、3 号 3 支铅笔（H、HB、2B），用相同的力度写字，观察、对比 3 支铅笔的笔迹。

7. 表达交流：学生对铅笔笔迹的特征进行描述。

8. 增长见识：你们发现了铅笔笔迹有粗细、深浅之分，现在拿起橡皮擦把刚才写的字擦除，你还能发现什么秘密吗?

9. 收集证据和处理信息：在擦除三种笔迹的过程中，寻找新发现。

10. 得出结论：铅笔的笔迹特征不同，说明笔芯不同。笔迹越深，越不容易擦除。

【设计意图】引导学生经过观察、比较，来了解不同型号的铅笔有不同的使用效果，可以出于不同的需求选用不同的铅笔。增长见识部分不要求学生掌握，只提供课外知识的拓展延伸。

◆活动二：探究彩笔的痕迹

（情景 2）：上美术课的时候，老师要同学们在纸盘上绘画用来装饰教室，可是妍妍掏了半天，却只拿出了彩笔。“小主人，你怎么不拿我进行勾边啊？”铅笔看看妍妍没意思提拔它，灰溜溜地走了。妍妍用水彩笔画错了，想用橡皮擦擦除，却怎么用力都擦不掉，又马上换成蜡笔，蜡笔画错了，又换成了彩色铅笔，画错了同样也擦不掉，只好将就着继续往下画，最后搞得那幅纸盘画狼狈不堪。

1. 提出问题：你能分辨妍妍这张彩笔画上的笔迹效果出自哪种彩笔吗?

2. 收集证据和处理信息：以小组为单位开展对彩笔痕迹的观察活动，在彩笔笔迹活动记录单上进行相应的涂色后观察、判断。

3. 表达交流：学生分组使用恰当的词语描绘彩笔痕迹的不同特征。

4. 得出结论：不同彩笔的痕迹不同，画出的效果也不一样。水彩笔颜色鲜艳，线条光滑；蜡笔颜色厚重，线条比较粗糙；彩色铅笔颜色不明显，线条比较细。

【设计意图】活动二中继续用故事串联现实与教学任务，对于一年级的小学生来说新颖又独特，能够对提高学习积极性。对三种彩笔的痕迹进行对比后，能够发现三者之间的不同，小组之间的讨论和汇报能够拓展学生的词汇和锻炼表达能力。

（三）交流研讨和总结运用

表达交流：妍妍在画画的时候操作步骤合适吗？你会怎么改进？画画时该选择哪种彩笔？

教师：我们了解了铅笔和彩笔的特性后，接下来要使用它们在纸盘上画画。你能帮帮妍妍设计一款漂亮的纸盘画，来装饰我们的教室吗？

1. 拓展运用：每人在纸盘上画一幅画，制作时间是 15 分钟。

2. 小结交流：你选的是彩色铅笔（蜡笔、水彩笔）吗？画了什么图案？绘画过程中有遇到什么问题吗？是怎么解决的？

总结：后来上美术课时，铅笔和彩笔都尽量陪着小主人妍妍，帮助小主人描绘了一幅幅五彩缤纷的画，得到了许多老师的表扬。从此，文具盒里又恢复了往日的和谐温馨。

【设计意图】以帮助妍妍设计纸盘画并用来装饰自己的教室的任务导入，能够激发学生的创作热情。故事的结尾是妍妍在铅笔和彩笔的共同协助之下，画出了许多美丽的图画，同时课堂呈现更多的图案，一是告诉同学们绘画要掌握一定的方法和技巧，同时也提高学生的审美水平和欣赏能力；二是在故事结局中圆满地结束本节课。

四、评述与建议

在《铅笔和彩笔》这节课中，每个教学环节都以故事来驱动探究任务，在“情境驱动问题—观察—分析—得出结论”的过程中，学生完成三次探究任务，活动一“认识铅笔的笔迹”，主要是通过观察、描述、对比来完成。活动二“彩笔的痕迹”，让学生先观察彩笔的痕迹，来判断彩笔的类型，进而发现彩笔痕迹特征的不同。活动三是把“亲子时间”变成“拓展活动”，孩子运用本节课所学的科学知识与掌握的技能，来设计制作纸盘画。

（一）利用故事主线，巧妙贯穿课堂任务

本节课始终围绕铅笔和彩笔之间的故事开展，从彩笔瞧不起铅笔的平凡到失去铅笔勾勒的纸盘水彩画狼狈不堪，再到铅笔和彩笔携手共绘精彩艺术作品点缀教室，看似有较曲

折的过程，但却始终没有脱离彩笔和铅笔的特征这个主题。整节课巧妙地把一个个应用环节安放在故事情境中，仿佛把学生带进了童话王国，又与现实情境相结合，使得整节课始终在积极互动的氛围中进行，自然地激发了学生探究学习的欲望，也符合一年级学生的年龄和认知特点。

（二）应用多元模式，体现品质课堂建设

有效应用小学科学多元化的教学模式，不仅能够大大激发学生的学习内动力，还能提高课堂的效率，丰富学习体验，让科学绽放应有的魅力，为学生推开探索世界之门。本节课融合了小组合作教学、STEAM 教学、创客教学等教学模式，把 STEAM 理念融合在课堂之中以解决生活中的真实问题，学生综合运用科学、技术、工程和数学等多学科的知识，在课堂中交流想法、动手制作，把脑海中的想法变成现实，真正实现自主性学习、理解性学习和深层次学习。

（三）抓住活动契机，巧妙渗透育人价值

在拓展活动环节，同学们利用手中画笔，在废旧的纸盘上进行艺术创作，变废为宝，增强了学生的社会责任感，同时把绘制的纸盘用来装饰本班教室，增强了学生的集体荣誉感。

亲历者言

我带着孩子们在校园里研究校园里的植物，研究植物赖以生存的土壤。我带领着孩子们种一株番茄，观察和记录生长、开花和结果的生命过程，孩子们在体验和探究中体会植物的生存智慧；带领着孩子们养蚕，在饲养活动中亲历蚕宝宝破壳而出、成长、蜕皮、结茧羽化、死亡的过程，这不就是最好的生命教育课程吗？从浩瀚宇宙到微观细胞，我和孩子们在亲身体验中感受大自然的鬼斧神工和科学奥妙；从原始制作到人工智能，我和孩子们在自主参与中体验创造的力量。我不得不感叹，真实的教育就是要围绕着孩子真实的生活引出教育的问题，促进孩子的“思考”和“交往”；真实的教育就是要让孩子亲历这些求知的过程、交往的过程，不是模拟，不是旁观，而是身临其境。

——东莞市寮步河滨小学　林琳

第四章　基于“品质课堂”的小学科学项目式教学

第一节　项目式教学概述

随着社会的高速发展和课程改革需求的日益强烈，项目式教学得到越来越多的重视，从而得以在世界范围内广泛传播。对于项目式教学，目前有较多称谓，如“项目式教学”“项目化学习”“基于项目的学习（Project-Based Learning，缩写：PBL）”等，本书统一采用“项目式教学”这一指称。

一、项目式教学的发展历程

（一）国外项目式教学的发展

18 世纪末至 19 世纪初，工业革命使得社会经济发生巨大变革，传统的手工业生产模式逐渐被机械化替代，这导致社会对技能和应用人才的需求大幅增加。在这样的时代背景下，教育界明显感受到当前教育模式与社会需求的割裂。19 世纪末，进步主义教育思潮兴起。进步主义教育主张学生积极参与学习活动，强调实践和经验的重要性，反对机械记忆和被动灌输教育。一般认为，项目式学习最早起源于教育改革者约翰·杜威（John Dewey）的实用主义哲学教育思想，他主张以学生、活动和经验为中心，让学生到真实情境中去思考、处理问题，从“做中学”，这为项目式学习奠定了理论基础[①]。

① 祁彧．项目式学习：教学设计与案例［M］. 北京：中国人民大学出版社，2022.

20世纪初，杜威的学生威廉·赫德·克伯屈(William Heard Kilpatrick)在《师范学院记录》中发表《项目方法》（*The Project Method*）一文，首次将“项目”一词作为教育学词汇使用[①]。随后，克伯屈提出设计教学法，主张学生在自己设计、自己负责的单元活动中获得有关知识和解决实际问题的能力，这一理论成为项目式教学的基础。基于项目式学习的教学首先被应用于职业或成人教育领域，直到20世纪90年代才引起中小学教育界的重视。

目前，随着长期的研究与实践，国际上许多国家和地区开展了项目式教学，并取得了夺目的成绩。美国HTH（High Tech High，高科技高中，下文简称“HTH”）创办之初即采用项目式教学方法，不到30年便荣登全美十大高中榜。英国P21学校培育指向21世纪技能的项目化学习、加拿大BC省KUD课程模型[②]和新加坡的项目工作（Project work）等探索也取得了可观的成效。

美国巴克教育研究院（Buck Institute for Education）是推动项目式教学的先驱，经过30多年的实践与研究，巴克教育研究院提出了一套项目式学习的“黄金标准”，帮助许多学校和机构开展项目式教学并取得成功。（见图4.1）

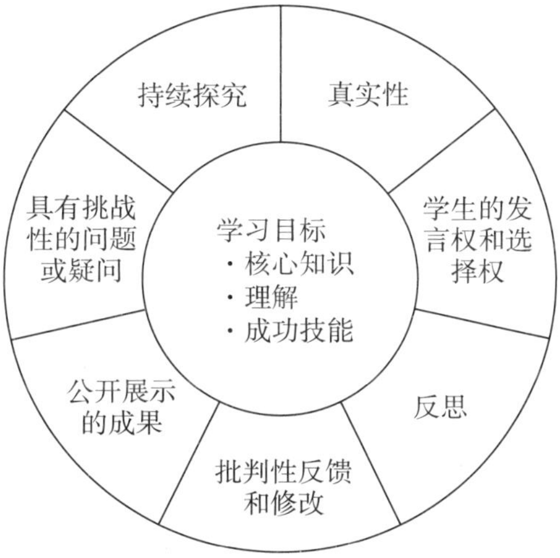

图4.1　黄金标准PBL的核心项目设计要素[③]

① 卡普拉罗R M，卡普拉罗M M，摩根．基于项目的STEM学习：一种整合科学、技术、工程和数学的学习方式[M].王雪华，屈梅，译.上海：上海科技教育出版社，2016.

② KDU（Know-Do-Understand）：知—做—理解。

③ 博斯，拉尔默．项目式教学：为学生创造沉浸式学习体验[M]．周华杰，陆颖，唐玥，译．北京：中国人民大学出版社，2020.

（二）国内项目式教学的发展

1918 年克伯屈有关设计教学法的论文发表后，随即于次年被引入中国。时任南京高等师范附属小学校长的俞子夷先生带领教师们进行了大量的实验后，对设计教学法做了本土化重构，指出在设计来源上，教师应该发挥重要作用，并列出了实施层面的关键问题，这些尝试为中国的项目式教学提供了最初的实践研究土壤。

进入 21 世纪，社会对人才的需求发生了深刻的变化，要求深化人才培养模式、教学内容及方式方法等方面的改革，使各级各类教育更加符合教育规律、更加符合人才成长规律。《义务教育科学课程标准（2022 年版）》也指出“面向全体学生，立足素养发展”的课程理念，倡导设计学生喜闻乐见的科学活动，创设愉快的教学氛围，保护学生的好奇心，激发学生学习科学的内在动力。

在此背景下，北京师范大学、华东师范大学等高校、教育研究机构开展了项目式教学的研究和实践。上海市率先在全国开展了“项目制学校”试点，探索项目式教学的实施模式与效果评估，为项目式教学的发展提供了示范和经验。

2021 年 5 月，东莞市政府常务会议召开，审议通过了《东莞市打造品质教育十二项行动计划》。该《行动计划》提出推进“品质课堂”建设，旨在通过实施课堂理念研训、实验基地建设、教学能力大赛、信息技术创新、评价体系构建、成果培育推广等六大项目，打造系列化“品质课堂”精品示范课，形成一批在全省全国有一定影响力的优质教学成果，探索一条与现代素质教育相适应的课堂创新实践之路，让课堂更灵动，让学生更乐学，让教师更善教[①]。在这样在大环境中，东莞的科学教育团队也积极探索和实践本土的项目式教学。

二、项目式教学的研究情况

（一）项目式教学的理论基础

项目式教学的方法论起源于进步主义教育理论和建构主义学习理论，强调学习者在知

① 打造“品质教育”，加快建设教育现代化强市！东莞教育“十四五”规划发布！[EB/OL].（2022-01-02）[2023-08-24].http://www.dg.gov.cn/gkmlpt/content/3/3701/post_3701359.html.

识建构中的作用[①]。

进步主义教育理论是起源于20世纪早期的一种教育思潮，旨在解决传统教育中的机械记忆和被动灌输的问题，强调学生的自主性、合作学习和实际经验的重要性。

建构主义教育理论认为学习是个体主动建构意义和知识的过程，学习者通过积极参与和与周围环境的交互来构建自己的知识体系，强调学习的主动性、建构知识和个体的观点。

当代项目式教学借鉴了让·皮亚杰（Jean Piaget）、列夫·维果茨基（Lev Vygotsky）、保罗·弗莱雷（Paolo Freire），尤其是约翰·杜威（John Dewey）的研究成果。

（二）项目式教学的概念界定

对于项目式学习的界定，巴克教育研究所的定义较为翔实：

学生在一段时间内通过研究并应对一个真实的、有吸引力的复杂问题、课题或挑战，从而掌握重点知识和技能。项目化学习的重点是学生的学习目标，包括基于标准的内容以及批判性思维、问题解决、合作和自我管理等技能。

上海市教育科学研究院夏雪梅教师及其团队经过项目化教学的实践探索，进一步形成了学习素养视角下项目化学习的界定：

学生在一段时间内对学科或跨学科有关的驱动性问题进行深入持续的探索，在调动所有知识、能力、品质创造性地解决新问题、形成公开成果的过程中，形成以核心知识和学习历程的深刻理解，能够在新情境中进行迁移[②]。

结合已有研究，我们认为小学科学项目式教学，是指在教师的指导下，帮助学生有组织、有目的、有计划地调用已有或潜在知识，对一个真实的、有挑战性的复杂问题进行深入持续探索，从而解决问题、形成公开成果并获得核心素养或技能的教学评一体方法。

（三）项目式教学的类型

鉴于项目式教学是项目导向的教学评一体教学法，其分类主要以学科整合的程度作为标准，将项目分为单学科项目、多学科项目和跨学科项目。单个学科项目是指在某个学科

① 美国巴克教育研究院项目式学习计划．项目式学习指导手册：每个教师都能做PBL：小学版[M].来赟，邢天骄，译．北京：中国人民大学出版社，2023.

② 夏雪梅．项目化学习设计：学习素养视角下的国际与本土实践[M].北京：教育科学出版社，2021.

的基础上加入其他学科元素进行拓展，多学科项目则是项目由多个指向某一主题的学科问题组成。跨学科项目则需要深度整合多个学科，学生在学习过程中将会综合学习和运用多个学科知识来解决问题[①]。

（四）项目式教学的特征

包括巴克研究所（Buck Institute for Education）在内的众多学者、机构、学校等对项目式教学进行了长期研究与实践，发现项目式教学大多强调以下要素：真实的驱动性问题；在情境中对问题展开探究；用项目化小组的方式进行学习；运用各种工具和资源促进问题解决；最终产生可以公开发表的成果[②]。

与传统教学相比，项目式教学有如下明显的优势。

1. 促进深度学习

学生需要长时间沉浸于同一项目实践中，促使学生深入了解和掌握知识基础、强化知识联结、构建知识网络、强化知识应用，从而提升教学的质量和深度。

2. 发展综合能力

面对项目的挑战，学生往往需要进行团队协作，并综合运用多维度、跨学科知识。以终为始的模式和多维知识、技能的应用，使学生接受了复合考验，提升了综合能力，并为应用综合能力打下了坚实的基础。

3. 提高学习动力

托马斯、康利斯夫等学者对 30 多年来项目式学习重要的研究成果进行梳理综述，发现高质量的项目式学习和学生的学习质量之间存在着积极的正向关系[③]。在传统的学习模式中，学生面临的挑战问题往往是空泛和孤立的，学生无法意识到学习该知识的意义，缺乏及时性的反馈，从而影响了学习的动力。项目式教学通常连接真实的挑战性问题，在完成项目任务的过程中，学生几乎可以实时体会到所学、所用的知识对解决实际问题的重要作用，这种体验极大提升了他们的自我效能感，提高了他们主动学习的动力。

---

① 浙江省教育厅教研室．重新定义学习：项目化学习 15 例 [M]. 北京：教育科学出版社，2020.
② 夏雪梅．项目化学习设计：学习素养视角下的国际与本土实践 [M]. 北京：教育科学出版社，2021.
③ 祁彧．项目式学习：教学设计与案例 [M]. 北京：中国人民大学出版社，2022.

4. 提升自主能力

在项目式教学的实施中，教师只需在关键的节点对学生活动的质量和方向进行相应的引导和协助，学生须主动思考完成项目任务，调动所学的知识技能，决策和安排达成目标所用的形式方法，协调和运用整个项目所要的资源时间等。通过项目式学习的磨炼，学生充分锻炼了自主管理能力。

（五）项目式教学的实施

项目式教学的实施主要包括五个环节：选择项目、制订方案、活动管理、展示成果和反馈评价。

1. 选择项目

在项目式教学中，学习内容是教学活动的载体，是项目质量效果的前提条件。因此，在选择项目上，需要注意以下原则：一是对齐课程标准，避免瞄准一两节课就能解决的较低层次的学习目标，而应确定与大概念、核心素养相对应的目标[①]。二是坚持问题导向，项目式教学的核心是解决问题，因此在选择学习内容时始终坚持问题导向，以问题作为实施项目的脚手架，设置问题的层级和难度，推动学生在解决问题的同时不断突破学习目标。三是贴合社会问题，选择与实际应用和社会问题密切相关的学习内容，能够增加学习的意义和价值，让学生了解和解决真实世界中的问题，培养他们的实践能力和责任感。

2. 制订方案

在正式实施项目前，一个良好的方案有利于我们提前了解实施项目所需的前期准备、潜在困难、重要节点和可用方法等要素，从而为项目实施提供有力的保障。在制订方案时主要从两方面着手。

引导分组：根据项目的情况协助学生做好分组，在分组前要提醒学生以分工协作、难度互补的原则完成分组。

规划节点：根据项目的具体情况，为项目的实施规划重要的节点。重要节点既是对项目脉络的梳理，让设计者与实施者都能了解项目的关键走向，也是项目实施的预演和项目进程的阶段性评价与反馈，能通过节点的完成情况倒推学生的学习效果。

---

① 博斯，拉尔默．项目式教学：为学生创造沉浸式学习体验[M]．周华杰，陆颖，唐玥，译．北京：中国人民大学出版社，2020.

3. 活动管理

在项目式教学中，有效的教学管理活动是确保项目顺利进行的关键。教师无须时刻在教室前引领学生学习，但要做好充足的准备和保持对项目学习活动的关注。

提供指导支持：项目式学习虽以学生作为主体，并不意味着教师更轻松。教师应在项目教学过程中，提供必要的指导和支持，如启动并介绍项目，解释项目目标和要求，定期与学生进行讨论并反馈，提供学习资源、工具和技术支持等，帮助学生顺利进行项目的研究。

促进沟通合作：项目式教学强调学生之间的合作和沟通。教师应在项目中鼓励学生在小组内部进行有效的沟通，分享想法、解决问题和协调工作，为学生提供合作和沟通的平台，如在线讨论板、团队会议等。

监督项目进展：定期监督项目的进展情况，确保学生按时完成各项任务。指导教师可以设置里程碑或阶段性报告制度，要求学生汇报工作进展，并及时给予反馈和指导，有需要时进行适当的调整和协调，以确保项目顺利进行。

及时评估反思：项目结束后，评估和反思是教学活动的重要环节。评估学生的成果和表现，反思项目的有效性和改进点，收集学生的反馈和意见，以持续改进和提高项目式教学的效果。

4. 展示成果

项目式教学与其他探究类教学方式的一个重要区别就是项目式教学需要学生产生可见的公开成果，通过显性的项目成果看到学生的学习过程[①]。成果展示既是评估学生学习成果和项目实施效果的重要环节，也是学生展示学习过程和学习效果的重要机会。根据项目的不同，成果的展示方式也不一样，常见的展示方式有口头演示、图文展示、视频展示、实物展示等类型。

5. 反馈评价

《义务教育科学课程标准（2022 年版）》提出以课程目标和学业质量标准为依据，构建素养导向的综合评价体系，发挥评价与考试的导向功能、诊断功能和教学改进功能。在项目式教学中，反馈评价不仅仅指向课程目标和核心素养，也是项目迭代升级的重要工具，在实施项目评价过程中，要注意以下三方面：一是评价方式多样化，可以采用包括书

① 夏雪梅．项目化学习的实施：学习素养视角下的中国建构 [M]. 北京：教育科学出版社，2020.

面报告、口头演示、展示、作品展览、小组讨论、个人反思、评估问卷等不同的评价方式来获得全面的信息。二是评价指标多维化，关注学生的知识、技能、思维和社交能力等多维度指标，评估学生的综合素养。三是评价反馈及时化，及时反馈对于学生学习的提高和改进至关重要，让学生能迅速调整学习方向与策略，减少项目学习过程中错误的累积与冗余，同时也有利于项目的迭代与升级。

第二节　基于“品质课堂”的小学科学项目式教学案例及评析

一、《身边的桥梁》项目式教学案例与评析

（一）项目设计

《身边的桥梁》是以粤教粤科版《科学》五年级下册第 1 单元“身边的桥梁”为基础，以桥梁为专项主题开展的学科项目式学习。该单元主题突出，但每课的课程内容又相对独立，关联性不是很强。因此，本项目围绕“如何应用已经学习和掌握的桥梁知识设计与制作出一座有一定承重力的桥梁？”这一核心问题，把“平直的梁桥”“弯弯的拱桥”“拼接拱桥专题探究”“巧妙的悬索桥”“结实的桁架桥”“萝卜塔挑战赛”“设计制作——我的小桥”等七个相对独立的内容融合串联起来，让学生通过小组合作、资料查询、实验探究、测试改进、设计制作等多种方式开展项目式学习。（见表 4.1）

表 4.1　《身边的桥梁》项目式教学设计①

<table>
<tr><td colspan="2">项目名称：身边的桥梁</td><td colspan="2">项目时长：16 课时</td></tr>
<tr><td colspan="2">学科：科学</td><td>教师：覃爱容、卢翠乔、王林凤</td><td>年级：五年级</td></tr>
<tr><td colspan="4">相关学科：技术、工程、数学</td></tr>
<tr><td colspan="4">教材和相关资料：粤教粤科版《科学》五年级下册第 1 单元“身边的桥梁”、关于桥梁的微课资源等</td></tr>
<tr><td>核心知识</td><td colspan="3">1. 项目中的主要知识点
（1）科学（S）
认识桥梁可分为梁式桥、斜拉桥、拱桥、悬索桥、桁架桥等，不同结构的桥承重能力不同。用控制变量法进行实验探究。</td></tr>
</table>

① 本书在引用时对原内容稍有改动。

（续表）

<table>
<tr><td>核心知识</td><td colspan="3">（2）技术（T）
能够利用现代化技术和工具进行探究实验和工程制作。
（3）工程（E）
能够完成设计方案，并根据方案选择合适的材料制作桥梁模型。
能针对制作过程中遇到的问题寻找解决办法，改进材料或调整制作工艺。
能够撰写简单的工程建议书。
（4）数学（M）
能够根据图形的不同稳定性进行简易组合，完成桥梁模型构思。
能够根据实际地形对桥梁各部分结构的空间大小进行模拟与测量。
2. 学科关键概念或能力
结构影响功能；工程设计与物化；科技发展对社会和环境的影响。</td></tr>
<tr><td>驱动性问题</td><td colspan="3">1. 本质问题
结构如何影响功能？
2. 驱动性问题
如何应用已经学习和掌握的桥梁知识，设计与制作出一座有一定承重力的桥梁？</td></tr>
<tr><td>项目学习评价设计</td><td colspan="3">1. 过程性评价
填写《学习成长记录手册》
《身边的桥梁》这一项目中，总共有八个探究任务，将这些项目在探究学习过程中形成的各种数据、表格、实验操作照片、设计单、学习单、反思总结等资料汇集成册，就形成了学生探究学习的成长记录手册。用《学习成长记录手册》能更形象直观地记录项目学习小组各组员的学习与成长过程。
2. 总结性评价
（1）《身边的桥梁》项目活动总结
项目活动总结是在项目完成后期，由学生对整个项目活动的探究学习进行自我反思、自我评价。
（2）《身边的桥梁》项目活动评价表
该表是完成项目学习后在小组内进行生生互评时使用的。小组成员日日相处，相互了解，孩子们也更在意同伴的评价，在小组内互相评价，能够达到相互学习、相互促进的作用。
（3）作品评价
在项目完成后设计展示分享制作的各种桥梁模型作品时，学生和教师共同通过投票的方式完成成果评价。</td></tr>
<tr><td rowspan="2">项目安排</td><td>阶段</td><td>内容</td><td>课时</td></tr>
<tr><td>入项探索①</td><td>1. 了解桥梁的结构和功能。
2. 思考如何设计和制作一座合适的桥梁，提出解决方案。
3. 进行团建活动。</td><td>2</td></tr>
</table>

① 入项探索：指的是用驱动性问题引导学生投入到项目的情境中进行探索。

（续表）

<table>
<tr><td rowspan="9">项目
安排</td><td>知识与能力建构一：
平直的梁桥</td><td>1. 用纸张模拟现实中的桥梁，搭建有一定承重能力的梁桥。
2. 通过设计实验，探究使纸桥既能承重又方便通行的方法。</td><td>1</td></tr>
<tr><td>知识与能力建构二：
弯弯的拱桥</td><td>1. 观察和了解拱桥中拱形结构的特点。思考讨论：结合拱桥所在地地形来看，人们选择在此处修建拱桥的原因。
2. 用卡纸搭建梁桥和拱桥的模型，进行承重能力对比实验。</td><td>1</td></tr>
<tr><td>知识与能力建构三：
拼接拱桥专题探究</td><td>1. 观察思考：用什么形状的小构件更容易拼成拱形？拱的跨度大小对桥的承重力是否有影响？
2. 探究用冬瓜、南瓜或者萝卜等小块件拼接成有一定承重力的拱桥。
3. 探究拱的跨度大小对桥的承重力是否有影响。</td><td>1</td></tr>
<tr><td>知识与能力建构四：
巧妙的悬索桥</td><td>1. 利用矿泉水瓶、卡纸、棉线等材料制作悬索桥模型，了解现实生活中悬索桥的结构特点。
2. 通过承重对比实验了解悬索和桥塔对桥面的承重能力起到的作用。</td><td>1</td></tr>
<tr><td>知识与能力建构五：
结实的桁架桥</td><td>1. 观察铁路桥的框架结构。用竹签和橡皮筋制作不同形状的框架，探究不同框架结构的稳固性。
2. 参照桁架桥的结构特点，设计制作并加固立体框架，探究让它更稳固的方法。</td><td>1</td></tr>
<tr><td>知识与能力建构六：
萝卜塔挑战赛</td><td>通过小组合作，用牙签、萝卜等材料搭建既高又稳固的萝卜塔，比一比哪一组的萝卜塔又高又稳固。</td><td>1</td></tr>
<tr><td>合作探究：
设计制作我的小桥</td><td>1. 遵循设计、制作、测试、评价与改进等步骤，合作探究，设计并制作出一座有一定承重力的桥梁模型。
2. 完成工程建议书的撰写。</td><td>4</td></tr>
<tr><td>形成与修订成果</td><td>通过修订，形成最终可以参加成果展的桥梁模型和工程建议书。</td><td>2</td></tr>
<tr><td>出项[①]与复盘：
我的桥梁作品展示</td><td>先在班级内进行项目学习的总结反思与评价，分享展示桥梁作品。然后将优秀的作品集中到学校创客空间展厅布展，让学生对自己的作品做简单的讲解与分享，使学生能相互借鉴学习。</td><td>2</td></tr>
<tr><td>项目
过程</td><td colspan="3">1. 入项探索
（1）教师提供一个真实的情境并让学生实地调研：我们学校附近有条小河，小河两岸都居住着很多户人家，但是小河上面没有桥，人们要过去就得绕很长的路，随着来往的人们越来越多，建桥的需求越来越高，现在我们作为关心民生的小学生，我们每个小组成立一个工程队，设计并制作一个桥梁模型，并向政府提交工程建议书，发挥我们作为学生的力量。
（2）提出驱动性问题，组织学生讨论，对驱动性问题进行分解，形成思考路径和问题链。</td></tr>
</table>

① 出项：指的是用有效的方式将项目的成果公之于众。

（续表）

项目过程	（3）教师提出限制条件，跨度不小于 25 厘米，宽度不小于 10 厘米，桥面中间需要一个面积至少为 10 厘米 ×10 厘米的平面，桥洞需能通过长 16 厘米、高 8 厘米的物体。 （4）观看中国桥梁发展史视频，了解祖国的桥梁建筑和进展，培养民族自豪感。 （5）头脑风暴：一个好的桥梁包含哪些结构和标准？形成初步的成果要点及评价量规第一稿。 （6）学生分成若干项目小组，并进行团建活动，增进团队凝聚力。 （7）教师明确学习活动的进程和时间节点，以及提交材料的要求。 **2. 知识与能力建构** （1）发放 KWH[①] 表，请学生填写关于桥梁已经了解的知识、想要了解的知识，以及要运用这些知识解决什么问题，在小组内分享，形成小组的问题清单。 （2）教师提供探究框架，学生通过问题清单和框架探究不同的桥梁结构对其承重能力的影响，严格按照控制变量法进行实验探究。 （3）教师带领学生分析实验结果，得出实验结论，理解结构对桥梁承重功能的影响。 （4）学生完成关于桥梁的知识测试。 （5）教师提供设计图的基本样例，学生根据学到的关于桥梁的知识以及教师提供的各种材料，进行桥梁模型和工程建议书的构思和设计。 （6）根据所学的教材内容进一步修订评价量规，形成第二稿，明确什么是好的桥梁模型和工程建议书。 **3. 合作探究** （1）学生分成 12 个项目小组，4—6 人一个小组，运用所学知识，辅以网络搜索、文本阅读等方式，全员进行桥梁模型的设计，并从中选出最受认可的设计图，根据小组成员意见，进行迭代优化。 （2）项目小组成员根据设计图，合作探究，进行材料收集、模型加工、制作、测试（用吹风机和垫圈等重物检验桥梁模型的稳定性）、完善优化、撰写建议书等活动。 （3）在班级内分享初步模型和建议书，各小组依据模型的外观、跨度、承重能力和建议书的逻辑、说服力、完整性等标准提出修改意见。 （4）教师进入项目小组，根据评价量规提出修改建议，引导学生利用评价量规迭代各自的成果。 **4. 形成与修订成果** （1）根据评价量规以及小组间分享后形成的意见，进行迭代优化。 （2）形成最终可以参加成果展的桥梁模型和工程建议书。 **5. 出项与复盘** （1）举办桥梁模型微型成果展。 （2）学生带着自己小组的作品以及工程建议书，向大家分享桥梁工程建造的提议报告，同时还可以邀请专业的桥梁设计和模型搭建团队共同参与。 （3）在公开成果展中记录他人意见和观点。 （4）撰写复盘笔记：完成 KWL 表中的"L"（学到了什么部分）；反思自己和团队在项目中的表现，为下次项目积累经验。 （5）教师提供限制条件，学生课后进行一座房屋模型的设计和制作。

① KWH 分别是 Know、What、How 的缩写。

（二）项目实施

1. 项目实施流程（见图 4.2）

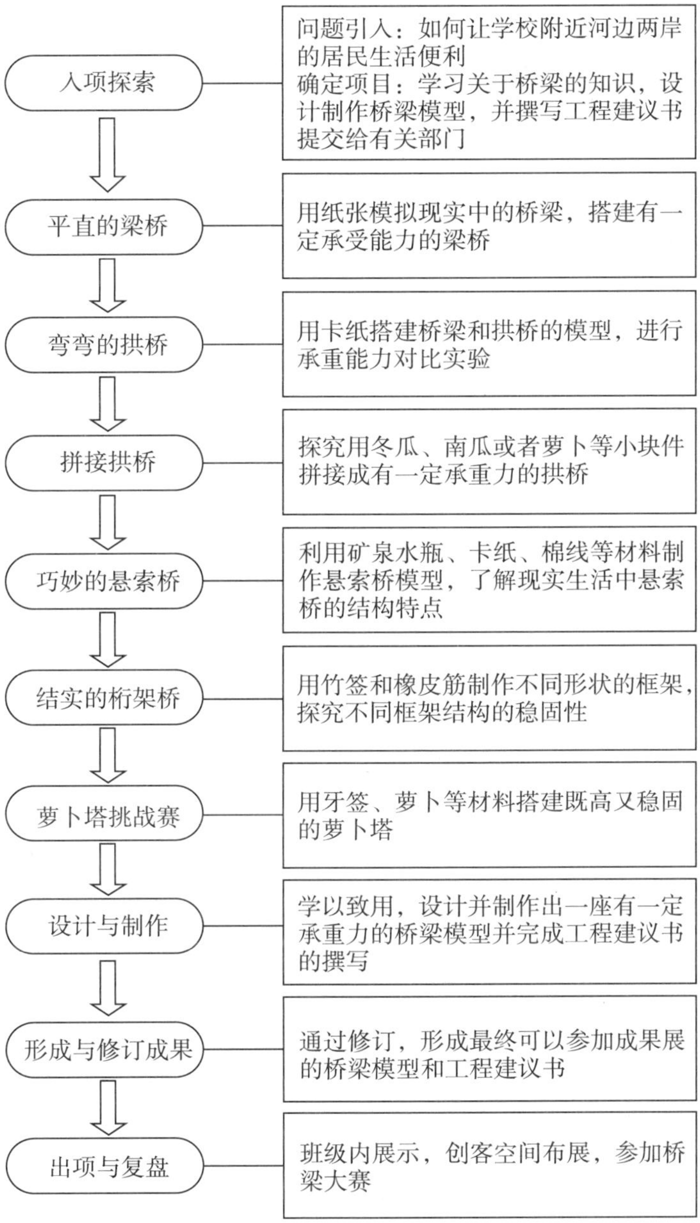

图 4.2　《身边的桥梁》项目流程图

2. 项目实施活动

阶段一：入项探索

（1）教师根据学生本地居民比较关心的社会热点抛出问题：学校附近有条小河，小河两岸居住着多户人家，但是小河上面没有桥，人们通行很不方便，随着来往的人们越来越多，建桥的需求日益迫切，作为关心民生的小学生，我们能否运用知识的力量，设计并制作一个符合实际地形的桥梁模型，并向政府提交工程建议书，发挥学生的力量。

（2）根据现实情况，教师提出模型的限制条件，跨度不小于 25 厘米，宽度不小于 10 厘米，桥面中间需要一个面积至少为 10 厘米 ×10 厘米的平面，桥洞需能通过长 16 厘米、高 8 厘米的物体。

（3）观看中国桥梁发展史视频，了解桥梁结构的同时培养民族自豪感。

（4）头脑风暴：一个好的桥梁包含哪些结构和要求？形成初步的成果要点及评价量规第一稿。

【实时评析】这个项目的入项探索阶段富有真实感和联系感，从本土出发，从学生生活切入，让学生产生解决驱动性问题的强烈意愿；学生在设计成果评价量规时会暴露他们对于项目不够了解的地方，这时教师再提供支架，学生就会进行更深度和持久的探索。

阶段二：知识与能力构建

◆活动一：平直的梁桥

（1）活动目标

①初步了解梁桥的构造，以及梁结构在生活中的应用。

②通过猜想、推测、实验验证来了解梁桥的基本结构和承重特点。

（2）活动内容

①用纸张模拟现实中的梁桥，搭建有一定承重能力的梁桥，从而知道增加厚度或改变形状能增强桥的承重能力。

②通过设计实验，探究使纸桥既能承重又方便通行的方法。发现桥下的梁结构对桥面具有支撑作用。

③通过猜想、推测、实验验证来了解梁桥的基本结构和承重特点。

（3）活动实施

在“平直的梁桥”这一探究活动中，学生先通过观察图片认识梁桥的基本结构特点，并利用书本和纸张模拟梁桥，先猜想推测与梁桥承重有关的因素，然后说一说可以通过什么样的实验来验证自己的猜想。之后采用不同形状的纸张做对比实验，看看什么形状的“桥面”承重力更强。（见图 4.3）

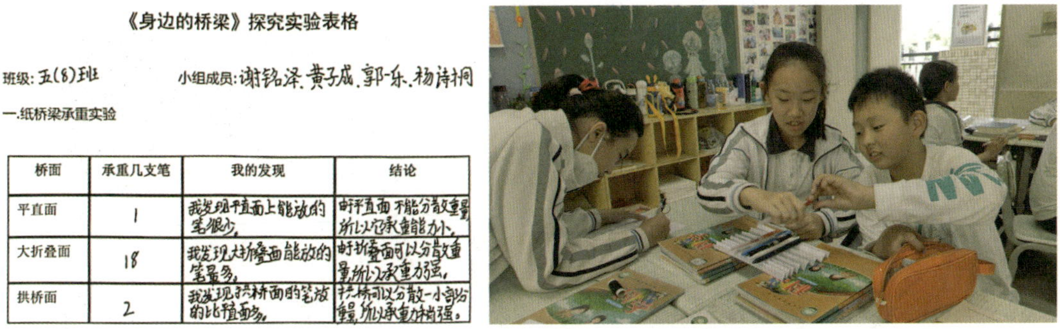
《身边的桥梁》探究实验表格

班级：五（8）班　　小组成员：谢铭泽、黄子成、郭一乐、杨诗桐

一.纸桥梁承重实验

桥面	承重几支笔	我的发现	结论
平直面	1	我发现平直面上能放的笔很少。	由于平直面不能分散重量所以它承重能力小。
大折叠面	18	我发现大折叠面能放的笔最多。	由于折叠面可以分散重量所以承重力强。
拱桥面	2	我发现拱桥面的笔放的比平直面多。	拱桥可以分散一小部分重量所以承重力稍强。

图 4.3　学生在进行纸桥梁承重实验

最后，学生通过实验探究得出结论：梁桥的承重与厚度、跨度、形状、结构有关，梁桥桥面越厚，承重能力越大，梁桥跨度越小，承重能力越大。改变桥面的形状和结构能增加梁桥的承重能力。了解了梁桥的特点后，再拓展延伸到现实生活中对梁的应用。

【实时评析】该项目在科学探究的基础上，帮助学生建立结构和功能之间的联系。

◆活动二：弯弯的拱桥

（1）活动目标

①初步了解拱桥的构造，以及拱在生活中的应用。

②通过探究实验，认识拱形结构的承重特点，了解拱座的作用。

（2）活动内容

①观察和了解拱桥中拱形结构的特点。思考讨论：结合拱桥所在地地形来看，人们选择在此处修建拱桥的原因。

②用卡纸搭建梁桥和拱桥的模型，进行承重能力对比实验，并探究拱座对拱形结构的支撑作用。

实验探究 1：纸桥无拱形支撑与有拱形支撑的承重能力对比实验。

实验探究 2：拱座对拱的承受能力是否有影响。

（3）活动实施

在“弯弯的拱桥”活动中，学生先通过观察对比拱桥与梁桥在结构上以及搭建环境的不同，然后通过资料了解我国最著名的石拱桥——赵州桥，进一步了解拱桥拱形的结构特点后，再通过两个实验探究拱桥的承重特点以及拱座在拱桥中的作用，加深对拱桥的认识。（见图 4.4）

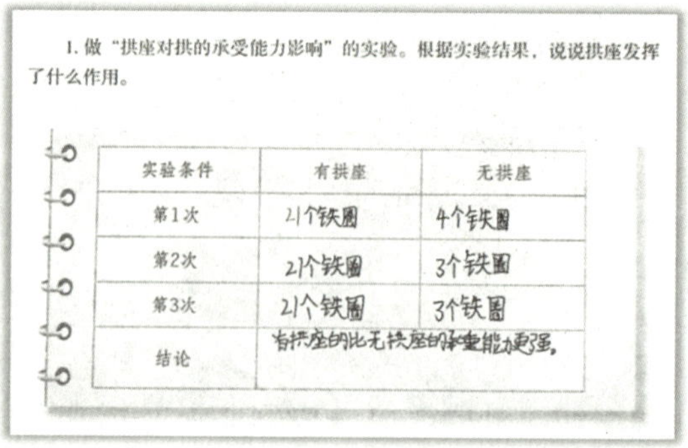

1. 做“拱座对拱的承受能力影响”的实验。根据实验结果，说说拱座发挥了什么作用。

实验条件	有拱座	无拱座
第1次	21个铁圈	4个铁圈
第2次	21个铁圈	3个铁圈
第3次	21个铁圈	3个铁圈
结论	有拱座的比无拱座的承重能力更强。	

图 4.4　学生在探究拱的承重特点以及拱座的作用

【实时评析】本活动通过控制变量法和多次实验，培养学生的实验探究能力，帮助学生学会避免实验探究中的不严谨之处，为之后的科学探究打好基础。

◆活动三：拼接拱桥专题探究

（1）活动目标

①通过有计划的探究步骤，认识由小块构件拼接成的拱桥具有一定的承重力。

②通过对比实验探究拱的跨度大小对桥的承重力是否有影响。

（2）活动内容

①观察思考：用什么形状的小构件更容易拼成拱形？拱的跨度大小对桥的承重力是否有影响？

②探究用冬瓜、南瓜或者萝卜等小块件拼接成有一定承重力的拱桥。

③探究拱的跨度大小对桥的承重力是否有影响？

活动探究 1：用什么形状的小构件更容易拼成拱形？

活动探究 2：拱的跨度大小对桥的承重力是否有影响？

（3）活动实施

学生对拱桥有了一定的了解之后，引导思考：用什么形状的小构件更容易拼成拱形？

课后学生可以使用冬瓜、南瓜或者萝卜继续探究“拱的跨度大小对桥的承重力是否有影响”。（见图 4.5）

图 4.5　学生在拼接拱桥以及做拱的承重实验

【实时评析】本活动以生活中的物品作为实验材料，让学生产生真实感，而且材料方便易得，学生还可以在课后继续进行深入研究。

◆活动四：巧妙的悬索桥

（1）活动目标

①通过观察悬索桥模型，初步了解悬索桥的结构特点。

②通过实验探究，了解悬索桥的承重特点。

（2）活动内容

①利用矿泉水瓶、卡纸、棉线等材料制作悬索桥模型，了解现实生活中悬索桥的结构特点。

②通过承重能力对比实验，了解悬索和桥塔对桥面的承重能力起到的作用。

（3）活动实施

学生在“巧妙的悬索桥”这一活动中通过观察探究悬索桥的结构特点，思考悬索桥的悬索有什么作用？利用课前准备的矿泉水瓶、卡纸、棉线等材料设计并制作一座简易悬索桥，然后进行桥面有悬索和没有悬索时承重力对比实验。学生对照实验结果，得出“桥塔用于支撑起粗大的缆索，若干悬索用于吊起桥面，增强桥面的承重能力”的结论。

【实时评析】本活动对于学生的合作和动手能力的要求提高了，为之后成果的设计和制作打下更深的基础；项目教师在整个过程中提供了足够的材料支持，允许学生失败，在学生经历失败、寻求帮助的时候，再提供支持，这样的指导方式能获得最好的效果。

◆活动五：结实的桁架桥

（1）活动目标

①通过实验探究了解什么样的框架结构更加稳固。

②初步了解框架结构在桥梁建设中的作用。

（2）活动内容

①观察铁路桥的框架结构。用竹签和橡皮筋制作不同形状的框架，探究不同框架结构的稳固性。

②参照桁架桥的结构特点，设计制作并加固立体框架，了解让它更稳固的方法。

实验探究1：三角形和四边形哪个形状更加稳固？

实验探究2：怎样使四边形更加稳固？

实验探究3：小组合作改造一个立方体结构框架，让它更加稳定坚固。

（3）活动实施

在“结实的桁架桥”活动中，学生探究观察出桁架桥的结构特点后，用竹签和橡皮筋动手搭建三角形和四边形，通过压一压、挤一挤探究哪个形状更加稳固。然后依次进行“让四边形更加稳固”和“改造一个立方体结构框架，让它更加稳定坚固”的探究实验。

【实时评析】本活动对于小组的动手实践能力的要求又上升了一个台阶，需要运用前面学到的控制变量法等探究不同形状的稳定性，并迁移应用，加固立方体结构框架，从而让学生理解结构对功能的影响，为之后设计和制作桥梁理清逻辑思路。

◆活动六：萝卜塔挑战赛

（1）活动目标

①加深对框架结构及承重特点的了解，知道什么样的框架结构更加稳固。

②激发学生进一步探究桥梁的兴趣。

（2）活动内容

在班级开展“萝卜塔挑战赛”，比一比哪个小组制作的萝卜塔更高更稳固。

（3）活动实施

为了让同学们对框架结构及它的承重特点了解得更加透彻，我们在班级内开展了“萝卜塔挑战赛”，比一比哪个小组制作的萝卜塔更高更稳固。同学们组内分工合作，共同搭建萝卜塔。通过这一次挑战赛，同学们把之前对框架结构探究的结果应用到比赛中，更清楚地认识到了带三角形结构的立体桁架结构更加结实稳固。（见图 4.6）

图 4.6　萝卜塔挑战赛

【实时评析】萝卜塔挑战赛是“结实的桁架桥”这节课的迁移应用；在充分实践的基础上，打开学生的思维，提高学生动手实践的信心，让学生自由地探究，为之后小组设计和制作模型突破心理障碍，使学生学习更加顺畅。同时，该任务又有团建的作用，增加了小组的凝聚力。

阶段三：合作探究

◆活动：设计制作——我的小桥

（1）活动目标

①能根据项目任务，分析项目限制条件和可利用的材料，形成设计方案，并按照设计，分工合作，综合应用学习过的桥梁知识制作出一座有一定承重力的桥梁模型。

②能提出改进和完善建议，并根据别人的意见，反思、调整自己的方案，改进小桥，并完善工程建议书。

③了解桥梁建设需要由多个系统组成，体会工程是以科学和技术为基础的系统性工作。

（2）活动内容

遵循设计、制作、测试、评价与改进等步骤，小组分工合作设计并制作出一座有一定承重力的桥梁模型，然后完成工程建议书。（见图 4.7）

（3）活动实施

“设计制作——我的小桥”活动是本项目学习的一次综合性学习应用，学生通过前几次的探究实践活动，基本掌握了常见的几种桥梁的结构特点和功能特点。在此基础上，学生通过设计桥梁，汇报、改进设计，并根据设计制作出桥梁模型，然后测试、优化，达到综合运用所学知识的目的。（见图 4.8）

桥梁工程建议书

一、项目建设的必要性
二、项目名称
三、项目建设地点
四、设计图纸
五、模型成本
六、模型承重能力
七、设计创意

图 4.7　桥梁工程建议书大纲

图 4.8 学生在设计和制作桥梁

【实时评析】本项目在进行充分的知识与能力建构后，在合作探究环节更加关注小组内的团结合作，适时在项目过程中穿插了团建活动，提高小组的凝聚力。一般在小学阶段，低年段 2 人一组，高年段 4—6 人一组比较合适。本项目的合作并不只是简单的分工，而是让彼此发挥了应有的作用，并促进彼此的成长。

学生不能仅仅担任管理角色，因为这种角色会让学生觉得没有价值感，从而导致学习动力不足；团队内达成共识，签订小组协议，互相倾听，对事不对人。

本活动难度和自由度较大，项目教师巡回观察，给予充分的材料支持，在学生经历失败求助时才提供指导，不急功近利，允许失败发生，时刻鼓励学生，最终取得了圆满成功。

阶段四：形成与修订成果

◆活动：“我的小桥”中期汇报

（1）活动目标

以作品展示的形式为学生提供相互交流学习的机会，培养其自信心和探究兴趣。

（2）活动内容

在班级内进行项目学习的总结反思与评价，分享展示桥梁作品。让学生对自己的作品做简单的讲解与分享，使学生能相互借鉴学习。

（3）活动实施

桥梁作品制作完成后，先进行总结反思和评价，学生之间和师生之间都可以对作品提出自己的建议和评价，然后学生根据建议对作品再进行改进和测试，最后就可以在班级内分享展示自己的作品。（见图 4.9）

图 4.9　学生在展示和分享自己制作的桥梁作品

【实时评析】项目中期，学生在班级内进行了中期汇报，这样可以集思广益，及时对成果进行改善，提高效率；成果量规足够全面客观，成果就能回答驱动性问题，实现对核心知识与能力的深度理解和转化；教师提供的创新多样的样例打开了学生的格局和视野，学生在这个过程中学会根据成果评价量规和样例对其他小组的成果进行评价，对项目成果的了解也更加深入；评价过程中项目教师时刻引导学生基于证据互相评论，完善成果，而不是互相批评。

阶段五：出项与复盘

（1）出项

完成改善后，将优秀的作品集中到学校创客空间展厅布展，举办“我的小桥”作品展示会，并让学生对自己的作品做简单的讲解与分享。（见图 4.10）

图 4.10　我的小桥作品展示交流

（2）复盘

《身边的桥梁》工程项目式活动由浅入深、层层深入递进地开展，让学生在自主探究、小组合作、动手操作、分组竞赛的方式下进行探究实践学习。让学生玩得有趣味、学得有兴趣、探究得有价值，极大地激发了学生积极探究的兴趣和热情。

经过项目化学习后，学生设计和制作的桥梁作品丰富多彩，他们利用木板、木条、竹签、硬纸板、卡纸、乐高积木等材料设计并制作出了拱桥、悬索桥、梁桥、桁架桥等不同结构的桥梁。从他们的作品中，可以看到同学们对各种不同桥梁的结构特点和承重特点都掌握得很好。部分作品还采用了电脑设计加激光切割来制作，效果非常好。

学习完《身边的桥梁》这一项目后，同学还利用已经掌握的桥梁知识，参加了2021年第三届东莞松山湖中小科技模型比赛中的木桥梁结构承重赛项目，并分别获得了两个三等奖的佳绩。（见图4.11）

荣誉证书

周恒 同学

参加“红心向党 匠心育人”第三届东莞松山湖中小学科技模型比赛，荣获木桥梁结构承重赛项目小学男子组三等奖。特发此证，以资鼓励。

参赛单位：东莞松山湖实验小学

指导教师：覃爱容

东莞市青少年科技教育协会 东莞松山湖教育管理中心

2021年5月27日

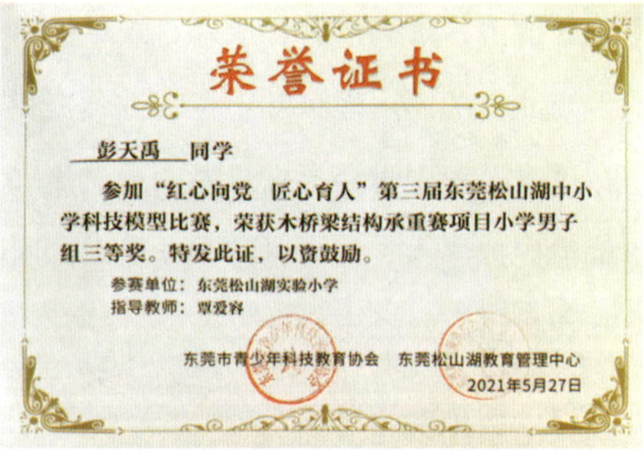
荣誉证书

彭天禹 同学

参加“红心向党 匠心育人”第三届东莞松山湖中小学科技模型比赛，荣获木桥梁结构承重赛项目小学男子组三等奖。特发此证，以资鼓励。

参赛单位：东莞松山湖实验小学

指导教师：覃爱容

东莞市青少年科技教育协会 东莞松山湖教育管理中心

2021年5月27日

图 4.11 学生参加第三届东莞松山湖中小学科技模型比赛获得奖项

在设计与制作活动实践环节中，设计桥梁用了一个课时，而制作桥梁和撰写建议书只有三个课时，时间还是有些紧张，因此有少部分作品没能全部完成。在活动实施过程中，教师可以根据学生完成的实际情况作适当调整，让学生有更充裕的时间完成作品。

由于时逢疫情，此项目在评价方面做得还比较单一，只是在班级和学校创客空间内做了简单的展示与评价。班级之间的交流，以及家校之间的评价交流没有开展。如果条件允许，可以展开更多元化的评价活动，让学生的探究成果在更多平台进行展示，如此能更大地激发学生的探究兴趣和热情。

【实时评析】本项目所有学生都参与了出项，并设置了合影留念、颁奖仪式、点评发言等环节为学生增添了仪式感和真实感。出项不仅展示了成果，还展示了成长，让学生复盘自己和他人在项目过程中的经验和教训。出项最好有多元主体的评价，比如专家、家长、学校领导等，出项的形式也可以多增加信息技术、公众号、短视频等现代化的宣传手段。

（四）项目评析

1. 指向核心知识和本土情境的驱动性问题

本案例的驱动性问题选择得很巧妙，很好地体现了本土化。在最终习得结构和功能等核心概念的同时也做到了驱动性问题来源于跟学生紧密联系的生活，最大程度地激发学生的学习热情。

驱动性问题的选择只是一个载体，关键在于背后的学科核心概念，只要建立起两者间的关系，提高学生的驱动性和理解即可。本项目的案例来自东莞本土和学生的真实生活，能极大地激发学生的学习热情。假如当地不具备这样的情境，教师可以将情境根据实际情况灵活调整；如果学生对其他主题比较感兴趣，教师也可以将学生的兴趣点跟教学目标之间的关系进行重新链接并形成项目，真正做到从本土出发，从学生出发。

2. 指向教材的项目设计

本项目的内容来自粤教粤科版《科学》五年级下册第一单元“身边的桥梁”，作者以项目化学习的方式将教材内容进行了重新整合，富有科学的味道，紧贴国家课程标准，不影响教师正常教学任务，避免增加师生额外的负担，给一线教师提供了项目化学习设计和实施的优秀范本。

3. 指向现代化的技术实践

技术让项目化学习更有技术含量和发展空间。本项目中部分学生利用电脑技术和激光切割设计桥梁模型，非常先进，又和项目本身密切相关，给这个项目带来更多的挑战性和趣味性，看上去就像真正的工程师在设计和建造桥梁。在项目化学习活动中，技术实践的加持让学生身临其境，大大提高了学生的参与度和热情。

4. 指向目标—实践—成果的全程评价

项目化学习的评价具有全程性，本项目的过程性评价和总结性评价贯穿始终。过程性评价考查学生在项目过程中对项目的理解和管理，总结性评价考查最终的成果和展示。本项目的评价包含成长记录手册、活动总结、活动评价表、成果评价表等，贯穿全程，有效地管理和促进了学生在长周期的项目化学习活动中的学习。

5. 指向社会关怀的项目主题

本项目指向人类普遍关注的出行问题，体现了深切的社会关怀，让学生对人类面临的真实困境有切身体会，并产生使命感和责任感，使学生能自我驱动，持续进行项目探究。一个好的项目不单是要让学生掌握知识和技能，还得发挥育人功能，培育学生的社会责任感。

二、《风驰电“获”，捕捉自然清洁能源》项目式教学案例与评析

（一）项目设计

本项目基于粤教粤科版《科学》六年级下册第 2 单元“能量及其转换”，围绕“风力发电机”清洁能源展开系列研究，凸显“物质能量与能量间的转化”这一科学本质问题，通过实地参观、科学探究、辩论赛、制作风力发电机等研究活动，与生活建立密切的联系，激发学生的科学研究兴趣，开阔视野，理解“风力发电机”建造过程中科技、社会、环境之间出现的矛盾关系，增强低碳意识和提高践行低碳生活的行动力，提升学生的核心素养。（见表 4.2）

表 4.2 《风驰电“获”，捕捉自然清洁能源》项目式教学设计

项目名称：风驰电“获”，捕捉自然清洁能源		**项目时长：**16 课时
学科：小学科学	**教师：**郑燕珠	**年级：**六年级
相关学科：语文、美术		
项目简述： 本项目主题源于学期初科学课上关于“暑假见闻”的话题讨论。家在广西的同学分享说起暑假印象最深刻的是家乡路上又多了很多白色的风车。而老家分别在海南、内蒙古的同学纷纷表示“也见过”，他们还知道这种风车可以发电，名叫“风力发电机”。于是班级掀起了对风力发电机的热烈讨论：风力发电机是怎么发电的？为什么这么细的扇叶，转那么慢也能发电？这样的庞然大物是怎么运输的？我们国家很多地方为什么要做风力发电机？因此，立足于同学们感兴趣的问题，关于清洁能源——风力发电机的项目探究启动。		
教材和相关资料： 本项目源自粤教粤科版《科学》六年级下册第 2 单元“能量及其转换”，本单元有 5 节内容：《游乐场里的能量》《能量的转换》《转动的风车》《是什么转换成电能的》《神奇的电磁铁》。		

（续表）

核心知识	1. 项目中的主要知识点 知识： （1）风能是能的一种形式。 （2）风能属于可再生的、清洁的、不消耗原料的、不污染环境的能源。 （3）不同形式的能可以相互转化，风力发电机则是利用风进行发电，将风能转化为电能。 技能： （1）增强自主探究、合作学习的能力，形成表达交流与倾听的习惯，并接受他人合理的建议。 （2）学会质疑，搜集资料，学习整理资料信息，提升数据分析与实验探究的能力，增强解决问题的综合能力。 2. 学科关键概念或能力 核心概念：能的转化与能量守恒 学习内容与要求：知道动能、风能、电能等能的形式，知道能量间可以互相转换。 学业内容：能感受自然界不同形式的能相互转化的奇妙之处；意识到能源的开发和利用关系到生产生活的方方面面，以及新能源、绿色能源开发的重要性。
驱动性问题	1. 本质问题 自然界的能量是怎样应用到生产生活中的？ 2. 驱动性问题 大自然是神奇的，力量巨大的，有着各种形式的能量，比如太阳能、风能、水能等，人类也发挥智慧，将这些能量应用到生产生活上。风能就是其中一种，它属于可再生的、清洁的、不消耗原料的、不污染环境的能源；很早被应用于发电，而风力发电机就是风能的主要利用方式，将风能转换为电能，是我国飞速发展的新能源技术中的一股代表力量，能够实现当下践行低碳环保的目标，有效地保护生态。那么，风力发电机是怎样发电的？为什么这么细的扇叶，转那么慢也能发电呢？风力发电机的环保体现在哪里呢？开展项目学习，让学生组成学习小组，从风力发电机的真实问题出发，借助多媒体以及多种资源开展网上调查、实地考察、采访、实验探究等活动，深入体验风力发电机的神奇之处，了解其背后蕴藏的科学、技术、社会、环境之间的关系，逐步解开风力发电机的谜题。
项目学习评价设计	涉及的学习实践①： 探究性实践（√）：收集信息，整理资料，形成探讨风力发电机发电效果影响因素的实验方案，基于证据分析各种解释或方案。 社会性实践（√）：参与“解密风力发电机”相关的讨论，倾听他人建议，形成小组分工和职责表。 调控性实践（√）：制订项目活动的日程安排表，及时调整和修改项目进程，及时反思项目学习的过程。 审美性实践（√）：在提高自然清洁能源利用率的设计中，关注各种能源的充分利用以及外观的美观，设计出集创意、功能、美观于一体的作品。 技术性实践（√）：运用演示文稿、网络信息搜集、数据分析、图片设置等信息技术手段整理项目成果进行汇报；应用 CAD 绘图和激光切割机裁剪扇叶，进行实验探究。

① 关于学习实践的具体描述，请参看夏雪梅主编的《项目化学习设计：学习素养视角下的国际与本土实践》一书第二部分中的“学习实践：怎样让学生经历有意义的学习实践”。

（续表）

<table>
<tr><td>项目学习评价设计</td><td>
本项目的学习评价量表如下：

《风驰电“获”，捕捉自然清洁能源》项目式学习的评价量表[1]

<table>
<tr><th colspan="2">评价方面</th><th>具体内容</th><th>自评星级</th><th>互评星级</th></tr>
<tr><td colspan="2">核心知识</td><td>1. 能说出风力发电机的原理和构造，并描述风能如何转换为电能。
2. 能说出影响风力发电机发电效果的因素。
3. 能举例说出其他清洁能源在环保低碳生产生活的应用。</td><td>☆☆☆☆☆</td><td>☆☆☆☆☆</td></tr>
<tr><td rowspan="5">项目化学习实践</td><td>探究性实践</td><td>1. 会收集信息并学会筛选有效信息，对信息进行整理和总结呈现。
2. 会用收集的信息作为证据支持自我观点。
3. 能制订解密风力发电机的项目研究方案，并规划清晰的研究步骤。</td><td>☆☆☆☆☆</td><td>☆☆☆☆☆</td></tr>
<tr><td>社会性实践</td><td>1. 在他人发言时能表现出积极倾听的姿态，并耐心地、鼓励式地听他人讲完全部内容。
2. 倾听时，能够作出回应性的思考，与他人互动，并提出自我的看法。
3. 能够有逻辑地、流畅地、得体地表达自我的观点，并虚心采纳他人的建议。</td><td>☆☆☆☆☆</td><td>☆☆☆☆☆</td></tr>
<tr><td>调控性实践</td><td>1. 项目实施过程中能够保持专注的态度，全身心投入项目中，不受外界干扰。
2. 遇到困难时，能够保持热情和踊跃尝试的心态，有问题及时主动地提出，小组合作尽快寻求解决方案并努力克服困难。
3. 能够根据项目进程活动进行反思，及时调整小组项目活动的进度计划。</td><td>☆☆☆☆☆</td><td>☆☆☆☆☆</td></tr>
<tr><td>审美性实践</td><td>1. 设计创意风力发电机时能够考虑功能和美观性，考虑色彩搭配、外观形状等。
2. 设计时考虑作品制作材料是否符合以及凸显环保低碳主题。
3. 作成果汇报时，考虑成果呈现的方式和效率，能否吸引人。</td><td>☆☆☆☆☆</td><td>☆☆☆☆☆</td></tr>
<tr><td>技术性实践</td><td>1. 对项目涉及工具的各种用途和使用方法深入了解，能够独立操作，或是指导其他同伴操作。
2. 根据不同情景要求，选择最合适、最优的工具进行操作。
3. 遇到问题时，能够主动用其他工具作为合理代替，并能够分析不同工具的优缺点。</td><td>☆☆☆☆☆</td><td>☆☆☆☆☆</td></tr>
</table>
</td></tr>
</table>

① 本量表参考了夏雪梅主编的《项目化学习设计：学习素养视角下的国际与本土实践》一书第二部分中的“全程评价：怎样促进学生个人和团体共同进步”的学习实践评价。

（续表）

<table>
<tr><td>项目安排</td><td>本项目的活动安排如下：
《风驰电“获”，捕捉自然清洁能源》项目活动一览表
<table>
<tr><th>项目阶段</th><th>项目活动主题</th><th>项目内容</th><th>课时安排</th></tr>
<tr><td>入项探索</td><td>1.“萍水相逢”——风力发电机初体验</td><td>风力发电机初体验。以风力发电机为载体，开展初识清洁发电能源活动，提出问题。</td><td>1</td></tr>
<tr><td rowspan="3">知识与能力构建</td><td>2.“旁搜博采”——调查采访人们对风力发电机的看法和理解</td><td>调查采访身边的人们对风力发电机的看法和理解。</td><td>2</td></tr>
<tr><td>3.“知行合一”——调查参观“长安镇供电局”</td><td>开展“体验科学，快乐成长”长安镇供电局调查体验活动，专业人士讲解电怎么来，如何安全用电，节约用电。</td><td>2</td></tr>
<tr><td>4.“百家争鸣”——主题辩论“风力发电机的利与弊”</td><td>开展风力发电机利与弊的主题辩论赛。</td><td>2</td></tr>
<tr><td>合作探究</td><td>5.“躬行实践”——探究影响风力发电机发电效果的因素</td><td>探究影响风力发电机发电效果的因素，对风力发电机风扇叶片数量、形状、厚度、材质、偏转角度等进行实验探究。</td><td>5</td></tr>
<tr><td>形成与修订成果</td><td>6.“天马行空”——捕获无形的自然清洁能源</td><td>进行提高自然清洁能源利用率的工程设计。</td><td>2</td></tr>
<tr><td>出项与复盘</td><td>7.“硕果累累”——低碳生活，用爱发电</td><td>围绕“风力发电机”进行以“低碳生活，用爱发电”为主题的成果汇报展示活动，包括主题辩论、创意设计、实验探究、捕捉清洁能源等。</td><td>2</td></tr>
</table></td></tr>
<tr><td>项目过程</td><td>1. 入项探索
（1）观看有关风力发电机“前世今生”的视频，了解风力发电机最初的功能和样貌结构，激发学生对风力发电机的探究兴趣。
（2）头脑风暴：关于风力发电机，你还想了解哪些知识？收集问题，在网上查阅资料。
（3）明确驱动性问题：风力发电机与低碳环保有什么关系？
2. 知识与能力构建
（1）通过上网、阅读相关图书等方式查阅资料，整理信息，汇报展示，了解风力发电机的结构特点，了解风力发电机的工作原理和工作环境等。
（2）采访身边的人对风力发电机的认识程度和看法，了解居民对家庭用电的来源和运输方式的认识，及其对低碳环保用电的认识。
（3）参观供电局，了解风力发电机发电的过程以及电力运输的方式。
（4）深入研究风力发电机发电效能的影响因素，进行头脑风暴，罗列因素，挑选现阶段能够探究的因素，如风扇叶片数量、形状、厚度、材质、偏转角度等，设计实验方案进行实验探究，分析结果，得出结论。</td></tr>
</table>

（续表）

项目过程	（5）通过“风力发电机利与弊”的主题辩论赛，进行信息的收集与整理，寻找支持自我观点的证据。 （6）通过辩论赛知道风力发电机有利有弊，怎么来改善它呢？倡议学生发挥创意，设计能够提高能量利用率的创意图。 （7）开展项目成果分享会，各小组自行选择多样的展示形式，分享本组的项目成果。 3. 合作探究 （1）明确项目目标，组织学生组建项目研究小组，签订团队协议，开展项目研究，制订研究方案、实施步骤和进度安排，并谈论项目成果的形式。 （2）在项目小组长组织下，小组成员积极交流讨论，对方案进行修改，及时调整小组成员的分工和项目进度计划，做到人人投入，制订项目组管理日志；遇到问题，学会倾听，积极参与，迎难而上，齐心协力共同解决。 （3）当项目活动取得一定成果时，引导项目小组深入研究，探讨生活中清洁能源用于生产生活的更多例子，同时也激发学生思考生活中还有哪些地方可以应用清洁能源，促进低碳环保。 4. 形成与修订成果 （1）通过资料收集，各项目组形成一份风力发电机报告，并根据小组讨论意见进行修改完善。 （2）通过辩论赛，个人形成一篇关于生产生活中应用风力发电机利与弊的小议论文，并在组内和组间分享。 （3）完善项目组提高能源利用率的创意图，各组完成不少于两幅作品，做好最后成果展示准备。 （4）成果汇报会中采取不同形式展示小组项目学习成果，小组内修改和完善展示的内容和形式。 5. 出项与复盘 （1）风力发电机解密会。围绕“风力发电机”召开以“低碳生活，用爱发电”为主题的成果汇报展示活动，包括对“风力发电机”的摸底调查、调查参观长安镇供电局的经历回顾、风力发电机利与弊的主题辩论赛决赛、小组分享提高能源利用率的创意设计图、基于数据的“影响风力发电机发电效果因素”的实验探究。各小组以各种形式进行探讨交流，如实物展示、PPT 等。 （2）在解密会中，分享自己的项目成果，同时学习他人的成果，倾听他人的发言，记录他人的建议和观点。 （3）教师根据解密会的项目成果反馈进行复盘思考，反思分析项目框架，包括项目总体思路、学生投入参与程度与核心知识学习情况、项目与生活的联系性及其研究价值。

（二）项目实施

1. 项目实施流程（见图 4.12）

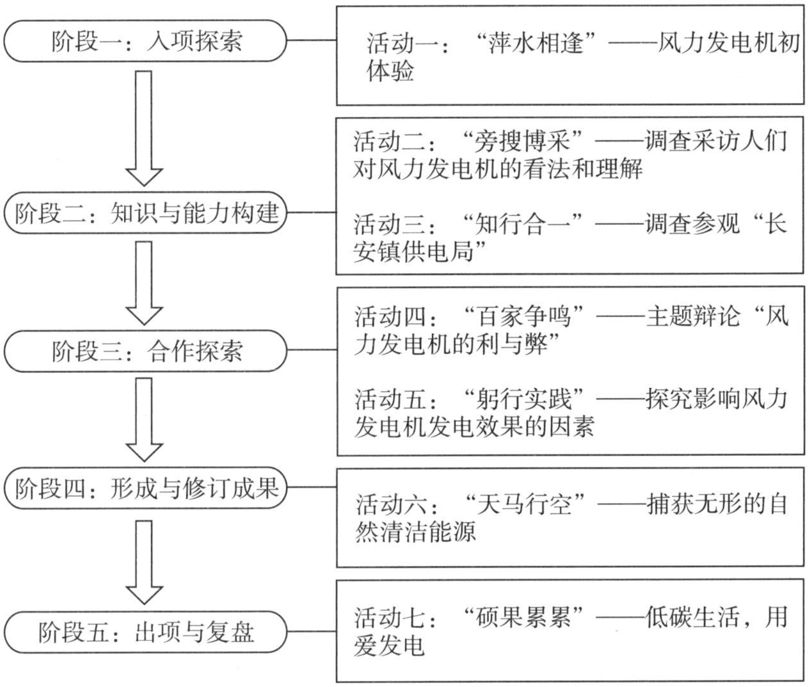

图 4.12 《风驰电“获”，捕捉自然清洁能源》项目实施流程

2. 问题产生，确定项目

风力发电机的议题来源于新学期科学课关于“暑假见闻”的话题讨论。一名同学家在广西，暑假让他印象最深刻的见闻是——路上又多了很多白色的风车（有学生知道这叫“风力发电机”）。这个话题激发了其他学生的好奇心，同学们在课堂上发起连环问：风力发电机是怎么发电的？为什么这么细的扇叶，转那么慢也能发电？这样的庞然大物是怎么运输的？我国很多地方为什么要建风力发电机？……

风力发电机出现在孩子们身边，与生活建立了密切的联系，引发了研究的兴趣。这既是一个顺其自然的教学资源，又是一个非常真实有效的问题情境。于是教师“就势”带领学生做关于风力发电机的调查研究，确定了本项目研究的内容，和他们一起深入地了解一个新事物的来龙去脉及其背后科学、技术、社会、环境之间的关系。这个过程既可让他们收获知识，提升能力，也为他们链接社会生活打下一定的基础。

【实时评析】项目主题源于学生对生活的所见所闻，项目驱动性问题顺势而生，聚焦科学问题——能量的转化，对可再生清洁型大自然能量的应用，以及对环保低碳生活的追求，入项活动中创设了真实的问题情景，激发学生的探索兴趣，开启本项目的探究之旅。

3. 项目实施过程

在实际的教学操作中，我们围绕风力发电机这个主题，以项目式学习的方式对其进行研究。每个研究阶段都有其驱动性任务，我们以四字成语概括并用其引领本阶段活动的开展。

阶段一：入项探索

◆活动一：“萍水相逢”——风力发电机初体验

普及风力发电机的“前世今生”、风力发电机最初的功能和样貌结构，了解风力发电机的工作原理和工作环境，开展以下活动。

（1）学生感受和体验用迷你风力发电点亮 LED 灯的活动 。

（2）调查班级同学对风力发电机的基本认识，填写调查问卷。（见图 4.13）

（3）通过图书、报刊、网络等搜索关于风力发电机的知识。

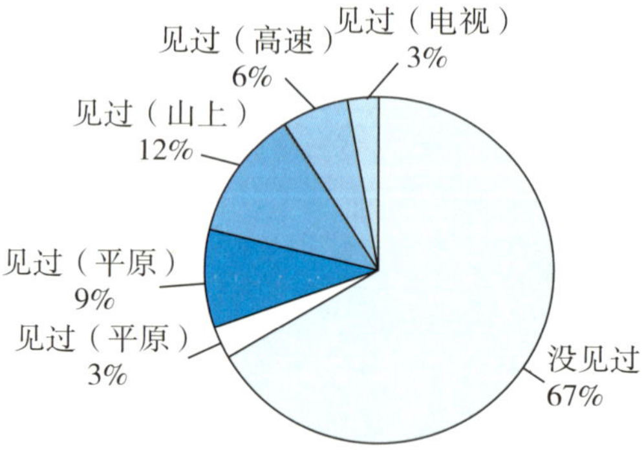

图 4.13　“在哪里见过风力发电机”的调查结果

通过网上查询资料，发现原来风力发电机主要分布在我国内蒙古、新疆、山东、海南等风能资源丰富的地区。东莞这边的地貌地形，无论是陆地还是海上，暂时不适合安装风力发电机。

【实时评析】入项后的第一个活动是帮助学生建构知识与能力基础，包括风力发电机的相关知识，引导学生通过网络搜集相关信息，锻炼自主学习、收集信息、分析和整理有效信息的能力，突出项目化学习中探究性和社会性实践学习的形态。

阶段二：知识与能力构建

◆活动二：“旁搜博采”——调查采访人们对风力发电机的看法和理解

为了解身边人们对风力发电机的认识，同学们利用周末的时间，对身边的叔叔阿姨们展开采访询问。为了方便分工合作和统计，大家借助黑板对结果进行分类、统计、展示，并对采访数据进行整理。（见图 4.14）

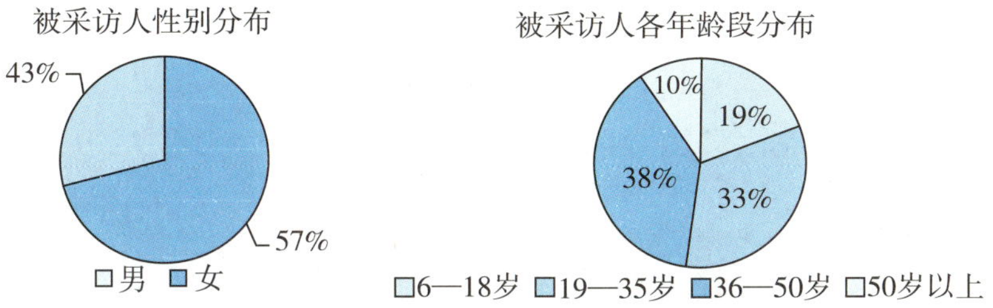

图 4.14　借助 Excel 表格统计被采访人的信息

调查结果显示：共对 21 名对象进行采访，其中男性 12 位，女性 9 位。年龄大部分在 19—50 岁之间。据统计结果，见过和没见过风力发电机的大致上各占 50%，见过的人中有的管它叫“风力发电机”，有的管它叫风车。这说明了“大人”比我们“小孩”稍稍更了解风力发电。但在“您知道我国靠什么能源发电吗”这个问题上，有将近 82% 的人知道是火力发电，有 12% 认为是太阳能、核能和水能发电。从调查的数据看来，大众对风力发电机的认识不足。

【实时评析】采访、调查人们对风力发电机的认识后，及时分类、统计调查结果并采集的数据进行分析，分析人们对风力发电机的关注度和对环保新能源的了解。本活动重在培养学生的语言表达和数据分析能力，这两者也是品质课堂教学注重培养的能力之一。

◆活动三：“知行合一”——调查参观东莞长安供电局

同学们在科学老师和班主任的带领下，走进东莞长安供电局，一探电的奥秘。宣讲老师通过生动有趣的视频和课件展示，开展了“安全用电、急救小知识、节能在我身边”主题讲座，讲授了什么是电、电的产生以及电的转化等基本常识。（见图 4.15）

图 4.15　调查参观供电局

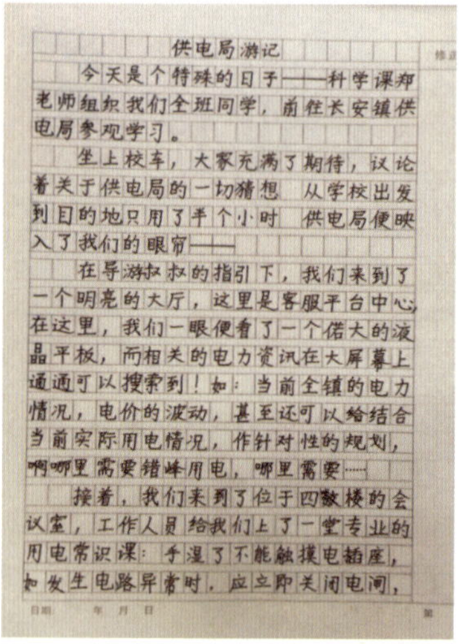

供电局游记

今天是个特殊的日子——科学课郑老师组织我们全班同学，前往长安镇供电局参观学习。

坐上校车，大家充满了期待，议论着关于供电局的一切猜想 从学校出发到目的地只用了半个小时 供电局便映入了我们的眼帘——

在导游叔叔的指引下，我们来到了一个明亮的大厅，这里是客服平台中心，在这里，我们一眼便看了一个偌大的液晶平板，而相关的电力资讯在大屏幕上通通可以搜索到！如：当前全镇的电力情况，电价的波动，甚至还可以给结合当前实际用电情况，作针对性的规划，啊哪里需要错峰用电，哪里需要……

接着，我们来到了位于四楼的会议室，工作人员给我们上了一堂专业的用电常识课：手湿了不能触摸电插座，如发生电路异常时，应立即关闭电闸，

供电站观后感

上午九点半左右，老师带着同学们来到了供电站参观，我们希望所有疑问都能在这次参观得到解答。

“哇！这儿好大啊！”我不禁感叹，我望着供电站的高楼，仿佛一个高大威猛的巨人正用鄙视的眼神看着，像我跟这位“巨人”有什么深仇大恨一样。我正入迷，就被一阵叽叽喳喳的吵闹声给唤醒，我顺着吵闹声走去，发现大家都在玩一个大电脑，旁边有一位工作人员说：“这台电脑可以看见每户每家的电费账单，还可以看见一瓦电需要多少钱！”大家全都很好奇，争先恐后的冲上前去！过了好一会儿，老师带我们上了四楼报告厅，那里的一个工作人员早已等候多时，找到座位后，工作人员便开始讲关于电的知识，我听得格外认真，学到了很多讲用电安全的知识，参观结束后，我得知不能在电线杆旁放风筝；不能在一个插座上插多个插头；不能在电线杆旁建房子等生活常识。虽然结束了，但我觉得非常有意义！

这次参观真的太有趣！人类的衣食住行离不开电，节约用电必须从我们每个人做起，从身边大小不同的事情做起！

20×25=500格

图 4.16　学生的供电局观后感

【实时评析】实地考察当地（东莞长安）供电局，能够让学生亲身感受“发电”的概念，进一步构建相关知识与能力，了解风力发电机备受关注和广泛应用的原因；同时也在项目探索中培养安全用电的技能和意识，与生活实践相联系。（见图 4.16）

阶段三：合作探究

◆活动四：“百家争鸣”——主题辩论“风力发电机的利与弊”

随着调查、参观、网上资料查询的逐步深入，学生们了解到风能是一种清洁、环保的新能源，有很多的好处。但也有同学提出疑问：那风力发电机有没有缺点？这一问题提出后，同学们开始思考：任何一项新技术或新能源的利用，都应该本着科学的态度，从正反两个方面全面看待，合理开发和利用，使新能源和新技术真正造福于人类。基于此，同学

们对风力发电机是“利大于弊”还是“弊大于利”展开了激烈的辩论。

正方的主要观点：

（1）风能是清洁能源，取之不尽用之不竭，是免费的，很有利用价值。

（2）随着经济的发展，风力发电机的成本逐年下降，大约25年就可以回本，是一笔收益巨大的“投资”。

（3）出现的问题科学技术会逐步解决，比如设计环境友好型的风力发电机。

反方的主要观点：

（1）风力发电机的使用给环境带来了一系列问题：绞杀鸟类、噪声污染、土地肥力下降等。

（2）风力发电机的技术尚不成熟，维修、运输成本高，对环境要求高。

（3）应待技术成熟，减小伤害和损失后再投入生产使用。

【实时评析】通过前面的活动，在项目化学习中初步完成知识与能力的构建后，以“辩论赛”的形式逐步进入项目探索与形成成果阶段，学生需要对收集的信息在小组内进行分析和整合，形成论点的支撑证据，突出项目化学习的社会性实践。在合作、交流、倾听中进行学习，这一点与品质课堂中对“学生学的品质[①]要求”不谋而合。

◆活动五：“躬行实践”——探究影响风力发电机发电效果的因素

任务1：头脑风暴——提出问题

全班同学围绕风力发电机进行提问，将问题收集与归类，统计这些问题被提问的次数。统计发现，问题主要分为4个方面：“风力发电机的原理”“发电机叶片形状和数量”“风力发电机使用的环境”以及“其他”。（见图4.17）

问题主要集中在：

（1）风机的原理。如为什么有风就能发电？转得太快会怎样？

（2）风机叶片的结构。叶片为什么做成细长的形状？风机的叶子为什么是3片？

（3）风机的使用环境。可以放在水里、放在太空吗？下雨不会导电吗？能放在高处吗？

（4）发电机的用处（优势）。为什么要造风力发电机？

---

①源于东莞市小学科学“品质课堂”课堂教学评价量表中的评价指标，包括课堂参与情况、思维品质、合作交流、知识发展、能力发展和情感态度六个方面的评价。

（1）为什么风力发电机是三片叶片？
（2）为什么风车转得那么慢？
（3）它为什么不能多一点叶片？
（4）如果风太大了怎么办？
（5）如果没风了怎么办？
（6）为什么不装四个叶片呢？
（7）为什么不在太空装呢？
（8）为什么它转起来就可以发电了？
（9）如果风力发电机不转了，人们会怎样？
（10）为什么风力发电机一定只有三个扇叶？
（11）风力发电机得原理是什么？
（12）除了风力发电机还有什么能发电？

图 4.17　学生关于风力发电机的问题集锦

结合实际条件和研究重点，将实验主题主要集中于“扇叶的结构”这个问题上，对风扇叶片数量、形状、厚度、材质、偏转角度等因素如何影响风力发电机的发电效能进行实验探究。

任务 2：集思广益——设计方案

在实验前，为了集结众人的智慧，全班同学均进行发电机叶片的设计，并注明设计理由。（见图 4.18）

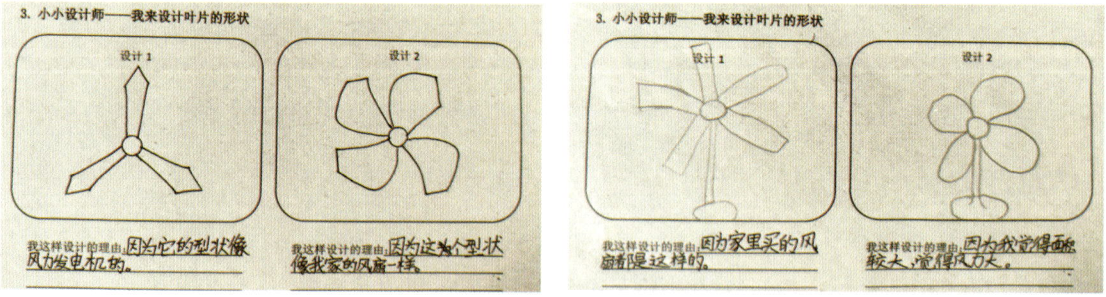

图 4.18　同学们设计的扇叶

任务 3：实事求是——实验探究

（1）实验设计

选取其中一些扇叶设计草图，在教师的帮助下，用 CAD 绘图软件进行设计，并用激光切割机“裁出来”，分别安装在风力发电机扇叶处，对风扇叶片数量、形状、厚度、材质、偏转角度等进行实验探究。

（2）实验原理

用居家电风扇作为风力来源。风力发电机在电风扇吹出来的风的带动下旋转起来，将风能转化为电能。用转换器将交流电转变为直流电，使用万用电表能测量风力发电机输出的电压大小，用“电压”来代表发电的效果。

（3）实验探究

探究 1：探究扇叶数量对风力发电机输出电压的影响（见图 4.19）

探究扇叶数量对输出电压的影响（瓦楞材质，45度）

档位 \ 电压（V） \ 数量	2片	3片	4片	5片	6片	8片
1挡	0.00	0.00	0.00	1.11	1.46	1.24
2挡	0.00	0.96	1.56	1.96	2.41	2.19
3挡	1.11	1.97	2.39	2.82	3.32	3.60

图 4.19　探究扇叶数量对风力发电机输出电压的影响

实验发现，随着风扇挡位（风速）加大，风力发电机输出的电压也随之加大；而随着扇叶叶片的增加，输出的电压也在增大。其中，5 片、6 片、8 片在一档时就已经可以输出电压了。6 片扇叶的效果最好，几乎在每一档风中输出的电压都是最高的。而 2 片、3 片、4 片在一档风时输出的电压都为 0 V，这说明在较低的风速面前，2 片、3 片、4 片输出电压的效果都不佳。学生提出了他们的疑惑：为什么现代的风力发电机都是 3 片叶片呢？为什么转那么慢也能投入应用呢？

通过查询资料，他们得知之所以在真实情况中风力发电机为 3 片叶片，是因为 3 叶片是折中的方案，它最合适。目前为止，世界上暂没有风力发电机会超过 59.3% 的效率极限。

（1）尽管 4 片叶片会比 3 片更快，但成本也更高。因为叶片是风力发电机成本中占比最高的零部件，4 片或更多叶片的成本远超其可提升的效能。

（2）2 片扇叶虽然比 3 片成本低，但其结构不稳定，容易出现故障，同时会带来更高的噪声。

（3）尽管 3 片叶片转得较慢，但风机里面还安装了齿轮以增加速度，当扇叶慢速运转时，也能保证运行的稳定与安全。

探究 2：探究扇叶形状对风力发电机输出电压的影响（见图 4.20）

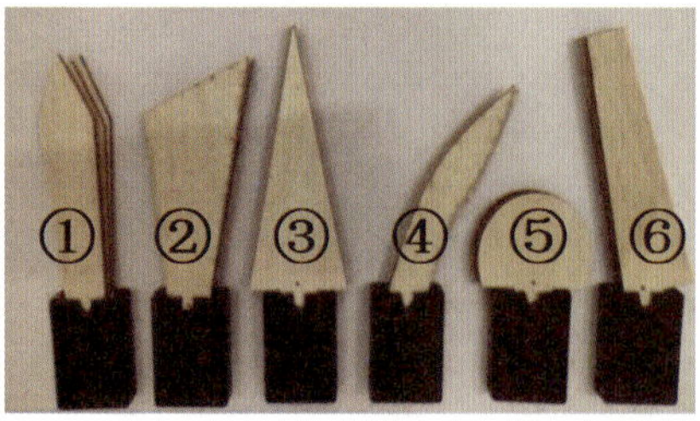

探究扇叶形状对输出电压的影响（3mm，15度偏转角度）

档位 \ 电压（V） \ 形状							
1挡	0.00	0.00	0.00	0.00	0.00	0.00	0.0
2挡	0.00	0.00	0.00	0.00	0.00	0.00	0.0
3挡	6.15	9.89	5.34	1.02	0.00	5.26	0.0

图 4.20　探究扇叶形状对风力发电机输出电压的影响

用不同形状的扇叶做实验（除了形状不一样，厚度都相同），设计了七种形状的叶片，实验发现，发现输出的电压最大的是圆片形状（⑤号），它输出的电压是 9.89 V；其次是刀型的扇叶（②号），它输出的电压是 6.15 V。最差的是细细的扇叶（④号），它没有输出电压（0.00 V）。可是，为什么现代的风力发电机恰好是用这种细细的叶片呢？那样输出的电压不是很低很低吗？

通过查询资料，学生得知之所以在真实情况中用细长又“庞大厚重”的扇叶发电，是因为它的结构不是那么简单：发电机扇叶尽管看起来细长，但其横截面就像鸟儿的翅膀一样，不是简单的平面，而是采用了一种符合空气动力学的设计，因此迎风容易转起来。实际上，现实中的扇叶设计要考虑到安全问题，风扇转得太快容易出现故障，转得慢会比较安全，且后期还可以用齿轮来提速。另一个方面就是考虑到成本的问题，省材料就是省成本，因此风力发电机的扇叶做得细长，扇叶数量又少。

探究 3：探究扇叶厚度对风力发电机输出电压的影响（见图 4.21）

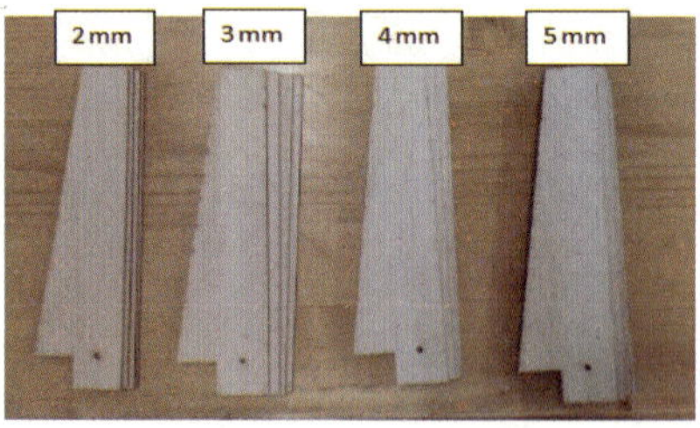

）探究扇叶厚度（重量）对输出电压的影响（轻木材质，45度）

档位 \ 电压（V） \ 厚度	2mm(　)	3mm(　)	4mm(　)	5mm(　)
1挡	0.00	0.00	0.01	0.00
2挡	0.00	2.05	0.00	0.00
3挡	4.39	4.48	1.31	1.53

图 4.21　探究扇叶厚度对风力发电机输出电压的影响

厚度不同就意味着它们的重量不同。实验发现，扇叶最理想的厚度是 3 mm，在 3 档时输出的电压是 4.48 V，其次是 2 mm，它输出的电压是 4.39 V。

从实验结果得知，风力发电机的发电效果跟扇叶重量也有关系，越重越不利于发电，可是，现实中的风力发电机不是个庞然大物吗？那为什么还要使用呢？

通过查询资料，学生得知，真实情况中“庞大厚重”的扇叶内部是空心的，相比于整个机组的重量来说，并没有想象的那么重。但它却有着牢固坚硬的结构，以防止在旋转过程中折毁。

探究 4：探究扇叶材质对风力发电机输出电压的影响（见图 4.22）

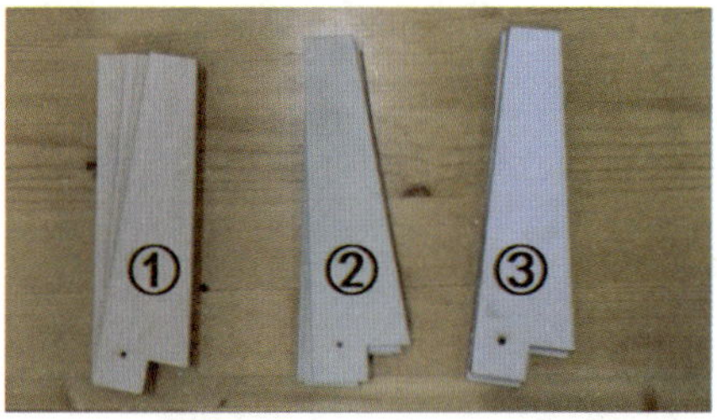

探究扇叶材质对输出电压的影响（3mm，形状一致）

档位＼电压（V）＼材质	轻木	瓦楞	发泡板
1挡	0.00	0.00	0.00
2挡	0.00	0.00	0.00
3挡	5.34	2.00	0.52

图 4.22　探究扇叶材质对风力发电机输出电压的影响

用不同的材质做实验：①轻木材质；②瓦楞材质；③发泡材质（左起顺数）。它们除了材质不同，其他条件都相同。经实验，在这三种材料中，轻木的发电效果最好。学生测量了一下这三种材料的重量，发现轻木是最轻的。结合上一次实验的结果，他们更加坚定：轻的材料更有利于风力发电机转动，从而输出更多的电。

探究 5：探究扇叶偏转角度对发电机输出电压的影响（见图 4.23）

探究扇叶偏转角度对输出电压的影响（圆形扇叶，轻木材质）

档位＼电压（V）＼角度	0	30	45	60	75	90	15
1挡	0.00	0.00	2.82	1.66	0.94	0.00	0.00
2挡	0.00	6.99	4.97	2.95	1.74	0.00	0.00
3挡	0.00	10.06	7.22	4.25	2.69	0.00	7.81

图 4.23　探究扇叶偏转角度对风力发电机输出电压的影响

实验结果表明，扇叶偏转角度对风力发电机输出电压的影响很大。在 0° 和 90° 的时候，再强劲的风，风扇也完全不转。而在 15° ，第 3 挡风，输出电压可达到 7.81 V；在 30° 时，第 2 挡风，输出的电压已经达到了 6.99 V。45° 、60° 、75° 的时候，风扇在第 1 档的时候就已经可以转起来了，但是随着偏转角度的不断变大，输出的电压越来越小。

4. 实验结果与结论

以上 5 组实验的结果表明，扇叶的数量、形状、材质、重量、偏转角度等都会对风力发电机的输出效果产生影响。一般来说，扇叶越轻、面积越大，效果越好；扇叶数量在一定范围内相对越多越好，但继续增加效果则不佳（如 6 片增至 8 片）；在测试的 7 种角度中，偏转角度为 30 度时效果最佳。但我们发现现实中投入使用的风力发电机的设计却与实验结果背道而行！它的扇叶很细，只有 3 个叶片，还做得很大，需要用大车来运输。后来经查阅资料，我们了解到扇叶数量和形状的设计都须考虑到成本、维修、稳定性等问题，而整个风电机组的投放还需要考虑地方经济、地理环境等因素。因此，每一个工程设计都是经过多方面的综合考量才最终投入生产和使用的。结合网上的资料，我们终于解开了风力发电机的“谜团”。

【实时评析】本环节是项目化学习中最具科学探究味的活动——实验探究，是项目化学习中的技术性实践。学生探究兴趣浓厚，产生的问题多并能通过小组合作寻找解决问题的方案，培养学生的科学素养，通过设计实验方案、操作、分析数据、得出结论等活动环节，引导学生像真正的科学家一样进行实验探究，解决问题。

阶段四：形成与修订成果

◆活动六：“天马行空”——捕获无形的自然清洁能源

除了风能，我们身边还有许多“无形”能源可利用，风能、太阳能、人体运动的内能等，如果能将这部分的能源利用起来，将为低碳生活增添色彩。于是，同学们运用所学大胆创新，希望这些设计在未来能为解决能源紧缺问题、提高能源利用率做贡献。（见图 4.24）

图 4.24　两位同学的能源设计作品

【实时评析】创意设计重在培养学生发散思维和审美性实践的项目化学习实践形态，运用所学的风力发电机的知识，进行创意设计时，既要考虑功能、美观，也要考虑用材环保，这也是本项目学习成果的提炼之一——创意设计作品。

阶段五：出项与复盘

◆活动七：“硕果累累”——低碳生活，用爱发电

成果汇报活动围绕“风力发电机”这种清洁能源开发装置展开，包含了许多丰富的内容：有对“风力发电机”的摸底调查、有调查参观长安镇供电局的经历回顾、有以风力发电机的利与弊为主题辩论赛决赛、有提高能源利用率创意设计的小组分享、有基于数据的“影响风力发电机发电效果因素”的实验探究、有同学们对可持续发展的绿色能源的未来期盼……成果汇报精彩纷呈！

【实时评析】项目成果的汇报是“风力发电机”项目化学习的出项活动，是学生在这个项目活动中的收获。为了更好地进行成果公开展示，各小组成员不断修订成果，为成果展示做准备，对项目研究的投入、专注、坚持，凸显项目化学习的调控性实践。出项活动形式多样，包括实物展示、研究报告、多媒体展示等，既锻炼学生应用多样平台展示研究成果的能力，又提升了他们表达分享的能力。

（三）项目成效与反思

1. 项目活动的亮点

（1）基于真实的学习情境

本活动基于学生平时的见闻和提出的问题展开，激发了孩子们探究的兴趣，尽管风力发电机这个事物看起来“高大上”，但实际上，它与孩子们的实际生活有密切的联系，该研究切入口符合孩子们的认知水平的，是很好的教学素材案例，也为学生了解国家的“低碳”政策和绿色发展理念搭建了一座“桥梁”。

（2）充分发挥学生的主体性

本活动全程积极发挥学生的主体性，问题提出、资料查询、成果汇报等秉持学生“当家做主”的原则，让学生自主组织和管理，发挥他们的特长。从成果汇报环节获得了一致好评来看，学生在这个项目中付出了很多，他们勤勤恳恳，踏踏实实，同时也收获满满当当。

（3）活动聚焦度强

本活动聚焦新生事物——风力发电机，全面挖掘其在绿色能源中的发展意义。学生围绕它展开多方位的调查研究：人们对风力发电机的认识现状调查，风力发电机引发的科学、技术、社会、环境之间的冲突，风力发电机可以如何改进，影响风力发电机发电效果的因

素，学生在此过程中体验电的来之不易，学习如何在生活中安全用电、节约用电，践行低碳的生活方式，收获满满。

（4）多方面培养学生能力

在这个调查活动中，孩子们收获的不仅仅是风力发电机的相关知识，他们在查阅资料、走访参观、实验探究、搜集信息、整理资料等的过程中，学习与他人打交道，学习整理资料，提升了调查研究的能力。更重要的是，他们走出了课堂，回到实际生活中解决问题。他们对自己提出的感兴趣的问题展开了探索，初步了解了科学、技术、社会、环境之间的矛盾关系。

2. 项目活动的评价与反思

围绕风力发电机进行研究，孩子们不仅学习了关于清洁能源的科学知识，锻炼了解决问题的综合能力，还增强了低碳环保意识；更重要的是，我们还看到这个活动真真切切地为孩子们“形成适应个人终身发展和社会发展所需要的正确价值观、必备品格和关键能力”创造机会和平台，为我国可持续发展增添未来的新生力量。为此，我们还将继续挖掘更优质的教学资源，为孩子们提供更多锻炼的实践平台，提高学生的核心素养！

通过对风力发电机进行调查研究，我们发现，要了解一个新事物，必须经过多种途径对它进行全面的考察，包括人们对它的认识以及疑惑，并基于此提出疑问、展开调查；进行实验探究时，要注意分析数据、实事求是，理解和深入剖析实验数据，探究真实应用与实验结果不相符合的原因，理解背后的技术、社会、环境因素。关于风力发电机，还有许多值得探讨的问题，如何解决风力发电机噪声、在结构和功能上如何设计对鸟儿等天上飞行的生物最友好？……尽管需要继续研究的问题很多，但我们相信，凭借这样的研究精神，一定都能找到解答风力发电机奥秘的钥匙。我们将继续广泛查阅资料深入研究，不断实践，验证。

【实时评析】项目的成效与反思是项目化教学的最后阶段——出项后的复盘与反思，也是对整个项目活动的反思，教师在这一阶段对“风力发电机”项目设计、实施、成果等方面取得的成效进行反思，既站在学生角度思考本项目对学生个人能力的提升，也站在了教师角度总结以及教师在项目中获得的启发。在复盘与反思中，再次整理项目，提升项目从入项到出项整个过程的质量，可将项目延伸，也可在下一个项目中继续的探索。

（四）项目评析

本项目案例《风驰电“获”，捕捉自然清洁能源》，围绕“风力发电机”，立足于学生的生活所见，结合东莞本土社会资源，巧妙地将科学教材内容、《义务教育科学课程标准（2022年版）》，以及东莞市打造的科学品质课堂要素有机融合在一起，既凸显了典型的项目化教学，也聚焦于新课标宗旨——培养学生的科学核心素养，集中呈现“以学生为中心、发挥学科育人功能、突出多元评价”等品质课堂特征。具体表现如下：

1. 巧选内容，项目学习指向概念性知识

“概念是项目化学习的直接知识目标，是骨架和灵魂”①，本项目基于粤教粤科版《科学》六年级下册第2单元“能量及其转换”的相关内容展开设计，与中“能的转化与能量守恒”核心概念对接，帮助学生建构“能的形式、转移与转化”“能源与可持续发展”“可再生”的科学知识体系。本项目产生的背景源于学生暑假的所见所闻，项目内容立足于学生视角，能够充分调动学生的兴趣和探索内驱力。

2. 源于本土，项目活动聚焦核心素养

本项目的活动设计聚焦于培养学生的科学核心素养，集中体现科学课程的育人价值，包括科学观念、科学思维、探究实践、态度责任等。本项目在入项时创设的情境以及驱动性问题的产生，均与生活相联系，活动项目的安排也充分利用社会资源，体现地方特色，如走访东莞长安供电局等；项目实施过程中设置的自主查阅学习资料、采访、辩论会等活动，提升了学生搜集资料、应用信息网络技术、实验探究、动手操作、语言表达交流以及合作学习的能力。通过项目化学习，学生逐步形成适应个人终身发展和社会发展所需的正确价值观、品格和能力。

3. 社会责任，项目实施关注育人导向

纵观本项目，从入项到出项的整个过程都侧重培养学生的社会责任感，体现项目课程的育人价值。“清洁能源技术”是当下的热门话题，也是社会对环保生态的关注，对生产生活做出了科学技术上的改造和应用。教师从学生的暑期分享中，敏锐地捕捉社会热点，围绕“风力发电机”提出本项目的研究主题，以项目活动为支架，重在培养学生热爱自然、保护环境、节约资源的意识，以及推动生态文明建设和可持续发展的责任感，同时感受科学技术的应用在走向低碳生活中所起到的重要作用，帮助学生树立正确的价值观。

① 本句话源于夏雪梅主编的《项目化学习设计：学习素养视角下的国际与本土实践》一书第二部分中的“核心知识：什么样的知识适合进行项目化学习”。

三、《我为小鸟建个家》项目式教学案例与评析

（一）项目设计

在“我为小鸟建个家”项目式活动中，学生要解决的是一个有现实背景的问题——如何让校园里的小鸟生活得更好？这是一个真实而有意义的问题，围绕这个问题，学生需要调查校园内鸟类、树木、鸟巢的情况，从而确定问题解决的办法——制作人工鸟巢来减少小鸟被风雨吹落掉地伤亡的情况。（见表 4.3）

表 4.3 《我为小鸟建个家》项目式教学设计①

<table>
<tr><td colspan="3">项目名称：我为小鸟建个家</td><td colspan="2">项目时长：12 课时</td></tr>
<tr><td colspan="2">学科：科学</td><td colspan="2">教师：姚菊容</td><td>年级：四年级</td></tr>
<tr><td colspan="5">相关学科：技术、工程、数学</td></tr>
<tr><td colspan="5">项目简述：
2020 年 4 月，科学老师路过学校的荔枝林，发现一只被雨水淋湿的小鸟闭着眼、瑟瑟发抖，生命垂危。后经了解及查看现场，原来连续几天刮风下雨，校园里几棵大树上的鸟窝被雨淋湿，鸟窝松散、破裂，导致幼鸟从树上掉下来。如何减少类似事件的发生？如何让栖身在校园里的小鸟更好地生活？老师将此信息发至班级群中，同学们一致建议：为小鸟建一个安全舒适的家，为鸟儿提供休息、繁殖的场所，于是确定了制作人工鸟巢——《我为小鸟建个家》项目活动。</td></tr>
<tr><td colspan="5">教材和相关资料：粤教粤科版《科学》四年级下册第 2 单元《动物的需求》</td></tr>
<tr><td>核心知识</td><td colspan="4">1. 项目中的主要知识点
（1）科学（S）
能分析鸟巢的特点与生活环境之间的联系，知道鸟会寻找合适的地方并利用周边的材料来营造巢穴。
知道生活习性不同的鸟，它们建造的鸟巢的形状、构造、材料等也不同。
（2）技术（T）
能够发挥设计能力和工程绘图能力，根据鸟的种类和生存需要、环境特点等为鸟儿设计人工鸟巢。
懂得多种途径获取材料，运用恰当的工具完成鸟巢工程设计方案。
（3）工程（E）
能够按照设计方案，根据材料的性能与用途选择合适的材料制作鸟巢。
能针对制作过程中遇到的问题寻找解决办法、改进材料或调整制作工艺。鸟巢完成后能对其使用效果进行测试与记录。
（4）数学（M）
能够根据图形的不同特征进行简易组合，完成鸟巢外形构思。
能够根据实际需要对鸟巢的各部分结构的空间大小进行计算与测量。</td></tr>
</table>

① 本项目化教学设计者为东莞市松山湖中心小学的姚菊容老师，本书在原有基础上进行了新的设计调整。

（续表）

<table>
<tr><td>核心知识</td><td>2. 学科关键概念或能力
制作人工鸟巢</td></tr>
<tr><td>驱动性问题</td><td>围绕“我为小鸟建一个家”专题
1. 从科学的角度提出：设计的鸟巢为哪种类型的鸟服务？如何根据周边环境设计人工鸟巢的外形和颜色？什么结构的鸟巢更牢固且便于悬挂？如何设计鸟巢能使其更隐蔽？什么样的造型更适合遮风挡雨？选择什么样的材料制作鸟巢更环保？
2. 从技术的角度提出：如何选择合适的工具对材料进行加工与制作？绘制鸟巢设计图应该考虑哪些因素？
3. 从工程的角度提出：用什么样的方法收集所需的材料？设计的鸟巢是否便于制作？
4. 从数学的角度提出：人工鸟巢的大小怎样确定？鸟巢的开口多大最合适？</td></tr>
<tr><td>项目学习评价设计</td><td>本项目评价由过程性评价和成果性评价两部分组成。过程性评价以评价量规的方式呈现，让学生在项目实施时对照量规进行自评，如下表：
《我为小鸟建个家》评价量规
<table>
<tr><th>主要活动</th><th>合格水平
（基本标准）</th><th>优秀水平
（基本标准之外要求）</th><th>自我评价
（最高 5 ☆）</th></tr>
<tr><td>实地调查</td><td>参观东莞市松山湖生态园湿地景区，分析鸟类栖居环境，了解鸟的种类和不同鸟巢的特征，并做好记录。</td><td>能从树干、枝叶等方面分析鸟类栖居环境；能从鸟巢的牢固程度、外形构造、材料等方面分析鸟巢优缺点；记录详细具体。</td><td>自评（　）☆
做得好的或不足的是：</td></tr>
<tr><td>认识鸟巢</td><td>多种途径搜集鸟巢的资料，并对资料进行整理，以表格的形式对各种类型的鸟巢的特点进行对比与分析，说出不同鸟巢的优点与不足，做好记录。</td><td>能从形状、构造、材料、筑巢点四个方面对各种鸟巢进行对比与分析，发现各种鸟巢的优点与不足；记录详细具体。</td><td>自评（　）☆
做得好的或不足的是：</td></tr>
<tr><td>材料的选择</td><td>搜集至少 5 种材料，从获取、环保、防水、加工、耐用等方面，对材料的特征进行分析和对比，然后根据鸟巢的特点，选择适合制作鸟巢的材料。</td><td>搜集 5 种以上材料，从轻便、是否合适制作鸟巢、颜色是否与环境相近等方面分析材料。</td><td>自评（　）☆
做得好的或不足的是：</td></tr>
<tr><td>设计与制作</td><td>选择材料时能充分考虑其适用性，能从外形构造、内部布置、制作工艺等方面考虑，绘制出鸟巢设计图；根据设计方案制作鸟巢，遇到问题时能想办法解决。</td><td>设计的鸟巢实用，造型、布局合理，充分考虑到鸟儿栖居、防风遮雨等需要；制作的鸟巢牢固、空间大小合适。</td><td>自评（　）☆
做得好的或不足的是：</td></tr>
</table></td></tr>
</table>

（续表）

项目学习评价设计

（续表）

主要活动	合格水平（基本标准）	优秀水平（基本标准之外要求）	自我评价（最高 5 ☆）
测试与改进	能积极参与悬挂或固定鸟巢活动，并制作观察记录表，连续一周观察鸟巢是否吸引小鸟、是否耐用等，同时做好记录，从而改进鸟巢。	悬挂或固定鸟巢过程中能就筑巢地点或悬挂方式提出建议；制作的记录表详细具体，并在持续观察的基础上分析与改进鸟巢。	自评（　）☆ 做得好的或不足的是：

成果性评价是根据成果（鸟巢）来制作评价表，评价内容应具体，评价标准应简洁明了，如下表：

人工鸟巢评价表

评价内容	评价标准	分值	自我评分（满分 100 分）
外部构造	造型、颜色与环境相适应，具备防水功能，空间大小合适，牢固，能考虑悬挂或固定。	30 分	
内部设置	安全舒适，有通风采光设置，铺设有干草、树叶或枯枝，洞口大小合适。	30 分	
材料选择	选择的材料环保且易获取，成本低。	20 分	
制作工艺	制作精细，无明显缺陷。	20 分	

项目安排

为了项目能够顺利实施，本项目分解成五个阶段，每个阶段目标明确、内容具体，有具体的实施课时。如下表：

项目五阶段安排

阶段	活动	内容	课时
入项探索		1. 根据真实生活案例发现问题。 2. 确定《我为小鸟建个家》探究项目。	1
知识与能力建构	活动一：实地调查	1. 观察与分析生态园鸟类栖居环境。 2. 观察校园常见鸟的种类。	3
	活动二：认识鸟巢	1. 搜集关于鸟巢的资料。 2. 整理资料，从形状、构造、材料、筑巢点四个方面来分析不同鸟巢的优点与不足。	
合作探究	活动一：材料的选择	1. 搜集身边材料，分析材料特性。 2. 确定制作鸟巢外部与内部的材料。	4
	活动二：设计与制作	1. 设计鸟巢方案。 2. 制作鸟巢。	

（续表）

<table>
<tr><td>项目安排</td><td>（续表）<table><tr><th>阶段</th><th>活动</th><th>内容</th><th>课时</th></tr><tr><td colspan="2">形成与修订成果
（测试与改进）</td><td>1. 将制作完成的鸟巢悬挂或固定在适应的环境中。
2. 制作观察记录表格，测试鸟巢的实用性及牢固程度。</td><td>2</td></tr><tr><td colspan="2">出项与复盘</td><td>1. 学生根据“我给小鸟建个家”评价量规，对项目活动的环节进行自我评价与反思。
2. 在班级内进行成果展示与评价交流，对整个项目实践过程进行复盘反思。</td><td>2</td></tr></table></td></tr>
<tr><td>项目过程</td><td>1. 入项探索
（1）创设情境，引出问题
科学教师路过学校的荔枝林，发现一只被雨水淋湿的小鸟闭着眼，瑟瑟发抖，生命垂危。后经了解及查看现场，原来连续几天刮风下雨，校园里的几棵大树上的鸟窝被雨淋湿，鸟窝松散、破裂，导致幼鸟从树上掉下来。如何减少类似事件的发生？如何让栖身在校园的小鸟更好地生活？
（2）组建项目小组，确立研究方案。
2. 知识与能力构建
（1）参观松山湖生态园湿地景区，从树干、枝叶、气候等方面分析鸟类栖居环境；
（2）从鸟的外形特征判断鸟的种类，从鸟巢牢固程度、外形构造、材料等方面分析鸟巢优缺点来制定人工鸟巢设计方案，并通过交流汇报进行方案的修订与完善。
（3）搜集鸟巢的资料，并从形状、构造、材料、筑巢点四个方面进行对比与分析，了解鸟巢的优点与不足。
3. 合作探究
（1）搜集至少 5 种材料，能从防水、轻便、便于加工、耐用、容易获取、环保等方面来分析材料的特征，并选择适合制作鸟巢的材料。
（2）从材料、外形构造、内部布置、制作工艺等方面考虑，设计并绘制出鸟巢设计图。选择合适的材料和工具，制作鸟巢，能合理处理制作过程中的问题。
（3）根据校园环境，悬挂或固定鸟巢，并制作观察记录表，从是否有鸟栖居、是否牢固等方面进行测试与记录。能根据统计的数据进行分析，从而改良鸟巢。
4. 形成与修订成果
（1）教师进入项目小组内，针对学生探究过程中出现的问题提出修改建议。
（2）根据测试产品的结果进行合理的改进。
（3）有依据地质疑别人的观点，愿意分享想法，接纳合理的观点，完善探究活动。
5. 出项与复盘
（1）举行“我为小鸟建个家”成果展，各小组之间展示制作过程和成果（记录单、图画、照片、作品等）。分享小组合作过程中的心得体会。
（2）能正确表达并反思自己的探究过程与结论，作出自我评价与调整。
（3）根据评价量规，项目小组内和小组间从不同维度、标准进行评价和交流。</td></tr>
</table>

（二）项目实施

1. 项目实施流程（见图 4.25）

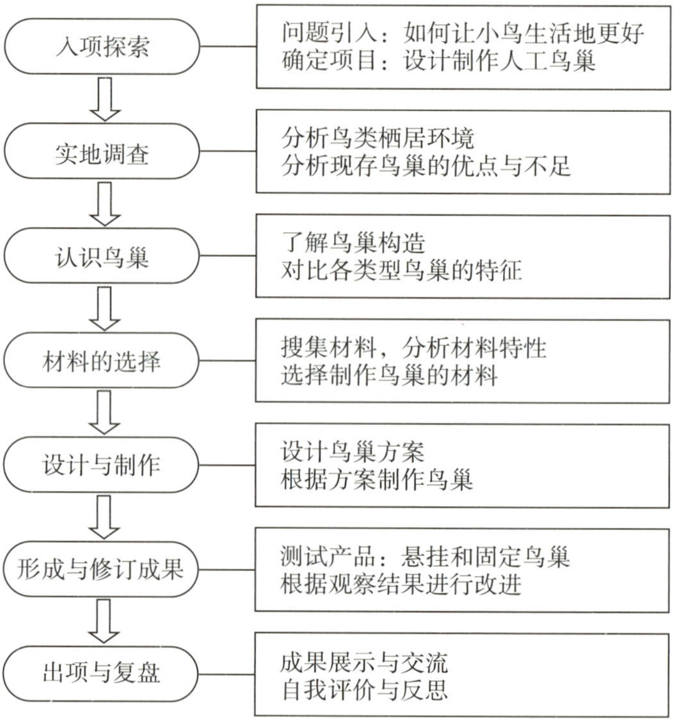

图 4.25　《我为小鸟建个家》项目流程图

2. 项目实施活动

阶段一：入项探索

每逢小鸟的繁殖生长期，校园荔枝林下常常有小鸟被风雨吹刮落地的情况。2020 年 4 月，科学老师路过学校的荔枝林时，发现一只被雨水淋湿的小鸟闭着眼，瑟瑟发抖，生命垂危。后经了解及查看现场，原来连续几天刮风下雨，校园里的几棵大树上的鸟窝被雨淋湿，鸟窝松散、破裂，导致幼鸟从树上掉下来。

老师将相关图片和信息发至班级群中，引起同学们的高度关注和激烈讨论。如何减少类似事件的发生，让栖身在校园的小鸟更好地生活呢？老师在班级群中发布“我给小鸟建个家”项目通告，确定了制作人工鸟巢——《我为小鸟建个家》的项目活动，获得同学们一致同意。

项目通告

亲爱的同学们：

夏季将至，校园中的小鸟常常要面临风雨的威胁。前几天老师发现有一只小鸟从鸟巢中掉落在地，奄奄一息。我们能为小鸟做些什么吗？如何减少类似事件的发生？如何让栖身在校园的小鸟更好地生活？

我们可以为小鸟建一个安全舒适的家，为鸟儿提供休息、繁殖的场所，减少小鸟的伤亡。这一活动颇有意义，既能帮助小鸟在校园中更好地生存，还能改善校园的生态环境，让校园一直充满鸟语花香。

同学们，跟着老师的指导，一起“给小鸟建个家”吧！

【实时评析】该项目问题是基于真实情景提出的真实问题，学生由此产生思考：如何让栖身在校园的小鸟更好地生活？该问题有效激发了学生的探究兴趣，注重现象的真实性和思维的深刻性。

阶段二：知识与能力建构

◆活动一：实地调查

“我们要给哪些鸟做鸟巢呢？鸟巢长什么样？校园里的树木适合鸟儿筑巢吗？”在项目开始之初，同学们提出了很多疑问。共同商讨后，同学们一致认为：只有了解状况，明确需求，才能更好地为鸟儿建一个合适的鸟巢。

为了更好地帮助学生了解鸟类的栖居情况，教师带领学生走进东莞市松山湖生态园湿地景区，观察园区环境、鸟巢、鸟儿栖居情况并记录下来，如鸟类会在哪些树木筑巢？鸟巢的外形一般是怎样的？……让学生从树干、枝叶等方面了解不同鸟类的栖居环境。

除此之外，学生还需要调查校园环境，旨在分析鸟类栖居的环境及鸟巢存在的不足。同学们根据搜集的资料，对校园树木、鸟巢进行观察，对校园内鸟的种类进行分类与记录，对鸟巢的外形和构造进行观察与分析，撰写校园鸟类调查报告。（见图 4.26）

校园里的树木为鸟类提供了怎样的栖居环境呢？

校园内常见的鸟类有哪些？它们的生活有什么特点呢？

校园里鸟儿建筑的鸟巢有什么特点？它是用什么材料做的？能为鸟儿提供哪些生存需要？又存在哪些不足之处？

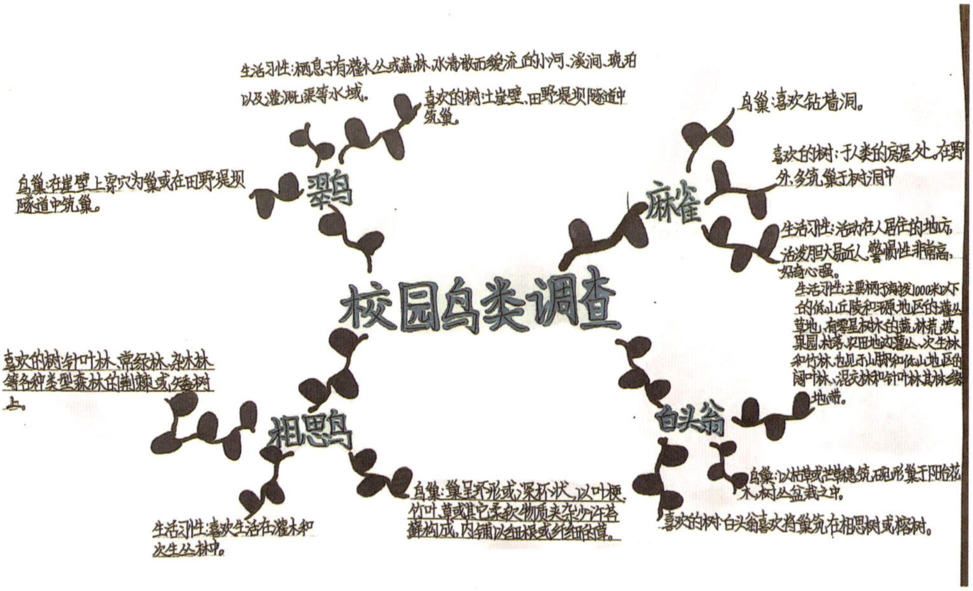

图 4.26　学生调查报告

【实时评析】开展实地调查，形成调查报告，让学生在实践中认识鸟类的栖息环境以及各种鸟巢的特征，从而建构项目探究所需的相关科学概念。

◆活动二：认识鸟巢

“鸟儿的鸟巢都是一样的吗？有没有一种鸟巢可以防水，为鸟儿遮风挡雨？”四（4）班的黄同学向科学老师提出这样的问题。老师鼓励大家收集有关鸟巢的图片或文字资料。可采取互联网搜索、查阅相关图书等方式收集不同种类的鸟巢的资料或图片。

观察和分析要有一定的顺序和角度，教师引导学生从形状、构造、材料、筑巢点四个方面对鸟巢进行分析，了解不同鸟巢的优点与不足，并从中获得设计人工鸟巢的灵感。（见表 4.4、图 4.27）

表 4.4　鸟巢特点对比表

鸟巢	特点分析				优点或不足
	形状	构造	材料	筑巢点	

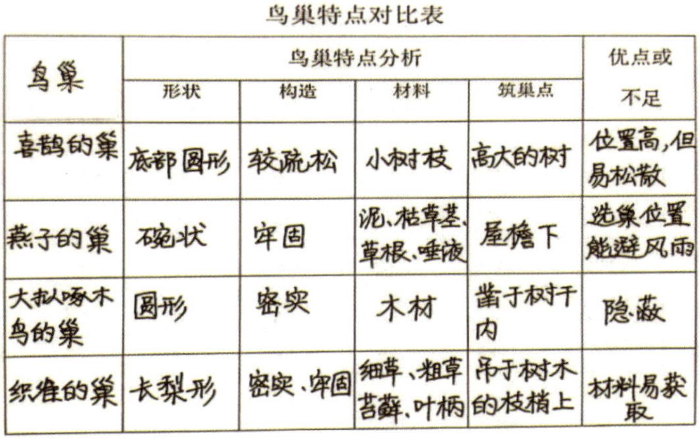

鸟巢特点对比表

鸟巢	鸟巢特点分析				优点或不足
	形状	构造	材料	筑巢点	
喜鹊的巢	底部圆形	较疏松	小树枝	高大的树	位置高，但易松散
燕子的巢	碗状	牢固	泥、枯草茎、草根、唾液	屋檐下	选巢位置能避风雨
大拟啄木鸟的巢	圆形	密实	木材	凿于树干内	隐蔽
织雀的巢	长梨形	密实、牢固	细草、粗草、苔藓、叶柄	吊于树木的枝梢上	材料易获取

图 4.27　学生记录表

【实时评析】从形状、构造、材料、筑巢点四个方面来对比分析不同鸟巢的特征，进一步认识鸟巢，为后续设计制作鸟巢夯实基础。

阶段三：合作探究

◆活动一：材料的选择

在设计和制作鸟巢时，材料的选择非常重要。鼓励学生收集身边的材料，如家中的一些废弃物，尽量对材料进行二次利用，既环保又节约制作成本。

（1）你搜集到哪些材料可以用于制作人工鸟巢？这些材料有什么特征？

学生收集到的材料分别有：椰子壳、大塑料瓶、纸箱、木筷子、木板、麻绳、干树叶、树枝、吸管、铁罐、卡纸、布料等。

（2）你会选择哪些材料来制作鸟巢的外部？哪些用于制作鸟巢的内部？（见表 4.5、图 4.28）

表 4.5　材料分析表

材料种类	材料特征（评级：1—3 级，其中 1 级性能最差，难度最小）						用于鸟巢外 / 内部
	防水性	重量	耐用性	环保性	获取难度	制作难度	
							（　　）部
							（　　）部
							（　　）部
							（　　）部
							（　　）部

材料分析表

材料种类	材料特征（评级：1-3 级。其中 1 级性能最差，难度最小）						用于鸟巢外/内部
	防水性	重量	耐用性	环保性	获取难度	制作难度	
木板	2 级	2级	3级	1级	2级	3级	外部
布料	2 级	1级	3级	2级	1级	1级	内部
胶水	1级	1级	2级	1级	1级	1级	内部
干草	1级	1级	3级	2级	2级	2级	内部
绳子	2级	1级	3级	3级	1级	1级	外部

图 4.28　学生的材料分析表

【实时评析】利用身边易获取的材料为学生搭建学习支架，多维度分析不同材料的特征，帮助学生选择合适的材料来进行制作。

◆活动二：设计与制作

该活动是本项目的主体部分。在这一活动中，学生结合前面几个活动的调查结果、搜索到的知识以及对材料的分析，正式开始人工鸟巢的设计与制作。

（1）学生从材料的选择、外形构造、内部布置、制作工艺等方面综合考虑，绘制出鸟巢设计图并完成鸟巢设计方案。（见图 4.29）

人工鸟巢设计方案

鸟巢名称：

准备材料：

工具：

制作步骤：

设计图：

注意事项：

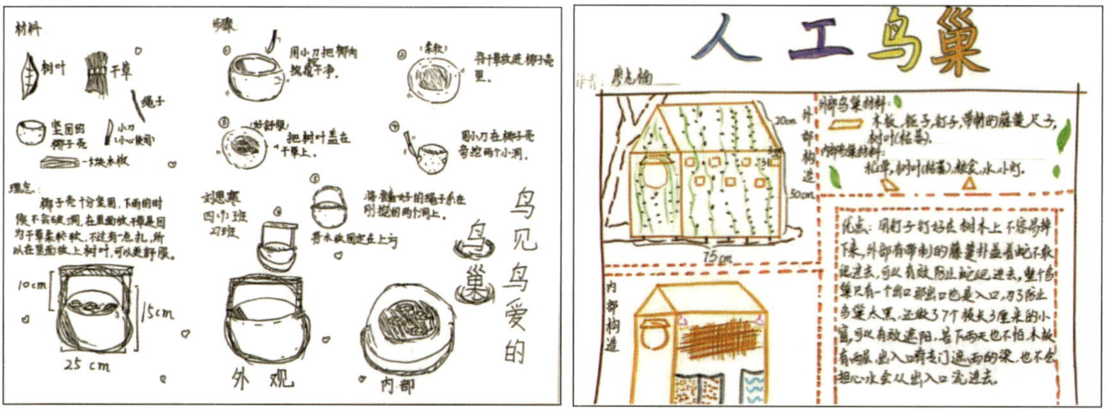

图 4.29　学生设计的鸟巢方案

（2）学生根据设计方案，选择合适材料，运用恰当工具，制作人工鸟巢。

（3）参考表 4.6 的标准，对制作的人工鸟巢进行自我评价。

表 4.6　人工鸟巢评价表

评价项目	评价标准	分值 （满分 100 分）	自我评分
外部构造	造型、颜色与环境相适应，具备防水功能，空间大小合适，牢固，能悬挂或固定。	30 分	
内部设置	安全舒适，有通风采光设置，铺设有干草、树叶或枯枝，洞口大小合适。	30 分	
材料选择	选择的材料环保且易获取，成本低。	20 分	
制作工艺	制作精细，无明显缺陷。	20 分	

【实时评析】在该活动中，学生像工程师一样亲历设计、制作、测试、改进等环节，在培养学生动手实践能力和解决问题能力的同时，也培养了学生工程设计的高阶思维能力。

阶段四：形成与修订成果

设计制作出鸟巢后，学生发现每个同学制作的鸟巢作品都不相同，于是同学们在班级群中开始互相交流各自的设计思考，展示自己的作品，在充分听取同伴的意见和观点后，对自己的作品进行多次调整和改善。

（1）复学返校后，在教师的组织下，学生对自己制作的鸟巢进行了再次加工与改造，上台展示的同学从构造、材料选择、内部铺设、功能作用等方面进行中期汇报，而台下倾听的同学则从“同伴的鸟巢有什么优点？同伴的鸟巢有什么不足，该如何改进？我对同伴制作的鸟巢存在哪些疑问？”三个方面进行思考。

①每位同学都有 5 分钟时间进行展示汇报，汇报过程中可邀请一名同学帮忙展示鸟巢。其他同学认真倾听，相应地提出自己的看法和建议。

②学生综合其他同学提出的改进意见，对自己设计的人工鸟巢进行改进。（见图 4.30）

图 4.30　学生改进人工鸟巢

（2）完成鸟巢制作与改进后，要在校园中寻找合适的地方安放鸟巢。教师要指导学生根据不同的环境，对鸟巢进行悬挂式安放或固定式安放。教师先与学生讨论鸟巢安放的位置和方法，然后与学生一起合作完成人工鸟巢的安放工作。

（3）安放鸟巢后，学生生每隔一天对人工鸟巢进行观察和记录，包括：人工鸟巢里有无鸟栖居、鸟巢是否牢固、安放人工鸟巢后鸟儿从树上掉落事件的发生次数是否减少等。（见表 4.7、图 4.31）

在观察记录的同时，如鸟巢出现结构松动、安放不稳的情况要及时作出调整。

表 4.7　观察记录表

日期	情况记录	
	鸟	鸟巢

日期	情况记录	
	鸟	鸟巢
2020.5.24	麻雀一只	无变化，无松动现象
2020.5.26	好像还是昨天那只麻雀	无变化，但鸟儿呆的时间长了
2020.5.28	麻雀一只，被淋湿了	鸟巢底部有水漏，里面的草湿了
2020.5.30	无	取下鸟巢换干草，加盖子
2020.6.2	无	无异常
2020.6.4	麻雀一只	无异常
2020.6.6	麻雀三只，是之前那只带回来的吗？	无异常
看来我制作的鸟巢很不错，快飞多几只鸟来吧！哪！		

图 4.31　学生观察记录表

【实时评析】科学概念的建立过程是认知完善的过程，是从认知冲突到认知统一的过程，认知冲突的统一来自自主思辨和反复修正[①]。因此，在中期汇报中，教师应引导学生有依据地质疑别人的观点，同时做到愿意分享自己的想法，接纳他人合理的建议，及时修订自己的作品，在不断迭代优化的过程中提高自身的探究实践能力，建构相关的科学概念。

阶段五：出项与复盘

（1）项目完成后，在班级内举行人工鸟巢分享会，展示小组最终完成的人工鸟巢。在汇报过程中，学生能正确讲述并反思自己的探究过程与结论，作出自我评价与调整。

（2）学生根据教师提供的“我给小鸟建个家”评价量规，对项目活动的环节进行自我评价与反思。（见图 4.32）

（3）根据评价量规，项目小组内和小组间根据不同维度标准进行评价和交流。

【实时评析】出项的形式可多样化，以增加趣味性和仪式感，提高学生的参与热情。出项过程不仅是给学生搭建成果展示的平台，更重要的是让学生能够依据评价量规对整个项目过程进行复盘，在总结反思中提升自我。

① 莫春荣 . 基于问题主线的科学“现象教学”模式与特征 [J]. 中国教师，2020（10）：51–54.

评价量规

主要活动	合格水平（基本标准）	优秀水平（基本标准之外要求）	自我评价（最高5☆）
实地调查	参观东莞市松山湖生态园湿地景区，分析鸟类栖居环境、了解鸟的种类和不同鸟巢的特征，并做好记录。	1. 观察与分析鸟类的栖居环境 2. 观察校园常见鸟种类 3. 观察与分析鸟巢的优缺点	自评（5）☆ 做得好的或不足的是：我回忆了很多校园小鸟的样子，但是说不上名字，直到最后和爸爸查资料才弄明白。
认识鸟巢	能搜集鸟巢的资料，并从形状、构造、材料、筑巢点四个方面进行对比与分析，了解鸟巢的优点与不足。	1. 搜集鸟巢资料 2. 整理资料分析不同鸟巢优点与不足。	自评（4）☆ 做得好的或不足的是：我主要在网上找了很多关于鸟巢的图片进行研究，也尝试到小区里找鸟巢。
材料的选择	能搜集至少5种以上材料，能从防水、轻便、便于加工、耐用、容易获取、环保等分析材料的特征，懂得选择制作鸟巢的材料。	1. 搜集身边材料，分析材料特性 2. 确定制作鸟巢外部与内部材料。	自评（5）☆ 做得好的或不足的是：材料的色彩都是天然色，防水性也不错，很耐用。
设计与制作	从材料、外形构造、内部布置、制作工艺等方面考虑，设计并绘制出鸟巢设计图。选择合适材料和工具，制作鸟巢，能合理处理制作过程中的问题。	1. 设计鸟巢方案 2. 制作鸟巢	自评（4）☆ 做得好的或不足的是： 制作的工艺一般般，不够完美。
测试与改进	能根据校园环境，悬挂或固定鸟巢，并制作观察记录表，从是否有鸟栖居、是否牢固等方面进行测试与记录。能根据统计的数据进行分析，从而改良鸟巢。	1. 将制作完成的鸟巢悬挂或固定在适应的环境中 2. 制作观察记录表格，测试鸟巢的实用性及牢固程度	自评（4）☆ 做得好的或不足的是：小区的树不是很大，所以隐秘性不是很好，挂的时候有些不稳，后来进行了改正。

图 4.32 《我给小鸟建个家》学生评价量规

（三）项目反思

本项目源于现实生活中的真实问题——鸟巢破裂导致校园幼鸟从树上掉下来。学生围绕着解决这个真实具有挑战意义的问题，通过跨学科知识应用及动手实践来达成任务目标，在这个过程中，学生通过探究能够学到科学的探究方法，提升动手实践的能力，建构科学概念。不仅能够掌握所学的知识和技能，还能将项目式学习理念融入综合实践活动课程，更好地培养问题求解、决策、批判性思维以及创造性思维等高阶思维能力。这是科学概念建构的过程，更是能力发展之路。

1. 让学生从实践走向建构

《动物的巢穴》和《帮鸟儿建个家》两节课的一般教学流程都是让学生通过搜集各种各样的鸟巢，观察其特点；然后了解几种动物的巢穴建造的地点，从而明白动物们常会在栖息地寻找合适的地方来营造巢穴和利用找到的材料来搭建巢穴；最后让学生找来材料，制作鸟巢。这是一种被动式的科学实践活动，学生的学习或实践都源自教材的设计，而不是学生自发自主的行为。而项目式学习是一套系统的教学方法，它是对复杂、真实问题的探究过程，也是精心设计项目作品、规划和实施项目任务的过程。

2. 让学生从“学会”走向“会学”

《我为小鸟建个家》项目的实施需要学生围绕着驱动性问题进行思考与分析，想出各种方案与假设，选择最优的解决问题的办法，并进行大胆的实践，才能达成任务目标。学生在调查研究实际情况与搜集分析大量资料的基础上，发现和掌握了鸟类筑巢的规律，从而有效地对人工鸟巢进行创意设计与制作。学生一步步完成任务的过程，是学生解决问题的过程，也是学生思维活跃、提升的过程，更是掌握问题解决途径与方法的过程。由此可见，这是学生从“学会”走向“会学”的迈步与跨越。

（四）项目评析

1. 紧扣课程标准，培养学生核心素养

《我为小鸟建个家》这一项目，紧扣新课标中以素养为导向的设计理念，聚焦学科核心知识，基于学生的认识水平和知识经验，科学地安排进阶式的项目活动，将学习内容和学习活动有机整合，发挥学生的主体能动性，让学生以探究式、合作式的学习方式来发现问题、解决问题。

如在设计制作鸟巢的过程中，学生需要从材料的选择、外形构造、内部布置、制作工艺等方面充分考虑，从而设计出牢固、实用的鸟巢，让鸟儿能舒适地生活。学生经历了“校园调查—鸟巢分析—材料选择—创意设计—加工制作”整个过程；掌握了在制作过程中遇到问题时寻找解决办法、改进材料或调整制作工艺的工程与技术思维，以及运用实践操作的方式来解决实际问题的方法与思路。

通过在复杂任务中引导学生灵活运用所学知识解决问题，真正做到培养学生的核心素养。

2. 基于东莞特色，拓宽项目社会资源

该项目化学习活动合理利用了学校周边的社会性资源——东莞市松山湖生态园湿地景区，形成了具有东莞特色的项目化学习案例。生态园内湖泊、河渠、树林等多样性环境，为鸟类栖息提供了丰富的食物和栖息的场所，吸引了很多的鸟类前来筑巢、停歇和觅食。

学生走进松山湖生态园，了解鸟儿的栖居环境、观察鸟巢特点，了解动物巢穴的特点与生活环境之间的关系，知道动物会寻找合适的地方并利用周边的材料来建筑巢穴。通过分析观察表中所记录的内容，分析不同的鸟巢存在的优点或不足，收集鸟巢的资料，知道生活习性不同的鸟儿建造的鸟巢形状等特征也不同。学生在科学实践中自主地建构了科学概念，为后续项目的学习夯实基础。

3. 落实立德树人，注重课程育人导向

项目活动的实施充分地发挥了课程的育人功能，落实立德树人的根本任务，增强了项目思想性。项目以“如何让栖身在校园的小鸟更好地生活”为驱动，让学生怀揣着一颗爱护小鸟、保护小鸟的心，想方设法地解决问题，培养学生的社会责任感。学生通过实地调查、搜索资料等方式来获取鸟类和鸟巢的相关信息，利用协作式、探究式学习，建构了设计制作鸟巢的相关科学概念，像工程师一样思考制作人工鸟巢所需要哪些材料、会遇到什么困难等。学生在一系列的项目活动中，享受着设计制作鸟巢的实践乐趣，同时收获了生命的真理，学会尊重生命，热爱生命。

亲历者言

“自然笔记”提供了一条优化教学方法的路径，为学生提供了“走出教室，亲近自然”的机会，给予他们足够的时间和空间去和自然对话。学生通过实地观察、探寻、研究等近距离认识的方式，记录大自然中动植物的特征，了解生命与环境之间的关系，提升了认知力、观察力、探究力等综合能力，也培养了敬畏自然，尊重生命的优良品质。自然笔记带来的美好转变还远不止这些，在接下来的教学实践中，我将继续探索“自然生长”的秘密！

——东莞市长安镇厦岗小学　郑燕珠

第五章　基于“品质课堂”的小学科学大单元教学

第一节　大单元教学概述

一、大单元教学的发展历程

单元教学设计是从单元角度出发，根据单元学习需要，把单元知识作为相对独立的学习单位指向一定的学习目标，综合利用各种学习方式、方法策略，经过一定的时间完成整体性的单元任务学习。

单元教学法最早源于19世纪末20世纪初在欧美兴起的“新教育运动”和“进步教育”运动。杜威的弟子克伯屈提出了设计教学法，单元教学实际上是设计教学法的具体实施。设计教学法主张以儿童生活为中心，按照儿童心理特点进行跨学科单元设计，教师重在创设环境和条件，引起儿童兴趣，尊重儿童，发挥儿童的主动性、积极性是其核心特征。1992年，顾明远在《教育大辞典》中对单元教学的定义是：“将教材、活动等划分为完整单元进行教学的一种教学法。每个单元均有规定的学习目标和内容，时间长短因学习内容和学生个人情况而异。其目的在于改变偏重零碎知识和记忆文字符号的教学，强调学生手脑并用获得完整的知识和经验。”[①]2016年，钟启泉提出：“教学中的‘单元’是基于一定的目标与主题所构成的教材与经验的模块或单位。”[②]2019年，崔允漷指出：“一个

① 顾明远．教育大辞典［M］．上海：上海教育出版社，1992.

② 钟启泉．基于核心素养的课程发展：挑战与课题［J］．全球教育展望，2016（1）：3-25.

学习单元由素养目标、课时、情境、任务、知识点等组成，单元就是将这些要素按某种需求和规范组织起来，形成一个有结构的整体。”①

2021 年，崔允漷将建筑单元和课程单元进行了类比（如表 5.1 所示）。通过建筑单元的隐喻来理解课程单元的关键依然在于“目的性”，就像建筑单元是为了住人一样，课程单元的核心是为了学生素养的发展。因此，在课程单元中我们看到的也不是像“水泥、钢筋”等原材料一样零碎的知识、技能，而是由大概念统合起来的素养②。

表 5.1　建筑单元与课程单元的类比

维度	建筑单元	课程单元
目的性	满足住户需求	满足学生素养发展的要求
整体性	是房子、建筑，而不是建筑材料	是学习、课程，而不是孤立的内容
独立性	以楼梯或电梯来组织水泥、钢筋、门、窗等建筑材料，成为一个相对独立或完整的建筑	以大问题、大任务等来组织目标、情境、知识点、活动、评价等要素，成为一个相对独立或完整的学习单位
进阶性	由楼梯或电梯来组织并实现进阶	由大问题、大任务、大概（观）念、大项目等来组织并实现进阶
组合性	一幢单元式住宅需要有两个以上的单元	一个学期的课程需要有两个以上的单元

单元教学的内涵是围绕素养达成而组织的“集合”，每一个单元目标代表在课程结束后，学习者可以掌握且能在现实世界中实际运用的知识技能。2022 年，刘徽提出“单元”是素养目标达成的单位，是围绕大概念组织的学习内容、学习材料和学习资源的集合③。

综合上述观点可以看出，大单元教学既是深化教育教学改革过程中学者关注的内容，也是全面提高教育质量实践中教师必须面对的问题。今天的“大单元”是一种“素养”单元，而不是“内容”单元，那么大单元“大”在哪里呢？“大”指的是以素养目标为线索来组织单元，从而迭代累积形成更大的具有意义的认知网络。

① 崔允漷．如何开展指向学科核心素养的大单元设计 [J]. 北京教育（普教版），2019（2）：11-15.
② 崔允漷．素养时代组织教学，需要单元设计 [J]. 星教师，2021（2）：56-59.
③ 刘徽．大概念教学：素养导向的单元整体设计 [M]. 北京．教育科学出版社，2022.

二、关于大单元教学研究

（一）大单元教学的理论基础

1. 一般系统论

20 世纪 50 年代贝塔朗菲提出了一般系统论，从物理学、生物学与心理学探讨同型性的系统论原理。其核心思想是系统的整体观念，强调任何系统都是有机的整体，系统是若干事物的集合，反映了客观事物的整体性，但又不简单地等同于整体。系统的有机联系性，存在于整体中的要素，都必定具有构成整体的相互关联的内在根据，所以要素只有在整体中才能体现其要素的意义。贝塔朗菲的一般系统论思想是在总结前人优秀哲学思想基础上的创新，他从理论生物学的角度对系统进行阐释。他的思想深刻改变了人类的思维方法，为解决社会问题提供更多的方案，为人们提供了新的分析研究问题工具，这一理论也成为大单元教学法重要的理论依据。大单元教学设计以整本教材或整个学段为围拢归整教材知识，按照经验或概念、活动或兴趣等划分大单元，全面把握知识之间的逻辑性和全面性，呈现整体化和序列化的特点，遵循了一般系统论的整体性原则和联系性原则。一般系统理论对大单元教学设计具有重要意义，它为大单元教学设计的系统分析，整体规划，逆向设计，结构化设计，重构单元教学目标、内容、过程和评价提供了系统方法和工具[①]。

2. 认知结构理论

布鲁纳强调知识结构的重要性，认为知识结构就是某一学科领域的基本观念，它不仅包括一般原理，而且还包括学习的态度和方法。学习任何一门学科知识的最终目的是“对题材结构的一般理解”“掌握一门学科的结构，是以使许多其他事物富有意义的和它联系起来的方式去理解它”。也就是说知识的学习就是在学生的头脑中形成一定的知识结构，而这种知识结构是由学科知识中的基本概念、基本思想或原理组成的。大单元教学设计就是基本概念、基本思想或原理组成的知识共同体。布鲁纳认为“认识是一个过程，而不是一种产品”，学习的主要目的不是要记住教师和教科书上所讲的内容，而是要学生参与建立该学科知识体系的过程。学习的本质不是被动地形成刺激—反应的联结，而是主动地形成认知结构。学习者需要主动地获取知识，并把新获得的知识和已有的认知结构联系起来，

---

①L B V. General system theory，a new approach to unity of science. 5. Conclusion.[J]. Human biology，1951，23（4）.

积极地建构其知识体系。布鲁纳的认知结构理论对于大单元教学中转变教师的传统角色定位，建构新型师生关系，学习方案的制订、学习任务的设计、学习情境的设置、学习活动的优化、教与学方式的变革，提供了重要的理论依据。

3. 深度学习理论

1976 年，瑞典教授马飞龙和罗杰·塞里欧首次提出并阐述了深度学习与浅层学习两个概念。随后，约翰·比格斯等多位学者对深度学习进行了研究，他们认为浅层学习是对零散的、无关联的内容不加批判地机械记忆，学习内容脱离生活实际，与学生以往的经验缺乏关联，学不致用；而深度学习则是对学习内容积极主动地理解、联系，对基本原理的追求对相关证据的权衡、批判反思和应用①。

美国学者格兰特·威金斯等人提出“为理解而设计”，从“理解”的角度来阐述何为深度学习，认为深度学习就是让学生能够实现对学习内容的理解。他们还将“理解”分为六个不同的维度，包括解释、释义、运用、洞察、移情和自我认识，每一维度都对学生学习后能够达到的要求进行了详细的阐述。这种以理解作为深度学习结果的界定，对于教师进行大单元课程开发、教学设计和目标设计具有指导性。随着深度学习理论的研究走向深入，大单元教学在深度学习方面发挥了重大作用。深度学习与大单元教学密不可分，教育专家们不约而同地积极探索在大单元教学下的深度学习模式，以求核心素养的落地落实。

（二）大单元教学的模式

1. 逆向教学设计

逆向教学设计（Backward design）是由美国课程与教学专家维金斯（Grant Wiggins）与迈克泰（Jay McTighe）在对传统教学设计进行反思与创新的基础上提出的一种新的教学设计模式。它之所以被称为“逆向”，是因为它与通常的教学设计的逻辑时序是“相逆”的，其教学设计基本框架与习惯思维相比是“倒置”的。通常的教学设计是以“起点”（教材、学情）出发设计教学活动、检测教学活动效果，而逆向教学设计则从“终点”出发，即学生可达到的目标，一直逆推到根据学生的学习经验与学习资源来设计具体的教学活动，所以它常常也被称为“以终为始”的教学设计。

① 焦尔当．学习的本质 [M]. 上海：华东师范大学出版社，2015.

逆向教学设计以大概念为思考的起点，以对课程标准的解读作为教学设计的出发点与初始条件，根据课程标准对学习目标的预设与规定，有目的、有计划、有针对性地选择教材、教具与教学方法，合理利用各种学习资源开展教学活动，有效实现教学目标。

2. 论证式教学设计

科学论证教学与科学探究教学在本质上是契合的，前者是对后者的一种丰富和发展。科学论证教学更加强调儿童在科学学习中对“证据的形成和使用”，对“学习过程和学习结果的沟通和解释”以及对“知识的产生”和“知识的评价”两个方面的认识、体验和实践。科学论证教学研究起始于 20 世纪 80 年代，在 90 年代中期美国《国家科学教育标准》发布后逐渐受到重视和强调，当前的研究主要集中在四个方面，包括学生论证过程中论点和论证品质的分析方法和分析框架，评价学生的论证能力；开发论证活动的教学材料和教学策略以支持论证教学；科学课堂中师生互动的话语分析以及计算机支持的论证学习活动的设计与开发[①]。

（三）大概念导向的单元教学设计

简要地分析两种典型的单元教学设计模式可以看出，它们在理论偏向、设计程序等方面各具特色，但也存在明显的共性，即都以大概念为中心展开单元设计，这在一定程度上昭示着大观念导向乃当前单元教学设计的重要发展趋势。

何谓大概念？大概念（big ideas）也被译为核心观念、核心概念等，依据所适用的范围不同，大概念有学科大概念和跨学科大概念之分。学科大概念指能反映学科的本质，居于学科的核心地位，具有较为广泛的适用性和解释力的原理、思想和方法，其主要特征为：（1）能反映学科的主要观点和思维方式，是学科结构的骨架和主干部分；（2）能统摄或包含大量的学科知识且具有普遍性和广泛的解释力；（3）能提供理解知识、研究和解决问题的思想方法或关键工具，可运用于新的情境，具有持久的可迁移应用价值。

学科大概念并非指学科中某一具体的概念或定理、法则等。威金斯和麦克泰格（2017）特别指出，大概念之“大”的内涵不是“庞大”，也不是“基础”，而是“核心”。这里所说的“核心”指的是“高位”或“上位”，具有很强的迁移价值。刘徽（2020）指出大

① 潘瑶珍．科学教育中的论证教学 [D]. 上海：华东师范大学，2013.

概念是学习的自我生长点，学生靠大概念自主习得的内容远比教师能讲的多，并且在他们的未来能持续发生作用。

2010年，温·哈伦（W. Harlen）等人编著了《科学教育的原则与大概念》，着重从概念的层面探讨大概念，提出十个科学知识的大概念和四个科学过程的大概念。

十个科学知识的大概念为：

（1）宇宙中所有的物质都是由很小的微粒构成的；

（2）物体可以对一定距离以外的物体产生作用；

（3）改变一个物体的运动状态需要有净力作用于其上；

（4）在宇宙中能量的总量是不变的，但是在某种事件发生的过程中，能量会从一种储存形式转化成另一种储存形式；

（5）地球的构造和大气圈以及在其中发生的过程，影响着地球表面的状况和气候；

（6）宇宙中存在着数量极大的星系，我们所在的太阳系只是其中一个星系——银河系中很小的一部分；

（7）生物体以细胞为基础构成，并具有一定的生命周期；

（8）生物需要能量和物质的供给，为此它们经常需要依赖于其他生物或与其他生物竞争；

（9）生物体的遗传信息会一代代地传递下去；

（10）生物的多样性、存活和灭绝都是进化的结果。

四个科学过程的大概念为：

（1）科学是在究其所以，或是发现自然现象的原因；

（2）科学上的解释、理论和模型都是在特定的时期内与可获得的实证最为吻合的；

（3）将科学研究中得到的知识运用于工程和技术，以创造服务于人类的产品；

（4）科学的运用常常会对伦理、社会、经济和政治产生影响。①

（四）大概念对单元教学设计的意义

由于所具有的独特内涵，大概念对单元教学设计有着特殊的意义。具体表现在如下三

① 哈伦．科学教育的原则和大概念[M]．韦钰，译．北京：科学普及出版社，2011.

个方面。

大概念的学习要求提供了单元目标的路标。大概念代表了学科最为根本且重要的思想与内容，实质上体现了学科知识的精华。毋庸置疑，大概念的学习要求体现了学科核心素养的要求，这恰恰是单元教学设计所欲落实的目标。换言之，大概念的学习要求将成为单元教学目标的重要来源。这在一定程度上确保了单元教学的学科立场，确保了单元教学指向高阶、复杂的素养目标。就此而言，大概念为单元教学提供了路标。

指向问题解决的大概念能够促进学生学习的迁移。大概念能有效地组织起学科零碎化的知识与技能，有助于学生对知识的学习超越特定的情境，应用于各种具体情境中。学生需要把握这些大概念，将它们用于各种情境，问题解决过程中所体现的大概念的学习要求也是学生必须达成的目标。当学生在思考从学习主题中引出的可迁移观念和问题时，大概念使得思维超越事实和活动，达到更高的层次。单元教学设计是素养取向的，其要求学生能将知识技能应用于具体情境，这本身就隐藏着迁移的诉求。在这点上，大概念具有得天独厚的优势，因为它们所具备的概括性、永恒性、普遍性、抽象性与单元教学目标的迁移要求可谓无缝对接。

隐藏着主要问题的大概念组织起单元教学的规划。若想使学生理解与运用大概念，教师需要创设并组织相应学习活动。这些学习活动需要学生通过问题解决的方式来进行。这是因为大概念的理解与运用本身就需要在问题探究中落实。例如，对于大概念“光具有波的性质”，可设置一个对应的问题——“在哪些方面，光的作用就像波？”这种与大概念相对应的问题可被称为主要问题。如果某个问题要被视为主要问题，其必须满足下列基本条件：围绕大概念和核心内容引起相关的真实探究；启发深度思考、热烈讨论、持续探究，以及新的理解和更多的问题；要求学生思考其他选择、权衡证据、支持自己的概念、证明他们的答案；激发学生对大概念、对假设，以及对以前的课堂学习进行重要的、持续的重新思考；将之前的学习和个人经验有意义地联结起来；自然而然地重视概念一产生将概念迁移到其他情境和学科的机会。

可见，主要问题的功能是一个入口，通过这个入口学生可以探究关键的概念、主题、理论等，进而深化对大概念的理解。当然，主要问题不仅能促使学生有效地理解概念，而且也是产生有效教学内容的“方法”。在大概念视角下，主要问题以大概念为路标，促进学生掌握理解与运用大概念所需的多种技能的复杂行为表现。

（五）大概念导向的单元教学设计的特征

1. 以建构主义为理论基础

大概念超越了零散的知识碎片，是一种高阶的统整性知识体系，可促进学习迁移的发生。其在两大方面直接关联建构主义：（1）要掌握大概念，需要学生联结新旧知识，在学习深度上获取高阶知识，进而灵活地把它们应用于各种具体情境中。这直接体现了建构主义的诉求，即在解决劣构问题中，不能简单套用原来的解决方案，而需要在原有经验的基础上重新作具体分析，运用高阶知识建构新的理解方式和解决方案。（2）学习者往往要通过学习共同体成员之间的对话来掌握大概念。这也直接体现了建构主义的内涵，即学生要形成并捍卫自己的观点，还要尊重他人观点并与他人共同协商合作，共同建构意义。

2. 以大概念实现“少即是多”的课程设想

大概念是学科代表性概念，有学者指出了它们对设计课程的重要性，并认为这些概念在节省学习付出方面能使学习既有效能又有效率。这是因为，如果一门学科有某些特色概念可以代表它，那么彻底地理解这些概念就等于获得整个学科的知识；如果一门学科的知识按照某些模式而组织，那么完全理解这些模式，便足以使得许多符合学科设计的特定要素变得清晰。这样的代表性概念无疑能减轻学生的学习负担，促进更加深度的学习。在当今知识爆炸的时代，这种“少即是多”的课程设想也有现实的必要性，因为相比无比吃力或根本无法掌握快速更新的知识，我们更需要掌握一些如大概念这样更为根本的知识。

三、“品质课堂”视角下的大单元教学模式

东莞“品质课堂”围绕立德树人的根本任务，以因材施教、有教无类、素质教育为基本理念，以课程标准为依据，以发展学生核心素养为目标，大单元教学恰恰能突破当下教学中培育学生核心素养所面临的学科知识零散而带来的局限，是发展学生核心素养的一个非常重要的途径。如何进行“品质课堂”视角下的单元整体教学设计？答案是以“大概念”为核心，通过目标设计、评价设计和过程设计三个关键步骤，引导学生持续思考，促进学生学科思维、创新能力的发展。

新课标指出科学教学要围绕核心概念组织教学内容。落实新课标要求，科学教学需要聚焦更大的概念、主题，从单元整体视角来设计与实施教学。学者李刚和吕立杰提出将大

概念与核心素养相结合，开发落实课程单元的七步骤，即选择单元主题、筛选大概念、确定关键概念、识别基本问题、编写单元目标、开发学习活动和设计评价方案七个环节[①]。本文结合科学学科教学的实践，在此基础上提出“品质课堂”视角下的小学科学单元整体教学基本路径：解读单元课程标准、诊断单元学情、分析单元教材、确定单元教学目标、明确单元主要问题、研制单元核心学习任务、设计单元评价框架，如图 5.1 所示。

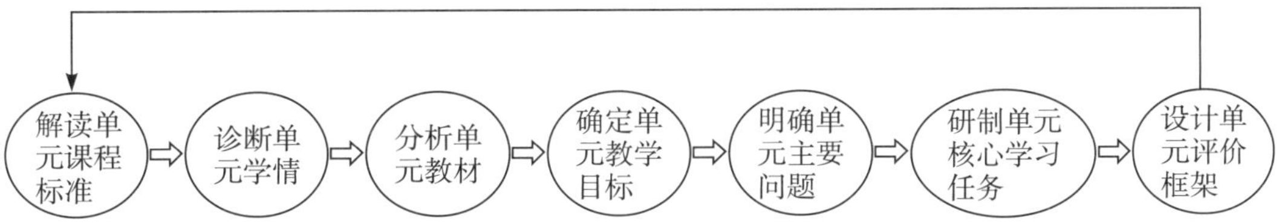

图 5.1　“品质课堂”视角下的小学科学单元整体教学基本路径

（一）解读单元课程标准

教师须仔细研读新课标，通过解读单元内容课程标准，建立指向大概念的单元概念学习进阶路径。它可以更好地展示概念之间的关系，有利于理解单元教学内容，感知教材编写的思路和内容的逻辑关系，使得教学活动有序进行，促进核心概念建构和深度理解。

下面将以粤教粤科版《科学》三年级上册第 3 单元“固体、液体和气体”单元课程为例，依据新课标对该单元的概念进行梳理，列出相关小概念、一般概念和大概念学习进阶路径（如图 5.2）。

依据新课标，该单元涉及两个学科核心概念：“物质的结构与性质”和“物质的变化与化学反应”。单元概念学习进阶路径是从认识固体的形状、体积和质量，到认识液体的形状、体积和质量，再到认识气体的形状、体积和质量，再认识水的三态变化，通过这些具体事实概念，建构“物质具有一定的特性和功能”“空气和水是重要的物质”“物质的三态变化”的一般概念，从而上升到理解核心概念，帮助学生形成“物质与能量”“结构与功能”“稳定与变化”“系统与模型”跨学科大概念，促进物质观的建构。

① 李刚，吕立杰．大概念课程设计：指向学科核心素养落实的课程架构[J]．教育发展研究，2018，38（15）：8．DOI:CNKI:SUN:SHGJ.0.2018-Z2-007.

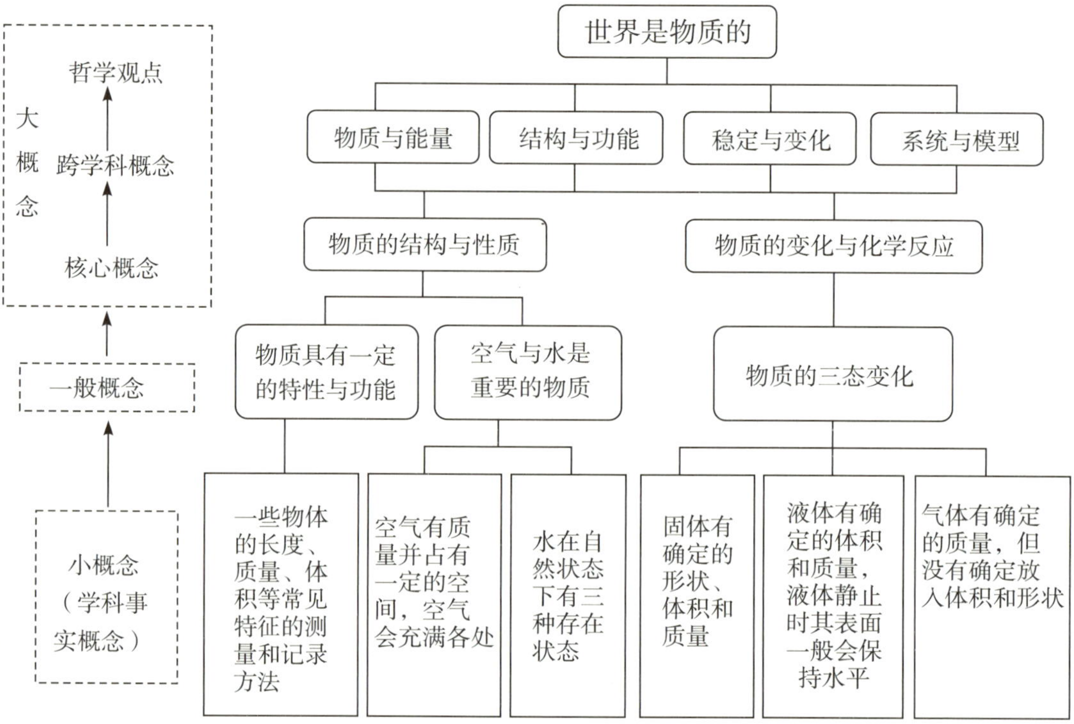

图 5.2 “固体、液体和气体”单元概念学习进阶路径

（二）诊断单元学情

不同学龄段的学生，在思维能力发展、知识储备等方面均有不同，在进行单元整体教学设计时，教师要充分考虑学生的学情，在学生既有认知和经验的基础上发展其最近发展区的综合素养。大概念视角下，学生已经掌握的前概念就是学生的学情起点。教师需要分析学生在学习本单元之前已有的知识基础、能力基础、认知特点等，应用恰当方式诊断本单元学生的典型学习困难，预设学生素养发展目标。依据学情分析，提出相应的教学方法和策略。

如在“固体、液体和气体”单元学习之前，三年级学生已经有一定的认知基础：儿童在日常生活中对固体、液体、气体三态物质都有大量的感性体验，比如搭积木、玩水、吹气球等，并且他们在低年级阶段的科学课中也对常用文具、水、空气等物质进行了初步的观察和描述，但这些都是比较零散的体验和观察，缺乏对固、液、气三态整体的比较分析。经过前面的学习，学生已经掌握了一定的科学探究方法，学会了观察、分析与比较，能做一些简单的实验。

但三年级学生学习本单元时遇到最大的障碍是：气体体积和质量的概念是比较抽象的和难以用语言表征的。学生对于气体体积和质量的探究存在一定的困难，在教学过程中要通过动手操作、记录实验现象以及观看视频等方式帮助学生理解学习。所以在中年级阶段更需要引导学生从感性体验进一步提升到能进行初步的定量分析及理性概括的探究水平。

另外在单元教学前，教师还可以通过访谈、前知测试等方式了解和调查学生的认知现有发展区，找准学生单元学习的起点，然后根据潜在发展区，设计和开展有效教学，帮助学生建构科学概念。

（三）分析单元教材

在进行单元整体教学前，要分析该单元的教学内容，在大概念背景下规划、组织单元内容。基于大概念理念的单元整体教学可以帮助学生对世界产生一个完整的理解和认知，并理解核心概念，使学生对待科学严谨认真，了解科学研究所具备的精神，掌握科学方法。因此，教师应该以大概念为理念，根据课程标准，对教材内容进行梳理，以便把学习单元中零散、没有联系且易混淆的概念整合起来，使得单元整体教学内容能体现学习目标的连续性和进阶性。

1. 优化教学内容

基于上述要求，将“固体、液体和气体”单元的学习内容重新优化调整，如表 5.2 所示。

表 5.2　“固体、液体和气体”单元教材内容优化对比

教材教学内容安排		优化后教学内容安排	
课时	教学内容	课时	教学内容
1	认识固体	1	认识固体
2	认识液体	2	认识液体
3	怎样测量液体的体积	3	怎样测量液体的体积
4	认识气体	4	空气能占据空间吗
5	它们占据空间吗	5	压缩空气
6	它们的状态会改变吗	6	空气有质量吗
		7	它们的状态会改变吗

“固体、液体和气体”单元教材上安排了 6 个课时，根据教学实践，发现教材课时中

有2节课的内容需要作进一步的优化和调整，它们分别是第4课“认识气体”和第5课“它们占据空间吗”。其中第4课“认识气体”教材上的安排是先进行活动1“给篮球充气”，让学生了解空气可以流动，再进行活动2“气体有质量吗”，让学生通过实验发现空气是有质量的，接着开展活动3“空气的体积会变吗”，让学生通过推动注射器活塞这一实验，感受空气的体积可以被压缩，也可以恢复。对于这3个活动，安排顺序较杂乱，且难度大，不符合学生的学习进阶实际。因此须作进一步的优化，把活动1和活动3整合在一起，变为“压缩空气”，形成一节以探究空气体积为主题的课。由于三年级学生对质量的理解是比较抽象的，应把活动2“空气有质量吗”作为1课时来学习，并且根据学习进阶实际，要将其放在认识空气体积特性之后来进行学习。对于教材的第5课“它们占据空间吗”，这节课的重难点在于让学生认识并理解空气能占据空间，因此应把这一课时改为“空气能占据空间吗”，这样更能突出主题。另外根据学生的认知逻辑，由浅入深，由具象到抽象，“空气能占据空间”这一课应安排在认识气体体积之前来学习。

优化后的单元教学内容基于学生的认知水平和知识经验，经历由浅入深、由表及里、由形象到抽象、由感知到应用的过程，符合学习进阶实际，形成有序递进的课程结构。

2. 明确单元整体教学思路

在梳理单元整体教学思路时，教师应先立足于教材内容和学生实际情况，从科学概念和学习内容去解读教材，逐一梳理单元的主题、组成、具体学习内容和概念指向等，掌握宏观层面的单元整体教学思路。鉴于此，梳理出本单元的整体教学思路，如图5.3所示。

该单元共安排7个课时，学习内容由浅入深，螺旋上升，进阶设计，旨在让学生通过观察、比较、分类、归纳等科学方法，从感官感受到定量测量再到定性分析，循序渐进，结由感性直观到抽象概括、从现象到本质的进阶路径，探索固体、液体和气体的常见特征，层层递进建构起“物质具有一定的特性与功能”“空气与水是重要的物质”“物质的三态变化”的一般概念，从而促进对“物质的结构与性质”“物质的变化与化学反应”核心概念的理解，逐步形成“世界是物质的”科学观念。

（四）确定单元教学目标

学习目标的确定和具体化是大概念视角下单元整体教学的核心。一个单元的总体学习目标是展开单元内容学与教的前提。因此，需要从整体的视角看待整个单元的目标，甚至

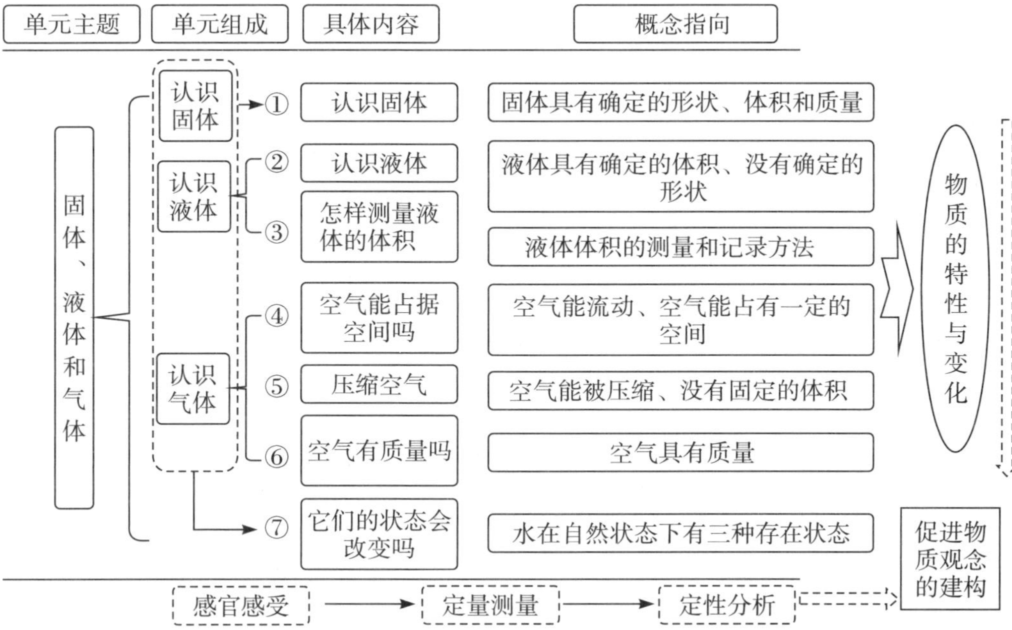

图 5.3　“固体、液体和气体”单元整体教学思路图

要跨越不同的单元。单元学习目标的设计需要根据国家课程标准和学生实际，指向学科核心内容、学科思想方法、学科核心素养的落实。

依据新课程标准，将本单元在课程内容上对应的学科核心概念分解成若干学习内容，如表 5.3。

表 5.3　“固体、液体和气体”单元课程内容

学科核心概念	学习内容	内容要求	学业要求
物质的结构与性质	物质具有一定的特性与功能	能使用简单的仪器测量一些物体的长度、质量、体积等常见特征，并使用恰当的计量单位进行记录。	能举例说明物体具有长度、质量、体积等特征；能使用简单的仪器测量物体的长度、体积、质量等；认识到观察和测量的重要性，观察和测量的结果需要如实记录。
	空气与水是重要的物质	说明空气有质量并占有一定的空间，空气会充满各处。	能用证据说明空气占据空间、充满各处的性质；能按要求进行合作探究学习。
		说出冰、水、水蒸气在状态和体积等方面的区别；知道三者虽然状态不同，但都是同一种物质。	能说出水有三种状态；能比较水的三种状态的不同点。

（续表）

学科核心概念	学习内容	内容要求	学业要求
物质的变化与化学反应	物质的三态变化	知道固体有确定的形状、体积和质量；液体有确定的体积和质量，液体静止时其表面一般会保持水平；气体有确定的质量，但没有确定的体积和形状。	知道物质具有固态、液态、气态三种状态；能归纳概括气体、液体、固体在质量、体积、形状等方面的简单特征；愿意分享自己的想法，乐于倾听他人观点，完善和改进探究活动。

根据该单元的学习内容，确定指向核心素养的单元学习目标。按照学科核心素养的"科学观念""科学思维""探究实践""态度责任"4个方面，可确定"固体、液体和气体"单元的学习目标：（1）科学观念：知道固体、液体和气体是组成物质世界的重要和常见的物质，认识固体、液体和气体在形状、体积和质量等方面的特征与变化，促进物质观念的建立。（2）科学思维：能运用观察、比较、测量、调查、控制变量等方法探究固体、液体和气体的基本特征及其变化规律，学会控制变量、归纳与演绎、建立模型等科学方法，并能用科学的语言解释关于物质的结构与性质的科学现象。（3）探究实践：能运用转化法、对比法、定量法、模拟实验等多种方法研究固体、液体和气体的特性与变化，学习使用量筒和简易天平等科学仪器，观察、测量其形状、体积、质量三个特征，描述具体现象，归纳概括固体、液体、气体的简单特征；能用证据说明空气占据空间、充满各处的性质，能比较水的三种状态的不同点，能观察、记录实验现象并进行分析，形成科学解释（难点）；能对探究过程进行反思与交流。（4）态度责任：对物质世界产生学习兴趣；能使用所学的科学知识描述并解释常见现象的外在特征，促进物质观念的建立（重点）。

（五）明确单元主要问题

在单元整体教学中，为了明确大概念课程方向，需利用"如何""为什么""怎么样"的驱动式问题表达具体事实或者上一级的一般概念，帮助学习目标指向大概念，从而使整个教学活动指向大概念[①]。

在单元教学起始课中，教师应通过一个主要问题来引入单元的学习，而该问题需从生

① 胡玉华．科学教育中的核心概念及其教学价值[J]. 课程·教材·教法，2015（3）：6. DOI:CNKI:SUN:KJJF.0.2015-03-013.

活中来，与学生生活实际紧密结合。例如在“固体、液体和气体”单元起始课上，教师可以创设情境，提出“你能让冰块消失吗？可以怎么做？”这个驱动性问题来指向整个单元的学习。学生根据生活经验，会想到冰块放在暴晒的人行道上就会融化成水，过一段时间则彻底消失。而三年级学生并没有完全理解冰块消失的现象背后蕴藏的科学本质，教师可以顺势引入本单元的学习，引导学生探究更多关于物体三种形态的奥秘。

（六）研制单元核心学习任务

具体化后的单元表现性目标可以展现出学生建构“物质的结构与性质”“物质的变化与化学反应”核心概念过程中的认知进阶。教师可以根据表现性目标形成学习任务的层次，再根据学情，思考提供怎样的学习支持，设计开放的学习任务，促进所有学生发展，让不同的学生有不同发展。这样的学习任务具备以下三个特征：（1）低门槛，让所有不同层次的学生进入学习；（2）多层次，不同水平的学生能有不同层次的表现；（3）大空间，能为学生提供良好的讨论空间①。

在设计与实施单元整体教学前，应纵观整个单元教学内容的实质内涵，梳理概念进阶结构，解读原教材设计的学习任务对应哪些科学概念，然后整合形成新的进阶学习任务内容框架。

本文从单元整体教学的视角出发，对“固体、液体和气体”单元的7个课时具体学习任务内容进行分类整理，建立新的进阶学习任务内容框架，如表5.4所示。

表5.4　“固体、液体和气体”单元学习任务内容框架

内容安排		学习任务安排		
课时	教学内容	初级任务	核心任务	综合任务
1	认识固体	摆棋子	固体有什么特征	举例说说生活中的固体
2	认识液体	能给水变个样吗	液体的特征	检查砂锅是否漏水
3	怎样测量液体的体积	利用什么来测量	测量水的体积	测量水杯的容量
4	空气能占据空间吗	水位会上升吗	气体也占据空间吗	小魔术“浸不湿的纸”

①章勤琼，阳海林．基于课程标准的小学数学“学教评一致性”——兼论核心素养的落实与评价[J]．课程·教材·教法，2022，42（11）：21-28.

（续表）

内容安排		学习任务安排		
5	压缩空气	比较水和空气在注射器里的变化	空气的体积会变吗	列举生活中压缩空气例子
6	空气有质量吗	组装简易天平	篮球变重了吗	给篮球放点气后
7	它们的状态会改变吗	水结冰后的变化	水珠从哪里来	观察生活中水的变化状态

这7个课时中的每个课时都安排了3个学习任务，根据学习进阶的递进关系，把这3个学习任务，分别称为初级任务、核心任务和综合任务。初级任务是指帮助学生熟悉活动任务背景，引出核心问题的初级任务。核心任务是指以问题探究或实践任务形式进行，旨在帮助学生在参与中实现概念建构的核心任务。综合任务是指突破原有经验水平及思维局限，促进迁移和创新的综合任务。

该单元共设21个学习任务，其中有15个任务与教材活动安排一致，而有6个任务是通过对比不同版本科学教材，再根据学习进阶来优化的。其中每个课时的核心任务，与新课标附录4“学生必做探究实践活动”里的3—4年级的要求“空气占据空间的实验”“观察水沸腾和结冰的现象”“用尺子、温度计、量筒等工具测量物体特征”探究实践活动是一致的。教师需要根据教学目标和相对应的学习任务，选择合适的教学组织方式。

（七）设计单元评价框架

新课标明确指出要以课程目标和学业质量标准为依据，构建素养导向的综合评价体系，发挥评价与考试的导向功能、诊断功能和教学改进功能，以评价促进学生核心素养发展。要从科学观念、科学思维、探究实践、态度责任等方面全面评价学生，促进学生核心素养的发展。在单元整体教学中，需要构建适合学生核心素养发展的单元评价框架。表现性评价能精准有效地锚准学生核心素养的发展水平。用纸笔测试考查学生的知识掌握情况之外，将表现性评价运用于小学科学单元整体教学中，能更好地了解学生的核心概念理解、科学思维能力以及探究实践能力等方面的水平，以便有效改进教学。

要准确了解学生在具体科学课程内容上的理解水平，需要根据课程的表现性目标，构建表现性评价框架。设计表现性评价框架时，应以学科核心素养为最高层次评价目标，再结合学业要求，将具体化目标划分水平层次，形成可评估素养落实效果的评价框架。

例如，在“固体、液体和气体”单元中，依据单元目标，可以构建学生对“物质的结构与性质”“物质的变化与化学反应”核心概念理解的表现性评价框架，如表 5.5。

表 5.5　“固体、液体和气体”单元表现性评价框架及内容

<table>
<tr><th>核心素养</th><th>评价目标</th><th>层次划分</th><th>认知要素</th></tr>
<tr><td rowspan="3">科学观念</td><td rowspan="3">知道固体、液体和气体是组成物质世界重要和常见的物质形态，认识固体、液体和气体在形状、体积和质量等方面的特征与变化，促进物质观念的建立。</td><td>水平 1：知道固体、液体和气体是常见的物质形态。</td><td>知道</td></tr>
<tr><td>水平 2：认识固体、液体和气体在形状、体积和质量等方面的特征与变化，并了解它们之间的不同。</td><td>认识</td></tr>
<tr><td>水平 3：能运用固体、液体和气体的特性与变化解释生活中有关的物质现象。</td><td>解释</td></tr>
<tr><td rowspan="4">科学思维</td><td rowspan="4">能运用观察、比较、测量、调查、控制变量等方法探究固体、液体和气体的基本特征及其变化规律，学会控制变量、归纳与演绎、建立模型等科学方法，并能用科学的语言解释关于物质的结构与性质的生活现象。</td><td>水平 1：能运用观察、测量等方法探究固体、液体和气体在形状、体积、质量等方面的特征，但不能准确描述这些特征。</td><td>观察</td></tr>
<tr><td>水平 2：能运用观察、测量等方法探究固体、液体和气体在形状、体积、质量等方面的特征，并较准确描述这些特征。</td><td>描述</td></tr>
<tr><td>水平 3：能运用比较、控制变量等方法探究固体、液体和气体在形状、体积、质量等方面的特征，能分析、比较、概括固体、液体和气体的基本特征及变化规律。</td><td>分析
比较
分类
概括</td></tr>
<tr><td>水平 4：能运用科学的语言解释关于固体、液体和气体的生活现象，初步了解关于固体、液体和气体的物质性质的技术应用。</td><td>解释
应用</td></tr>
</table>

（续表）

核心素养	评价目标	层次划分	认知要素
探究实践	能运用转化法、对比法、定量法、模拟实验等多种方法探究固体、液体和气体的特性与变化；学习使用量筒和简易天平等科学仪器，观察、测量其形状、体积、质量三个属性，描述具体现象，归纳概括固体、液体、气体的简单特征；能用证据说明空气占据空间、充满各处的性质；能比较水的三种状态的不同点；能观察、记录实验现象并进行分析，形成科学解释；对探究过程进行反思与交流。	水平1：能用尺子、量筒等科学仪器，观察、测量固体、液体和气体的形状和体积，但不能用图示符号表达描述固体、液体和气体的形状和体积。	动手操作
		水平2：能用尺子、量筒和简易天平等科学仪器，观察、测量固体、液体和气体的形状、体积和质量等特征，并能通过观察，用科学词汇、图示符号描述其特征。	符号表征
		水平3：能运用转化法、对比法、定量法、模拟实验等多种方法探究固体、液体和气体的特性与变化，并能归纳概括固体、液体和气体的简单特征。	学习能力
		水平4：能用证据说明空气占据空间、充满各处的性质，能比较水的三种状态的不同点，能观察、记录的实验现象并进行分析，形成科学解释；对探究过程进行反思与交流。	交流表达反思
		水平5：能运用固体、液体和气体的物质基本特征及其变化规律解决实际问题。	理解应用
态度责任	能激发学生对物质世界的学习兴趣；能使用所学的科学知识描述并解释常见现象的外在特征，促进物质观念的建立。	水平0：没有做到细心观察，不能如实记录实验现象。	意识
		水平1：在实验过程中能做到细心观察，如实记录，但不愿意与同学合作。	实事求是
		水平2：在实验过程中能细心观察，如实记录，愿意与同学小组合作，但不愿意与同学分享交流自己的发现。	合作
		水平3：在实验过程中能细心观察，如实记录，愿意与同学小组合作，并分享交流自己的发现。	倾听分享
		水平4：愿意分享生活中有关物质世界的现象，能使用所学的科学知识描述并解释常见现象的外在特征，促进物质观念的建立。	联系生活

教师可以根据表现性评价框架预估学生的表现，教学时根据学生的表现层次作出自己

的教学决策。又因为学生的学习任务与形成性评价内容一致，教师可以根据表现性评价对获取的信息进行分析、判断，形成反馈。让学生的学习内容和教师所教的内容保持一致，学生的学习方式与教师的指导方式保持一致，学生对学习内容的理解、运用与教师预设的目标保持一致[①]。规范的单元评价框架，能够使评价者在整个评价过程中保持客观，能够对照标准评价教学（学习）目标是否完成，同时反省自己是否获得了达成目标的路径与方法。

综上所述，在单元整体教学中，每一课时的活动都是围绕核心概念进行长远的设计，将小概念的教学置于大概念的统领之下，使每个环节都指向大概念，从而形成指向大概念的教学。通过核心学习任务，帮助学生真正由浅入深、循序渐进地理解核心概念，培养思维能力、动手实践能力，发展核心素养。大概念视角下的单元整体教学使得单元学习具有结构化、网络化特征，就像“滚雪球”，不仅可以打通不同年段的内容，更为重要的是能够融通学校教育和真实世界。

第二节　基于“品质课堂”的小学科学大单元教学案例及评析

一、“我是家庭小电工”单元设计解析

（一）解读单元课程标准——厘清概念进阶

根据《义务教育科学课程标准（2022 年版）》，“我是家庭小电工”单元涉及的概念及相关要求如图 5.4。

在学习本单元之前，学生已经学习了《常见的尺子》《物体的沉浮》《有趣的钓鱼玩具》，具有理解 1—2 年级学段“识别生活中常见的材料”“举例说出生活中常见的金属，知道金属是常见的材料”的基础。

依据学段目标、学生认知特点及学科核心概念的本质特征，本单元的学习将落实科学课程标准相应核心概念下 3—4 年级的内容要求，将为 7—9 年级进一步学习相关内容做铺垫。

① 崔允漷，雷浩．教—学—评一致性三因素理论模型的建构 [J]. 华东师范大学学报（教育科学版），2015（4）：8. DOI:10.16382/j.cnki.1000-5560.2015.04.003.

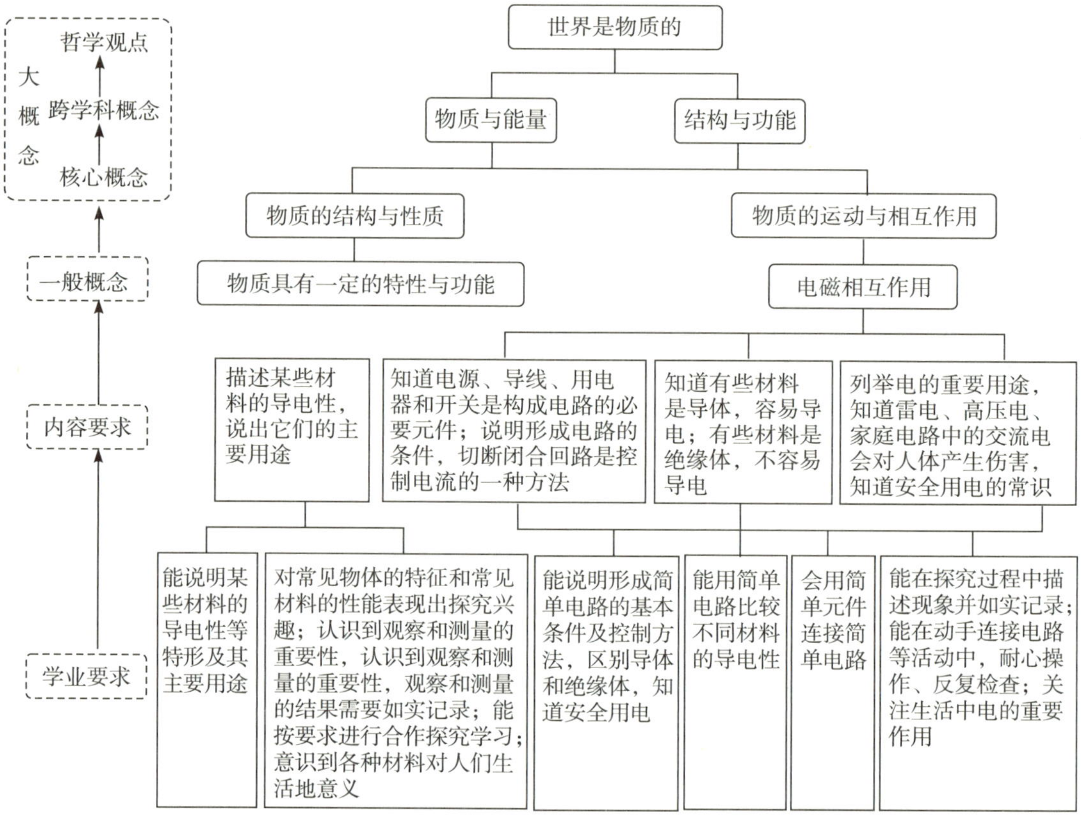

图 5.4　“我是家庭小电工”单元概念学习进阶路径

（二）诊断单元学情——找准认知起点

四年级学生对生活中的许多电器已有使用经历，知道开关可以控制电器的工作状态，知道电器需要电才能工作，可能尝试过用干电池、马达、开关等元器件组装电动玩具，但碍于用电安全考虑，平时对电的研究比较有限。关于电路，学生缺乏整体认识，但对研究电路知识、模拟安装电路充满好奇，表现出强烈的探究欲望。在原教材内容中，学生经单元学习后，获得的知识比较零碎和片面，大多停留在记忆和理解层次，难以在解决现实问题中发挥应有的作用。因此，我们尝试从单元主题角度去理解和把握本单元教学，以终（单元大任务）为始逆向设计，激发学生的学习兴趣，帮助他们基于现有的概念水平，丰富对简单电路的认识。通过单元整体学习，学生将形成良好的知识架构，综合运用所学知识，亲自动手解决问题，体会“学以致用”的乐趣。

（三）分析单元教材——梳理教学思路

本单元以粤教粤科版四年级上册第 4 单元“简单电路”为主题，编排了《我的小灯笼》《电路的研究》《控制灯泡的亮与灭》《灯泡不亮了》《导体与绝缘体》5 个课时内容。教材以学生的生活经验为起点，以“闭合回路”概念的认知发展与应用为线索，以电路探究实践技能提升为核心，以安全用电意识培养为统领，整合物质、工程设计等内容领域，设计了“认识电路元件、点亮小灯泡、同时点亮两个小灯泡、用开关控制灯泡的亮与灭、排查电路故障、修复电路、认识材料的导电性及其功能、学会安全用电”等活动，旨在探索电路的基本规律，层层递进建构核心概念，促进物质观的建构。

本单元“简单电路”从多维度对电进行探究与表征，如电流、开关、电路、导体、绝缘体等，并对相关概念进行系统理解和关联。为增强本单元课时间的整体联系，充分组织学生运用所学的知识和方法解决真实情境中的问题，实现应用与迁移，做到融会贯通，本单元可以赋予学生“家庭小电工”的身份，以完成“模拟安装家庭照明电路”实践任务贯穿整个单元内容的学习，本单元教学主题可以改为“我是家庭小电工”。

（四）确定单元教学目标——指向核心素养

1. 科学观念

通过电路单元主题学习活动，建立设计安装模拟照明电路与电子元件、电路检测器、导体、绝缘体等学习内容的联系，形成对单元科学概念的整体认知。

2. 科学思维

经历组装电路的过程，能说明形成简单电路的基本条件和控制方法，搭建闭合回路模型，以此检测一些物体的导电能力，分析和比较不同材料的导线性能。在主题任务探究中，调用单元所学，进行分析、重组和归纳，将电路学习内容化零为整，形成良好的知识架构。

3. 探究实践

能制订简单的探究计划，对电路的组成、连接、检测及电的应用进行探究，在探索中学习给家庭模拟小屋安装照明电路的各项技能并进行综合应用，解决单元主题任务问题。

4. 态度责任

愿意与人合作，乐于动手操作电路实验并如实记录，养成耐心操作、反复检查的科学态度；知道安全用电的常识，形成安全用电的意识。

（五）明确单元主要问题——统领单元学习

研读课标、教材，分析教学内容的纵向联系，对比横向课时中的关键点和关联点，将本单元的重点确定为在真实情境中理解“闭合回路”这一概念并实践应用，设计“如何模拟安装家庭照明电路？”这一核心问题。该问题指向学习主题，使得每课时下的教学能向单元目标靠拢，把孤立的教学活动连接成系统组织的课程单元，体现单元“结构”的力量。这一问题不仅可以帮助教师和学生聚焦学习重点，更为重要的是可以帮助学生将知识内化并进行迁移应用。

（六）研制单元核心任务——展现认知路径

大单元教学旨在融合单元主题与核心素养要素，生成更有价值的教学主题，让学生的学习拥有更广泛的空间。本单元根据核心问题，设计主题任务“我是家庭小电工——模拟安装家庭照明电路”来架构单元学习，从“大任务”方向规划进阶式单元目标，并将目标转化为几个有结构、有梯度的小任务：了解电和电路元件；会点亮小灯泡；会控制灯泡的亮与灭；会检测物体的导电性；会排查电路故障；会安装模拟照明电路。以上“任务群”考虑了学习的真实性、问题性、串联性，将单元教学内容有机统整起来。学生在完成一个个前后关联的任务过程中，持续开展研究和探索，认知不断地拾级而上。

（七）设计单元评价框架——促进教学评一致性

素养导向的单元教学评价要超越原来对一个个孤立知识点的评价，基于单元目标，科学设计系统性评价目标和任务。评价要服务于教师的“教”和学生的“学”，尤其是要服务于学生的核心素养发展，因此评价要贯穿教学的全过程。

本单元根据核心问题和核心任务，自上而下，将评价框架设为三个层级：

第一层：关注单元核心素养的融合发展，设计可操作、可检测、可累积的学习评价方式。如在核心任务的统领下，本单元分为 5 个子任务和 1 个综合任务，向成为“家庭电工”的每一项任务发起挑战，小组每通过一项技能考核将获得一枚“小电工通关”印章，集齐 6 枚印章，将获得“模拟家庭小电工资格证”。

第二层：关注课时目标的达成，诊断学生完成各课时学习内容后，其知识、能力、态度责任等综合表现水平。如设计单课时评价量规，学生每完成一课时学习后，以小组为单位，对该课时的学习情况进行组内互评和自评。

第三层：关注课堂“教”与“学”的师生表现，诊断活动是否促使现学生主动探究，是否服务于目标的实现；诊断学生是否达到预期目标，教学是否需要调整和改进。如在每一课的教学过程中，教师将评价渗透于引导、理答等言语中，同时根据学生的学习效果对教学进行即时调整等。这一层评价将评价的视野投向学生的学习全程，包括前期的经验状态，学习中的思考和参与表现，以及学习后的收获与成长，不断修正学习过程，成为学生发展的媒介。

在教学实施过程中，始终以表现性和过程性评价对学生学习进行引领，以终结性评价对学习成果作出价值判断，引入多元化的评价主体，营造学习共同体氛围，促进学生核心素养持续发展。

二、《我是家庭小电工》教学案例

第 1 课时　我是家庭小电工——《我了解电和电路元件》

教学目标

（一）科学观念

认识电池、灯泡、导线、开关等电路元件。

（二）科学思维

能根据单元学习任务，提出有依据的设想；用科学的词汇描述电路元件的结构及功能。

（三）探究实践

通过交流，不断优化小组任务设想；观察电路元件，思考其结构及功能。

（四）态度责任

对安装家庭模拟小屋照明电路表现出探究兴趣，关注生活中电的作用，树立安全用电意识。

器材准备

教师准备：家庭模拟小屋模型、课件。

分组材料：电池、小灯泡、导线、开关、记录单。

教学过程

（一）任务驱动，聚焦问题

1. 请观察教室的照明电路，有哪些组成部分？

2. 你认为教室的照明电路设计合理吗？说说理由。

3. 观察家庭模拟小屋模型，思考如果你是一名电工，为小屋安装照明电路，需要掌握哪些技能？可结合以下问题展开小组讨论。

问题 1：需要用什么材料？

问题 2：你了解所用材料吗？

问题 3：怎样用这些材料组装成可照明的电路？

问题 4：如何用这些材料为小屋设计并安装合理的照明电路？

小结：为模拟小屋安装照明电路（见图 5.5），需要掌握以下 6 项技能：

1. 了解电及电路元件

2. 会点亮小灯泡

3. 会控制灯泡的亮与灭

4. 会检测物体的导电性

5. 能排查电路故障

6. 会安装模拟照明电路

每通过一项技能考核，将获得一枚“小电工通关”印章；集齐 6 枚印章，即可获得“松山湖第一小学合格小电工”通关牌。

【设计意图】从真实的生活现象出发，创设综合性任务，将本单元要解决的问题信息蕴含在特定任务中；基于情境和任务，设计指向目标的子问题和任务，让学生对本单元形成初步的感知。

图 5.5　模拟小屋照明电路设计图

（二）任务挑战，学习用电

1. 想一想，生活中哪些地方需要用电？

2. 电对生活有什么影响？

3. 电给我们带来光明，给生产提供动力，给生活带来了方便。电虽好，但若使用不当，就有触电危险，对人体造成伤害，甚至致人死亡。说一说在生活中我们应该怎样安全用电？

【设计意图】“安全用电”常识学习贯穿整个单元。第一课时将此模块知识前置，旨在引导学生通过学习，自我规范此后的用电行为，提升安全用电意识。

（三）任务挑战，认识元件

1. 安装模拟照明电路，需要用哪些电路元件？你了解它们的结构吗？

2. 这些电路元件各有什么作用？（见图 5.6）

小灯泡——（　　　　　　　　　　）　　　电池——（　　　　　　　　　　）

导线——（　　　　　　　　　　）　　　开关——（　　　　　　　　　　）

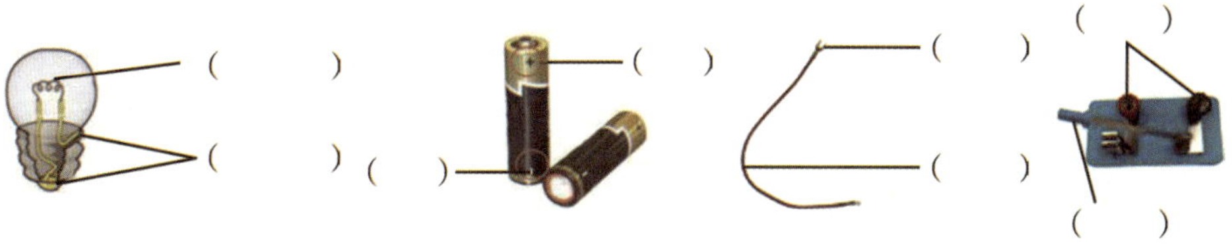

图 5.6　电路元件

3. 观察以上电路元件，说说它们各有几个连接点？分别在哪？

【设计意图】认识电路元件的结构和功能，学会正确使用电路元件，为下一步“连接电路”做铺垫。

（四）任务衔接，应用所学

你能利用这些电路元件，让小灯泡亮起来吗？课后与你的伙伴讨论吧，如条件允许，可以试着操作。下节课，我们的挑战任务是：我会点亮小灯泡。

【设计意图】避免传统的“课时”逻辑割裂学生学习的过程，因此，上一课时的结束设计与下一课时的开始相呼应。

作业设计

我是家庭小电工——《我了解电和电路元件》实践作业。

课后请小组设计并制作一个模拟小屋，我们在本单元后面的学习中，将给本小组的模拟小屋安装照明电路。

学习单设计

表 5.6　我是家庭小电工——《我了解电和电路元件》学习单

班级：＿＿＿＿＿＿＿＿　　　　小组：＿＿＿＿＿＿＿＿

1. 请观察并填写电路元件的结构，说出相应功能。

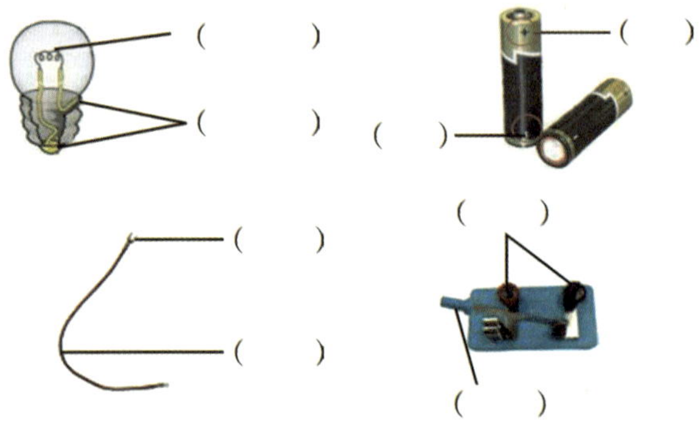

“小电工通关”盖章处

评价量规

表 5.7　《我了解电和电路元件》评价量规

	★★★	★★	★	自评	组评	师评
科学观念	能准确说出电池、灯泡、导线、开关四大电路元件的名称	能说出 2—3 种相关电路元件的名称	能说出 1 种相关电路元件的名称			
科学思维	根据单元学习任务，提出 4 个及以上有依据的设想；解释 4 个元件的结构及相应功能	根据单元学习任务，提出 2—3 个以上有依据的设想；解释 2—3 个元件的结构及相应功能	根据单元学习任务，提出 1 个以上有依据的设想；解释 1 个元件的结构及相应功能			
探究实践	主动交流，记录电路元件信息，能根据他人的建议优化小组任务设想	主动交流，记录电路元件信息，优化小组任务设想效果不明显	交流，记录电路元件信息的意愿一般，未能优化小组任务设想			
责任态度	对单元任务表现出较高的探究兴趣；知道生活中电的重要作用，安全用电的意识高	对单元任务表现出较高的探究兴趣；了解生活中电的重要作用，安全用电的意识较高	对单元任务的探究兴趣不高；了解生活中电的重要作用，安全用电的意识一般			

第 2 课时　我是家庭小电工——《我会点亮小灯泡》

教学目标

（一）科学观念

知道构成电路的必要条件是形成闭合回路。

（二）科学思维

通过探究实验分析出构成电路的必要条件是形成闭合回路；能基于简单电路提出更多不同电路的连接方法，并对不同电路连接方法进行初步的科学分析。

（三）探究实践

能在教师的引导下，制定简单的探究计划，点亮小灯泡，并尝试同时点亮更多小灯泡。

（四）态度责任

在探究中乐于动手连接电路，如实记录和报告，能准确讲述并反思自己探究电路的过程和结果，作出自我评价与调整。

器材准备

1. 教师准备

课件。

2. 分组材料

活动一：1 个含电池的电池盒、1 颗小灯泡、2 根导线、记录单。

活动二：在活动一的基础上增加 1—2 颗小灯泡、2—4 根导线。

教学过程

（一）任务驱动，探究新知

◆活动一：点亮小灯泡

1. 上节课，很多同学跃跃欲试，迫不及待地想点亮小灯泡。今天老师已将材料准备好，你打算怎样连接这些材料使小灯泡亮起来？请小组讨论后在记录单上画出自己的想法。

2. 展示连接方法，说说为什么这样连接可以让小灯泡亮起来？

3. 根据需要修改连接方式，选择连接材料，尝试点亮小灯泡，并将结果记录在记录表上。

4. 各选 3 个能与不能点亮小灯泡的连接示意图展示在黑板上。

5. 找出能点亮小灯泡的连接方式的共同点，找出被点亮的原因，总结形成闭合回路的条件。

6. 当电源、导线、灯泡等电路元件形成闭合回路，电路中有电流通过时，小灯泡被点亮。

【设计意图】以“假设—分析—实践—分析”四步走原则，让学生主动参与、积极体验，建立螺旋上升式发展结构，形成有序递进的思维方式，保留学生创新想象的空间和时间。

（二）思维发散，拓宽认知

◆活动二：让更多小灯泡亮起来

1. 家庭电路中往往有多个灯泡，你能用不同方法让两个小灯泡同时亮起来吗？

2. 小组讨论并把连接方式记录在表格中。

3. 注意：不可不经过小灯泡，组装电路。

4. 根据小组电路连接图，尝试用不同的连接方式点亮小灯泡。

5. 通过电路元件板贴，在黑板上展示小组不同的连接方式。

6. 将电路元件贴在黑板上，展示小组讨论的结果，并同时在黑板上进行演示。

7. 这些连接方式有什么相同和不同点？

8. 相同点在于将所有电路元件组成闭合回路；不同点在于其中一种只形成一个闭合回路，另一种形成两个闭合回路。可以点亮的电路中，拿去一个灯泡会有什么样的结果呢？

9. 在一个闭合回路和两个闭合回路的电路中分别取下一个小灯泡，可能会出现什么结果？为什么？

【设计意图】借助综合性问题，培养学生处理复杂科学问题的能力，同时以问题为支架，帮助学生建立知识与思维的关联；结合闭合回路这一核心概念，帮助学生打破常规思维，探寻新的电路连接方式，促进教与学的互动及动态平衡发展，不断增强学生的科学探究和实践过程中的思维能力。

（三）拓展思考，任务衔接

电灯，是每个家庭必不可少的照明电器，当光线充足时，你们通常让电灯处于什么状态？在本课实验中，如果让小灯泡长时间保持亮着的工作状态，可能会发生什么现象？你想到用哪些办法控制小灯泡的亮与灭？

【设计意图】电的应用，在生活中无处不在。用生活中的实际做法比拟课堂实验中的规范操作，提升学生节约用电与安全用电的意识，自然引出下节课《我会控制灯泡的亮与灭》的学习。

作业设计

我是家庭小电工——《我会点亮小灯泡》实践作业。

你打算如何为小组的模拟小屋设计照明电路？请将你的想法与小组同学分享并记录下来。

学习单设计

表 5.8 我是家庭小电工——《我会点亮小灯泡》学习单

班级：__________________ 小组：______________________

1. 如何让电路元件中的小灯泡亮起来？（请用笔画一画）

“小电工通关”盖章处

我发现让小灯泡亮起来的条件是：__________________。

2. 如何让 2 个小灯泡亮起来？（请用笔画一画）

我发现可以让小灯泡都亮起来的电路有________________________________。

评价量规

表 5.9 《我会点亮小灯泡》评价量规

	★★★	★★	★	自评	组评	师评
科学观念	可以清楚说出点亮小灯泡的原因是电流通过小灯泡后形成了闭合回路	基本了解形成了闭合回路才可以点亮小灯泡	知道连接了各电路件才能点亮小灯泡			
科学思维	可以根据学习到的闭合回路的知识，对点亮一只小灯泡和多只小灯泡的连接方法进行思考并设计，成功得出实验结论	可以根据学习到的闭合回路的知识，对点亮一只小灯泡进行思考并设计，对于多只小灯泡的连接设计尚未明确	未能完成实验设计，可以跟着小组完成实验并得出数据			
探究实践	能通过动手实践得出小灯泡亮灭时的电路连接方法，并根据闭合回路的概念设计出点亮多个小灯泡的不同连接方式，了解安全连接电路的方法，最后可以通过实验探究、合作交流等步骤，顺利得出正确结论	可以对连接多个小灯泡的情况进行假设思考，了解安全连接电路的方法，并可以通过小组实验探究、合作交流等步骤，得出正确结论	对连接多个小灯泡的情况尚不清楚，但知道点亮小灯泡需要形成闭合回路，并了解安全连接电路的方法			

（续表）

	★★★	★★	★	自评	组评	师评
责任态度	积极参与实验讨论，主动对点亮小灯泡的活动进行设计和思考，实事求是地对待科学探究的过程，了解电路的安全连接方法，并积极和小组成员进行合作交流	积极参与实验讨论，实事求是地对待科学探究的过程，了解电路的安全连接方法	积极参与实验讨论，了解电路的安全连接方法			

第3课时　我是家庭小电工——《我会控制灯泡的亮与灭》

教学目标

（一）科学观念

知道用开关切断闭合回路是控制电路的一种方法；了解开关的结构与材料。

（二）科学思维

能基于简单电路，提出更多开关控制的电路连接方法，并对不同连接方法进行初步的探究与分析。

（三）探究实践

探究开关如何控制不同数量灯泡的亮与灭，经历设计电路、小组交流、改进设计、分析结果、得出结论的过程。

（四）态度责任

树立安全用电的意识，培养节约用电的习惯；愿意分享自己的想法，乐于倾听他人观点，了解更多关于电路控制的科学知识。

器材准备

1. 教师准备

课件。

2. 分组材料

活动一：1 个含电池的电池盒、2 个含小灯泡的灯泡座、若干导线、1 个开关记录单。

活动二：1 个含电池的电池盒、2 个含小灯泡的灯泡座、若干导线、2 个开关记录单。

教学过程

（一）主题聚焦，认识开关

1. 展示点亮小灯泡的实验，在这个电路中，你想到用什么办法控制灯泡的亮与灭？

2. 在本单元第一节课中我们对开关的结构与功能已经有所了解，开关的状态有两种：闭合、断开。你知道怎么操作使它分别处于闭合和断开的状态吗？

3. 连接电路前，开关应处于什么状态？如需更换元件或拆卸电路，首先应使开关处于什么状态？为什么？

【设计意图】规范操作是一位合格电工的基本技能，安全用电意识应时刻牢记，了解开关、学会正确使用开关，是利用开关控制电路的前提。

（二）任务闯关，初探开关

◆活动一：一个开关同时控制两个灯泡的亮灭

1. 回顾上节课所学，具有两个灯泡的电路，是如何连接的？

2. 教师根据学生的回答，在黑板上分别板贴一个闭合回路的电路及两个闭合回路的电路。

3. 你能在这两个回路中，分别加上一个开关，使它同时控制两个灯泡的亮与灭吗？请小组讨论，并将设计图画在记录单上。

4. 请讨论完毕的小组开始验证你们的想法。思考：为什么这样安装开关能同时控制两个灯泡的亮与灭？

5. 展示后分享，师生小结：当开关接入只有一个闭合回路的电路时，断开开关，整个电路处于断开状态；当开关接入有两个闭合回路的电路时，应使开关的位置同时处于每一个闭合回路之中，才能同时控制两个灯泡。

安全用电提示：

（1）电路连接时，先断开开关，后连接电路。

（2）拆卸电路时，先断开开关，后整理材料。

【设计意图】聚焦“一个开关同时控制两个灯泡的亮灭”这一关键问题，指向核心探究“开关处于电路中不同位置，对回路的控制”。一个回路与两个及多个回路均能控制两个灯泡的亮灭，为探究两个开关分别控制两个灯泡的亮灭做铺垫。

（三）任务闯关，再探开关

◆活动二：两个开关分别控制两个灯泡的亮灭

1. 小组根据提供的材料，按“两个开关分别控制两个灯泡的亮灭”的要求讨论电路设计，将设计图记录填入实验记录单。

2. 展示设计方案，向全班同学说明本小组的电路设计方案。

3. 交流讨论，寻找“两个开关分别控制两个灯泡的亮灭”的电路连接秘密：

（1）一个开关不能分别控制两个灯泡的亮灭。

（2）电路需包含两个独立的闭合回路，且每个开关分别接入一个闭合回路内。

4. 小组完善设计方案，探究验证方案。

5. 板贴电路元件实物连接，展示小组设计。

6. 请回顾活动一及活动二实验，思考通过开关控制，让电路呈现不同的工作状态的关键点是什么？

【设计意图】以任务闯关的形式，促进思维的纵向发展。探究后将做法集中比较，归纳方法。

（四）链接生活，剖析开关

开关的种类繁多（出示生活中的各种图片），观察开关的材料组成，思考为什么用这些材料制作开关？

【设计意图】这是本课探究的延续，也是下一课探究的过渡，目的是培养学生分析和解决问题的能力。

作业设计

我是家庭小电工——《我会控制灯泡的亮与灭》实践作业。

请观察不同生活场所电路开关的安装位置及控制效果，思考是否达到最优。同时与小组同学讨论怎样安装开关，能更方便模拟小屋的电路使用，及时记录想法哦！

学习单设计

表 5.10　我是家庭小电工——《我会控制灯泡的亮与灭》学习单

班级：____________　　小组：____________

探究活动 1：使电路中一个开关同时控制两个灯泡的亮与灭小组合作连接电路，将成功实现一个开关同时控制两个灯泡的亮与灭的电路连接方式记录下来。

“小电工通关”盖章处

我们的发现：通过实验我发现________________________________。

探究活动 2：使电路中的开关分别控制两个灯泡的亮与灭小组合作连接电路，将成功实现电路中的开关分别控制两个灯泡的亮与灭的电路连接方式记录下来。

我们的发现：通过实验我发现________________________________。

评价量规表

表 5.11　《我会控制灯泡的亮与灭》评价量规

	★★★	★★	★	自评	组评	师评
科学观念	能正确使用开关控制闭合电路，能边连接实验电路边解释说明开关对闭合回路的控制情况	基本能正确连接开关控制电路，能描述清楚开关在电路中的作用	不能使用开关控制电路，能说明开关在电路中的基本作用			
科学思维	能提出开关控制不同闭合电路的猜想并能自主设计完整的实验方案验证猜想，得出正确的实验结论	能提出开关可以控制不同电路的模糊猜想，能初步设计实验方案验证猜想，得出实验结论	有开关可以控制电路的猜想，能协助参与实验设计，在同学帮助后，得出实验结论			
探究实践	能通过观察开关控制灯泡亮与灭的现象，提出一个开关控制一个灯泡、多个开关控制两个灯泡的猜想，并通过实验设计、分析比较、推理等方法，得出正确结论	能通过观察开关控制灯泡亮与灭的现象，提出一个开关控制一个灯泡的猜想，并通过实验设计、分析比较、推理等方法，得出正确结论	能通过观察开关控制灯泡亮与灭的现象。得出开关能控制灯泡的亮灭的实验结论			
责任态度	树立安全用电的意识及节约用电的习惯，产生学习电路控制知识的浓厚兴趣	初步树立安全用电的意识及有节约用电的习惯，初步产生学习电路控制知识的兴趣	没有安全用电的意识或比较淡薄，没有节约用电的习惯，没有产生学习电路控制的兴趣			

第 4 课时　我是家庭小电工——《我会检测物体的导电性》

教学目标

（一）科学观念

知道有些物体是导体，容易导电；有些材料是绝缘体，不容易导电。知道导电性是物体的特性之一。

（二）科学思维

能够根据实验记录，归纳、概括出导体与绝缘体的特性，用较准确的科学词汇如导体、绝缘体描述电路。

（三）探究实践

能借助电路检测器检验导体与绝缘体，并运用分析、比较推理等方法分析所测材料导电性的结果，体验“猜测—实验—结论”的探究学习过程。

（四）态度责任

感知不同材料的导电性能为生活提供服务和便利，树立安全用电的意识。

器材准备

1. 教师准备：简易电路检测器、学习记录单。

2. 分组材料：每组 3 个小盘子（分别注明容易导电、不容易导电、不确定），每组 1 盒材料（铁钉、泡沫、铝片、铜片、回形针、木棍、纸板、塑料、布条、玻璃、锡纸、铅笔芯）。

教学过程

（一）现象引入，聚焦问题

1. 家里的风扇移动到较远端电线不够长时，通常会加一个“神器——”电源延长线，想一想：“神器”相当于我们学习的电路元件中的哪个元件？它由哪些部分组成？各有什么作用？

2. 思考：电源延长线中含有可以导电的材料，生活中还有很多不同的材料，它们能否导电呢？

【设计意图】围绕“我是家庭小电工”的单元主题，选择学生现实生活中熟悉的物品“延长线”作为引入，激发学生对物体导电性的原有认识，为接下来检测物体导电性的活动做铺垫，目的在于加强知识的内在联系，促进知识结构化。

（二）新知探究，建构概念

1. 提出检测方法

如何检测物体是否导电？你能根据盒子中提供的材料，组装一个可以检测物体导电性的装置——电路检测器吗？

如何使用电路检测器？（见图 5.7）

测前：将“简易电路检测器”的两个金属接触头相互接触，检验小灯泡是否发光。

测中：用两个金属接触头分别接触物体的两端，观察小灯泡是否发光。

测后：及时记录，并把已检测的器材放在对应的盘子里。

在检测的过程中，需要注意什么才能减少实验误差呢？

2. 实施预测活动

完成“物体导电性检测记录表”，以小组为单位，先预测材料的导电性，并将预测结果记录在预测栏中，交流各个小组的预测结果。

3. 实验检测

请每个小组按照讨论的检测方法实施检测活动。

自检：组装电路检测器，并检查电路检测器能否正常工作。

预测：猜测待测物体是否能点亮小灯泡，记录在预测栏中。

检测：每种物体要检测 3 遍，并将检测结果记录在同一个记录单的相应位置中。

【设计意图】学习新知的最好方法是从旧知走向新知，新知实质上是旧知的重新组合与创新。学生检测前作出预测，暴露前认知，有助于他们认识导体与绝缘体的特征。测试重复 3 次，按检测计划进行规范操作并尊重研究结果，落实探究活动的价值，培养学生科学、严谨的态度。

4. 交流归纳

各小组汇报结果，说一说容易导电的材料和不容易导电的材料有哪些？并说一说分类标准。

5. 建构概念

以物体是否容易导电为标准，把物体分为导体和绝缘体。容易让电流通过，即容易导电的物体称为导体；不容易让电流通过，即不容易导电的物体称为绝缘体。

【设计意图】电路检测器是对“闭合回路”这一概念的应用。单元教学设计应聚焦于某个核心概念的持续建构，学生从认识某个具体的物体导电情况开始，不断抽象，不断进阶，逐渐建构起对单元核心概念中的上位概念“物质运动与相互作用”的理解，例如容易让电流流过的称为导体，不容易让电流流过的称为绝缘体。

（三）概念应用，服务生活

1. 辨析常见的与电有关的工具、材料

观察以下生活中常见物体，哪些部分是由导体和绝缘体组成的？为什么这么设计？现在你能解释为什么用这些材料制作开关了吗？（见图 5.8）

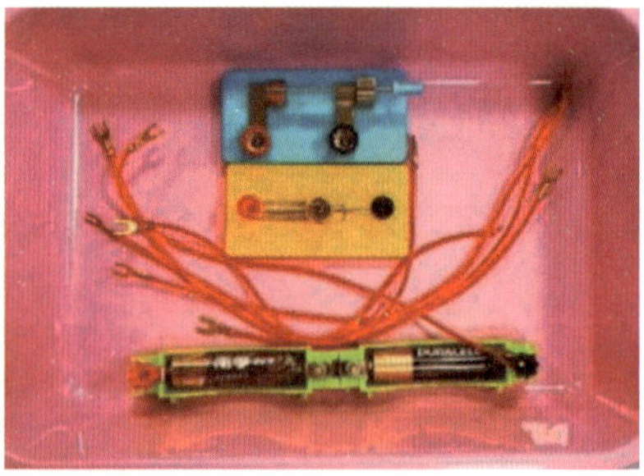

图 5.7 简易电路检测器

图 5.8 与电有关的工具、材料

2. 思考及活动：人体是导体么？

观察验电球，了解其特点和使用方法。3—4 个人手拉手，做用验电球检测人体导电性的游戏，检测人体的导电性。

【设计意图】观察导体和绝缘体在电器上的应用，在“辨析常见与电有关的工具、材料”环节中让学生理论联系实践，“为迁移而教”，运用知识、思维的迁移规律，帮助学生塑造良好的认知结构。大单元设计的内在逻辑关系是高度重视教学结构化，体现学科逻辑和思维进阶，也是教学目标中“培养学生关注人类利用不同材料的导电性为生活提供服务和便利”的要求。

作业设计

我是家庭小电工——《我会检测物体的导电性》实践作业。

请与小组成员一起，从导体与绝缘体角度，讨论本组小屋模型的制作材料是否合理，根据需要调整小屋模型。

学习单设计

表 5.12　我是家庭小电工——《我会模拟安装照明电路》学习单

班级：________________　　　　小组：____________________

“小电工通关”盖章处

物体导电性检测记录表

物体	预测		第一次检测		第二次检测		第三次检测		检测结果表明	
	不亮	亮	不亮	亮	不亮	亮	不亮	亮	容易导电	不容易导电
回形针										
铜片										
铁钉										
木棍										
泡沫										
塑料										
锡纸										
纸板										
铝片										
玻璃										
布条										
铅笔芯										

评价量规

表 5.13 《我会模拟安装照明电路》评价量规

	★★★	★★	★	自评	组评	师评
科学观念	知道有些物体是导体，容易导电；有些材料是绝缘体，不容易导电。知道导电性是物体的特性之一	只能判断部分物体的导电性。知道导电性是物体的特性之一	只能判断部分物体的导电性			
科学思维	自己能够根据实验记录，自己归纳、概括出导体与绝缘体的特性	需要教师引导概括出导体和绝缘体的特性	不能概括出导体和绝缘体的特性，例如金属材质易导电的特性			
探究实践	能对物体的导电性能作出预测，并用检测装置动手检验自己的预测，经历“猜测—实验—结论”的探究学习过程	用检测装置动手检验自己的预测，探究学习的过程并不完整，没有严格按照检测计划进行	没有用检测装置动手检验自己的预测			
态度责任	了解人类利用不同材料的导电性为生活提供服务和便利，意识到用电要注意安全	了解人类利用不同材料的导电性为生活提供服务和便利，安全用电意识不够高	不了解人类利用不同材料的导电性为生活提供服务和便利，安全用电意识不够高			

第 5 课时　我是家庭小电工——《我会排查电路故障》

教学目标

（一）科学观念

知道电路出现故障后，闭合回路没有形成，用电器就不能正常工作；知道安全用电的常识。

（二）科学思维

能在教师的引导下，推理分析电路出故障的可能原因，提出排查电路故障的具体方案。

（三）探究实践

能在教师的引导下，推理分析电路出故障的可能原因；利用电路检测器检测电路故障，基于检测现象，描述并分析现象，得出结论。

（四）态度责任

能在电路故障排查中，如实记录检测现象，乐于分享表达自己观点；树立安全用电的意识。

器材准备

1. 教师准备：课件、电池、导线、开关、灯泡若干、记录单。
2. 分组材料：故障电路板、电路检测器、记录单。

教学过程

（一）抛出问题，明确任务

1. 观察图 5.9，这是同学们在前面课堂上连接电路时出现的画面，你发现了什么？为什么会出现这样的情况呢？

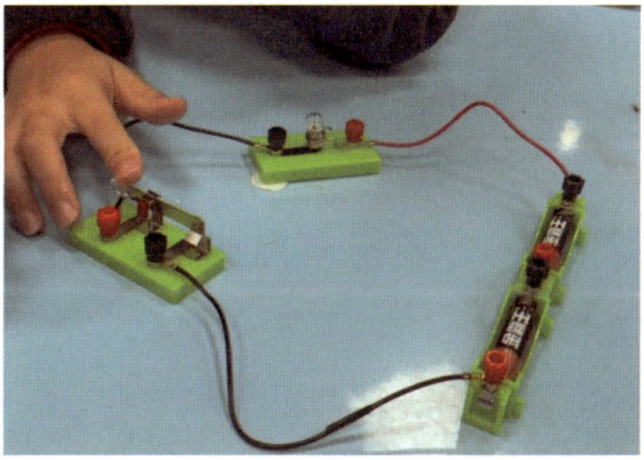

图 5.9　连接电路

2. 电路是哪里出故障了呢？开启小电工通关的第五关——我会排查电路故障。

【设计意图】创设学生连接简单电路出现故障的真实情境，以真实情境融入学科素养，以任务驱动聚焦问题解决，唤醒学生已有的学习经验，激发学生积极主动地思考和解决电路故障问题的内在动力。

（二）搭建支架，制订方案

1. 提出问题：画面中的小灯泡为什么不亮呢？

2. 作出猜想：你认为是什么影响了灯泡，导致灯泡不亮？

3. 方法讨论：针对小组成员提出的可能原因及分析，说一说，你打算如何排查电路故障？为什么？

4. 小组代表向全班展示排查电路故障的具体操作方法与解释思路。

5. 在分享交流中，逐渐完善方案，找出尽量少拆卸元件且准确检测故障的方法。

6. 在使用电路检测器的过程中，需要注意些什么呢？

【设计意图】巩固闭合回路的核心科学概念；能对电路出故障的可能原因作出有依据的猜测，并对猜测进行合理分类，提升学生的问题分析能力，深化分类思想，指向大概念“物质之间的相互作用”；在学生的思维障碍处、学习困难处搭建“问题解决”支架，引导学生高质量思考排查电路故障的方法；突出“联结（新旧知识）、生成（思维成果）、迁移（由此及彼）”三大学习要素，让学生举一反三，融会贯通，运用知识、思维的迁移规律，帮助学生塑造良好的认知结构。在方法讨论交流中，注重引导学生增强安全用电的意识。

（三）小组合作，科学验证

1. 实验操作：制作电路检测器，利用电路检测器，排查并修复电路故障，及时记录检测结果。

2. 及时评价：实验中根据任务完成情况，及时对自己作出真实评价。

3. 小组代表分享排查电路故障的过程，描述检测现象，分析现象，并得出结论。

【设计意图】进行小组合作探究，利用电路检测器检测电路故障，基于检测现象，建立事实证据与科学解释之间的关系，阐释探究的基本结论，强调思维探索与动手活动相结合；向他人分享自己的观察与解释。

（四）链接生活，迁移应用

1. 在生活中，也经常会发生电灯不亮、风扇不转等电路故障情况，我们能使用电路检测器去排查家庭电路故障吗？为什么？

2. 观看家庭电路故障的排查与检修视频。思考：如果家庭电路出故障了，如何排查与检修？

安全提示：需要在专业人员的指导和陪同下，利用专业的工具——测电笔等进行排查与检修。

【设计意图】引导学生联系生活实际加强对所学知识的运用和理解；在学生充分掌握电路检测器的制作和使用后，引导学生及时将课堂所学知识迁移应用到生活实践中，并强化安全用电常识。

作业设计

我是家庭小电工——《我会排查电路故障》实践作业。

如果你的家里出现了电路故障，请将你排查电路故障的方法与家人交流。针对现有模拟小屋照明电路，设想如果出现电路故障，可能是哪些原因所致？

学习单设计

表 5.14　我是家庭小电工——《我会排查电路故障》学习单

班级：＿＿＿＿＿＿＿＿　　　　小组：＿＿＿＿＿＿＿＿

1. 请认真实验，用电路检测器检测电路故障，并把检测结果记录在上图的(　　)中，没有故障的打“√”，有故障的打“×”。

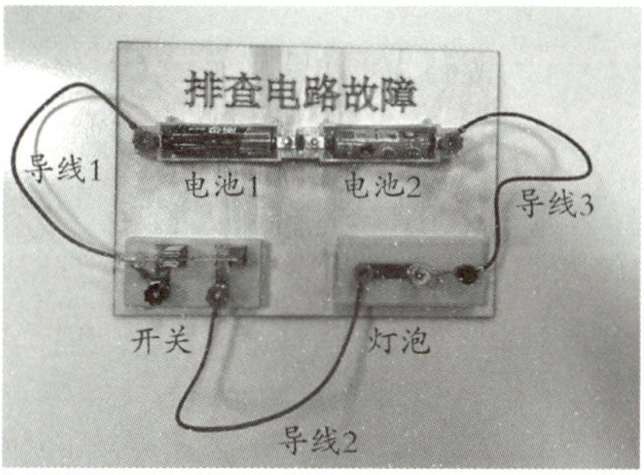

“小电工通关”盖章处

分享参考：我们小组的电路共有几处故障？分别是？

2. 思考：让灯泡重新亮起来，我们可以怎么做？

评价量规

表 5.15 《我会排查电路故障》评价量规

	★★★	★★	★	自评	组评	师评
科学观念	可以清楚说出灯泡不亮，是因为没有形成闭合回路，也就没有电流通过灯泡	基本了解灯泡不亮，是因为没有形成闭合回路	知道灯泡不亮是电路出故障了			
科学思维	能推理分析电路出故障的所有可能原因，提出利用电路检测器排查电路故障的具体方案	能推理分析电路出故障的部分可能原因，提出排查电路故障的大概方案	能推理分析电路出故障的部分可能原因			
探究实践	能通过小组合作，利用电路检测器检测电路故障，基于检测结果，描述并分析现象，得出正确结论并重新点亮小灯泡	能通过小组合作，利用电路检测器检测电路故障，基于检测结果，描述并分析现象	能通过小组合作，利用电路检测器检测电路故障			
责任态度	积极参与电路出故障的可能原因讨论，主动设计和思考排查电路故障的方案进行，实事求是地对待科学探究过程，并可以积极和小组成员进行合作交流。具备较强的安全用电意识	积极参与电路出故障的可能原因的讨论，对排查电路故障的方案有初步的思考，实事求是地对待科学探究过程。初步意识到安全用电的重要性	积极参与电路出故障的可能原因讨论。知道要注意安全用电			

第 6 课时　我是家庭小电工——《我会安装模拟照明电路》

教学目标

（一）科学观念

初步认识到设计小屋模拟照明电路受多个因素的影响，包括材料、实际需求及成本等限制条件。

（二）科学思维

分析、比较提供的材料和工具，通过发散思维，提出多种可能的设计方案，并初步判断其合理性。

（三）探究实践

选择合适的工具和材料，实施设计方案，安装模拟照明电路。能在制作过程中发现实物模型的不足，改进并展示。

（四）态度责任

体会展示设计作品的喜悦感和成就感，形成尊重他人、认真倾听、敢于发表建议的优秀品质。知道安全用电的常识，具备安全用电的意识。

器材准备

1. 教师准备：课件、电池、小灯泡、导线、开关、电路检测器。
2. 分组材料：纸箱小屋、记录单。

教学过程

（一）创设情境，明确任务

1. 观看家庭中电路分布的视频，思考问题：观察家庭电路中电路元件的分布，有什么发现？

2. 观察视频中家庭电路分布的特点并交流获得的信息，边交流边思考：家庭电路中的电线藏在哪里了呢？

3. 总结家庭电路分布的特点，明确任务：为小组纸箱小屋设计、安装照明电路。

【设计意图】以“真实情境融入学科素养，任务驱动聚焦问题解决，高阶思维实现深度学习”，选择学生熟悉的家庭房间内电路分布为情景切入，唤醒学生的日常经验，激发学生的学习兴趣，学生在真实情境中解决实际问题。展示学生比较熟悉的家庭房间内中的电路分布，引导学生经过分析讨论明确这些电路元件安装的数量和位置是为了保障、方便我们的学习生活。

（二）明确要求，设计草图

1. 根据教师出示课件，明确设计要求，按照要求进行设计。（见表 5.16）

表 5.16 小屋照明电路设计要求

评价内容	获星情况
1. 能根据给出的材料进行设计。（1 个电源、2 个开关、3 个小灯泡、若干导线）★	
2. 每个房间被灯照亮，每个房间有独立的开关控制屋内灯的亮灭。★★	
3. 设计图中标注电源、开关、灯泡的位置和导线的连接方式。★	
4. 电源、开关、灯泡、导线在小屋内分布的位置合理，方便生活使用。★★	
5. 铅笔绘图，简洁清晰，导线尽量不交叉。★	

2. 给小屋设计照明电路，完善小组前几节课课后完成的设计图。

3. 分享交流，分小组向全班展示分享设计图。

4. 展示点评后对本组的设计草图进行修改和再次完善。

【设计意图】根据课程标准的要求，工程设计要定义和界定问题，明确满足的标准和受到的约束条件，形成多种可能的方案。设计纸箱小屋照明电路草图，是为了体现课程标准关于“基于材料”“画设计图”等方面的要求。学生在展示交流的过程中，初步认识到设计方案会受多个因素的影响，包括材料、时间或成本等。

（三）小组合作，安装电路

1. 小组完成设计后，明确照明电路安装要求，准备材料。

表 5.17 电路安装要求

1. 组长将组内同学进行分工每人至少承担一项任务。
2. 装，根据设计图和材料，安装照明电路。
3. 测，检查电路是否正常。如灯不亮，请排查故障。必要时使用电路检测器进行检测。
4. 查，查看实际电路与设计电路是否一致。
5. 安装电路时一定要注意安全。
6. 遇到困难，组员一起想办法解决。

2. 利用教师提供的实验材料：1 个电源（3 节电池相连）、2 个开关、3 个小灯泡、若干导线。依据设计图为纸箱安装照明电路的。

【设计意图】工程活动的本质是创造人工实体，设计与物化是其中的重要环节。本节课中学生小组选择合适的工具和材料，实施设计方案，为模拟小屋安装照明电路正是物化的过程。该活动体现了课标中对画设计图的要求，如实际安装的照明电路需与设计图尽量保证一致。如学生在安装的过程中发现问题，需要从问题出发，从修改图纸开始，有目的地改进作品。

（四）展示分享，点评优化

1. 依据给出的参考问题进行小屋照明电路的展示分享。

（1）小屋中的电路分布是怎样的？说说设计思路。

（2）制作的过程中遇到什么困难？是怎样解决的？

（3）测试一下小屋的灯泡亮灭和开关的控制。

2. 各小组依据评价标准对小屋照明电路的安装过程进行自评、互评。

表 5.18　评价小屋照明电路的安装过程

评价标准	自评	互评
1. 材料应用合理，无浪费。		
2. 每个房间被灯照亮，且有独立的开关控制灯的亮灭。		
3. 电源、开关、灯泡、导线在小屋内分布的位置合理，方便生活使用。		
4. 元件安装牢固，布局美观。		

3. 根据自评和互评，各小组对自己的设计与制作进行优化调整。

【设计意图】在“工程设计与物化”的教学中，重点是设计、物化和优化的过程，教师要引导学生在解决问题的过程中感受处理工程问题的规范性以及优化的必要性。这一教学环节包括自评、展示、互评、优化调整四个方面，特点是程序性强且科学规范。在进行分享交流时，学生有机会充分展示他们的想法和设计，这是提高评价效度的重要保证，也让学生有了充分互相学习、互相帮助的机会，并借此对自己的设计作进一步改进和完善。

（五）单元总结，拓展延伸

1. 个别在课堂上没有完成修改的小组，课后可以继续修改，如遇困难可以请老师、家长提供适当帮助。

2. 回顾为了成为一名合格的小电工，前面闯了哪些关。

3. 查看前 5 课时本小组学习单的通关印章数量，通关印章满 6 个可获得“模拟家庭小电工”通关牌。

4. 思考问题：虽然我们现在是“模拟家庭小电工”了，但是我们可以安装实际生活中的电路吗？为什么？

【设计意图】围绕大单元分析和设计，从整体到局部，先请学生了解整个单元学习的要求，明确完成的几个重要任务。再借助每节课的学习单回顾之前学过的科学概念、探究技能，让学生对整个单元大概念的理解、关键能力的培养及其在实际生活中的应用进行系统的梳理。

作业设计

我是家庭小电工——《我会安装模拟照明电路》实践作业。

1. 思考户外照明电路和室内的不同，尝试为模拟小屋的露天阳台或院子设计、安装照明灯。

2. 查找资料，了解实际装修中的电路安装过程，尝试在家庭实际安装照明电路时给予自己的建议。

学习单设计

表 5.19　我是家庭小电工——《我会安装模拟照明电路》学习单

班级：________	小组：________
1. 根据设计要求为小组纸箱小屋设计照明电路。	“小电工通关”盖章处

（续表）

设计要求：

内容	获星情况
1. 能依据给出的材料进行设计。（1 个电源、2 个开关、3 个小灯泡、若干导线）★	
2. 每个房间被灯照亮，每个房间有独立的开关控制屋内灯的亮灭。★★	
3. 设计图中标注电源、开关、灯泡的位置和导线的连接方式。★	
4. 电源、开关、灯泡、导线在小屋内分布的位置合理，方便生活使用。★★	
5. 铅笔绘图，简洁清晰，导线尽量不交叉。★★	

评价量规

表 5.20　《我会安装模拟照明电路》评价量规

	★★★	★★	★	自评	组评	师评
科学观念	能清楚地认识到设计小屋模拟照明电路受多个因素的影响，包括材料、实际需求及成本等	比较模糊地认识到设计小屋模拟照明电路受多个因素的影响，包括材料、实际需求及成本等	不能认识到设计小屋模拟照明电路受多个因素的影响，包括材料、实际需求及成本等			
科学思维	能通过发散思维，提出多种可能的设计方案，并初步判断其合理性	能通过发散思维，提出多种可能的设计方案，但不能判断其合理性	不能通过发散思维，提出多种可能的设计方案，不能判断设计方案的合理性			
探究实践	能选择合适的工具和材料，实施设计方案，安装模拟照明电路。能在制作过程中发现实物模型的不足，改进并展示	能选择合适的工具和材料，实施设计方案，安装模拟照明电路。但是不能在制作过程中发现实物模型的不足，改进并展示	不能选择合适的工具和材料实施设计方案和安装模拟照明电路。不能在制作过程中发现实物模型的不足，不能改进并展示			

（续表）

	★★★	★★	★	自评	组评	师评
态度责任	能体会展示设计作品的喜悦感和成就感，形成尊重他人、认真倾听、敢于发表建议的品质。知道安全用电的常识，具备安全用电的意识	不能体会展示设计作品的喜悦感和成就感，没有形成尊重他人、认真倾听、敢于发表建议的品质。知道安全用电的常识，具备安全用电的意识	不能体会展示设计作品的喜悦感和成就感，没有形成尊重他人、认真倾听、敢于发表建议的品质。不知道安全用电的常识，不具备安全用电的意识			

三、案例评析与建议

该单元教学设计在“物质的结构与性质”和“物质的运动与相互作用”大概念统领下，以“我是家庭小电工——安装模拟照明电路”为大情境，以有逻辑的问题解决链、层层递进的学习任务为脚手架，引导学生建构“电磁相互作用”“物质具有一定的特性与功能”的认识框架，促进学生核心素养的发展。在整个单元的学习中，学生“够得着”任务，沉浸在任务挑战之中并兴趣盎然地完成学习。通过将“为模拟小屋安装照明电路”的大任务，分解为“我了解电和电路元件”“我会点亮小灯泡”“我会控制灯泡的亮与灭”“我会检测物体的导电性”“我会排查电路故障”“我会安装模拟照明电路”六个有逻辑结构的小任务，学生在单元学习中充分动手探究实践，突出学习能力、实践能力、批判性思维和创造性思维能力的培养，充分体现了《义务教育科学课程标准（2022年版）》的核心理念。

（一）依托课标与教材，确定素养目标

目标是教学的起点也是最终归宿，是教学活动实施的方向和预期结果。学习目标起着统领全局的作用，占据核心地位。教学、学习、评价都要以目标为中心开展，三者协调最终又指向目标。在本单元教学中，对简单电路的理解是本单元核心学习目标。学生在具体学习中对电路基本组成以及闭合回路的理解是有差异的，会用不同的表征来表示闭合回路。本单元整体教学中，教师依据课程标准、教材内容，切合学生实际需求、心理特征和认知水平，确定具体的表现性目标，统领学习活动和教学实施，可操作、可量化、可评价，始终关注学生核心素养的发展。

（二）串联课时任务，深化概念理解

围绕既定主题，本案例设计了单元大任务“为模拟小屋安装照明电路”，这个任务能够将本单元教学内容有机统整，实现任务驱动单元整体学习的目的。为了有序驱动单元学习和研究，将大任务分解为几个有逻辑结构的小任务：“我了解电和电路元件”“我会点亮小灯泡”“我会控制灯泡的亮与灭”“我会检测物体的导电性”“我会排查电路故障”“我会安装模拟照明电路”。首先，从认识电路元件的简单闯关任务开始，建构闭合回路思维模型，组装简单电路；然后，接入开关控制闭合回路，利用闭合回路模型，通过探究实验分析材料的导电性，排查电路故障；最后，基于对概念模型的理解，学生自主设计安装模拟小屋照明电路，在实践中应用和迁移本单元所学知识。

细思每一个任务，不难发现其共同指向“闭合回路”概念的建构与应用。后一任务是前一任务的升级和进阶，最后的单元大任务，是经过系统知识学习后的综合应用。学生在闯关大任务的过程中，完成了整个单元内容的学习及对主要概念的深度理解。

（三）创设情境任务，解决真实问题

“问题解决导向”单元整体教学设计的背后是单元知识结构化理念，即“问题解决”的过程结构。在从知识导向走向素养导向的单元整体教学实践中，教师需要深入思考，如何基于单元主题创设问题情境，引导学生在真实且复杂的情境中发现、思考和解决问题，形成一个“问题解决循环”，在此过程中发展学科素养，实现课程育人的价值导向。

问题是一条链，串起学习过程的始终。本单元学习内容被安排在真实的学习场景中，由“我是一名家庭小电工——安装模拟照明电路”这一贯穿始终的大任务来统领和驱动，将大任务分解为环环相扣的子任务和子问题，学生围绕问题不断展开讨论，在探究中促进认知向前发展。正因为本单元主题与学生的生活息息相关，教师以学生的生活逻辑和学习行为来重组教学内容，使得单元整体教学指向真实问题解决，把循阶而上的任务变成学习本身，把环环相扣的问题变成了学习的“永动机”。学生在这种具有整体性、情境性、实践性和反思性的真实实践中逐步形成正确价值观、必备品格和关键能力。

（四）凸显模型建构，促进思维发展

新课标非常注重学生科学思维的发展。模型建构能力作为科学思维的重要组成部分，

能帮助学生从科学的视角认识客观事物的本质属性和内在规律。本单元教学课例中，教师注重让学生观察电路元件实物，用画电路图的方法了解学生学习简单电路的起点，并用电路元件进行实践操作检验，再运用分析、比较、表达、描述等思维方法帮助学生建构有关闭合回路的科学概念。在单元结尾的“我会安装模拟照明电路”任务中，学生首先用绘画形式给小屋设计照明电路，运用闭合回路相关知识，尝试构建房屋照明电路的平面模型，接着学生开展用电路元件实物给小屋组装照明电路模型的实践活动。这一实践任务锻炼学生根据平面模型进行重组建模，制作较为复杂的实物模型的能力。学生在学习建模的过程中，能自主地发现问题、解决问题，真正让科学概念与思维能力得到协调发展。

（五）渗透用电常识，规范安全行为

“知道安全用电的常识，形成安全用电的意识”是本单元的态度责任素养目标。每一课时都渗透“安全用电”常识的学习，提升学生的安全用电意识，这成为贯穿整个单元教与学的第二条线索。

第一课时引导学生辩证看待“电对人类生活的影响”这一问题，讨论“生活中如何安全用电”，开篇引题，旨在帮助学生自我规范用电行为，形成安全用电意识。“在本课实验中，如果让小灯泡长时间保持亮起来的工作状态，可能会发生什么现象？”“连接电路前，开关应处于什么状态？如需更换元件或拆卸电路，首先应使开关处于什么状态？”“观察以下生活中常见物体，哪些部分是由导体和绝缘体组成的？如此设计的目的是什么？”“在生活中，也经常会发生电灯不亮、风扇不转等电路故障情况，我们能使用电路检测器去排查家庭电路故障吗？为什么？”“虽然我们现在是‘模拟家庭小电工’了，但是我们可以安装实际生活中的电路吗？”以上五个问题，选自后五个课时，通过不同角度的学习、思考和强化，孩子们一步步将安全知识记在脑里，把安全意识放在心间，逐渐形成正确的安全用电观念，学习规范操作电器、电路元件，养成良好的用电习惯。如此，态度责任目标扎实落地。

（六）丰富实践作业，提升应用能力

作为教学的有机组成部分，作业设计应从单元整体出发，注重其整体性、实践性和发展性，深化学生对各单元学习内容的理解，发挥课程的育人价值，促进学生核心素养的融

合发展。本单元所设计的课后实践作业，是对课程标准、教材、教学进度与内容进行整体考量的成果。

崔成林教授认为，作业要关注课堂教学无法达成的需求，作业目标倡导素养立意，其指向高阶目标，即问题解决与应用、思维迁移与创造。本单元课后实践作业依托大任务“为模拟小屋安装照明电路”，引导学生以解决实际问题为导向进行整体输出，具有高度的开放性。他们以事实经验和课堂所学为基础，对小屋模型进行分析，构建符合小组实际的电路模型；从多角度思考，考虑开关安装的最佳位置及最优控制方式；从照明需求出发，提出有价值的观点和解决问题的方法……学生亲历问题情境、建构和完善、拓展迁移的自主学习过程，从整体上认知单元的知识与结构、价值与意义，本单元蕴含的学科思维能力和问题解决能力在课后实践作业中得以再现。

（七）着眼表现性评价，促进深度学习

核心素养是课程培养的总目标。同时，构建与核心素养相匹配的评价策略是促成核心素养有效培养的关键所在。表现性评价能精准有效地判断学生核心素养的发展水平。本单元教学课例在“为模拟小屋安装照明电路”的大任务下，通过“我了解电和电路元件”“我会点亮小灯泡”“我会控制灯泡的亮与灭”“我会检测物体的导电性”“我会排查电路故障”“我会安装模拟照明电路”等一系列表现性任务，引导学生运用所学知识和技能解决问题、完成任务。在此基础上，教师应多水平解构每一个表现性任务的完成度，形成并完善与表现性任务相匹配的评价量表，实现对学生学习过程的科学评价。基于此，本单元每课时都制订该节课学生表现性评价量规，用于课堂即时评价。从科学素养的四个维度“科学观念”“科学思维”“探究实践”“态度责任”来确定评价内容，结合“自评”“他评”“师评”三个评价主体，注重教—学—评一致性，真实反映课堂学习效果，促进课堂目标的达成。

亲历者言

当我踏上科学课堂的三尺讲台，看着孩子们对科学知识渴望的眼神、在完成科学实验后成功的微笑、在科技比赛中举起胜利的手势，我觉得我把科学的种子种在了孩子的心里。

——东莞市寮步镇香市小学　李　玲

第六章　小学科学“品质课堂”教学评价的探索与实践

第一节　概述

小学科学“品质课堂”教学评价是一种以评价为核心，以提高教师教学水平和学生学习效果为目的的教学实践活动。该评价旨在通过客观、公正的评价，发现教学中存在的问题，为教师提供改进建议，同时也为学生提供反馈，促进其全面发展。

一、课堂教学评价

（一）评价标准与指标

课堂教学评价主要从以下三个方面开展：教学目标、教学内容和教学方法。在教学目标方面，注重教学目标的明确性、合理性和可操作性。教学内容方面，关注其是否与科学原理相关，是否具有探究性和实效性。教学方法方面，评价其是否符合小学生的认知规律和学习特点，是否能够激发学生的学习兴趣和主动性。

（二）评价方法与技巧

教学评价的方法和技巧包括观察法、问卷调查法、口头评价法等。观察法是通过观察教师的课堂教学行为和学生的反应，对教学质量进行评估。问卷调查法是通过向学生和教师发放问卷，了解他们对教学的看法和意见。口头评价法是利用课堂讨论或反馈会议，对教师的教学进行口头评价。

（三）教学案例与评价分析

针对具体的课堂教学案例，通过对教学目标、教学内容和教学方法进行评价分析，揭示其优缺点，提出改进建议。例如，对一节有关生态平衡的课，要评价其教学目标是否明确，是否能够帮助学生理解生态平衡的原理；教学内容是否具有探究性，是否能够激发学生的好奇心和求知欲；教学方法是否符合小学生的认知规律和学习特点，是否能够激发学生的学习兴趣和主动性。教师应根据评价结果作出相应的改进，如增加实践操作环节，引导学生进行自主探究等。

二、实验探究评价

（一）开展实验操作测评的背景与意义

实验操作测评是小学科学“品质课堂”教学评价的重要组成部分，其目的在于强调科学实验在科学教育中的重要地位，提高实验教学的质量和效果。实验操作测评的意义在于通过客观、公正的评价，促进学生实验操作能力、探究能力和创造力的提高，同时也可以为教师改进实验教学提供参考。

（二）开展实验操作测评的思考与实践

1. 实验操作测试内容设置

实验操作测试内容应该涵盖小学科学课程的主要实验，包括物质科学、生命科学、地球与宇宙等。在内容的设置上，应该注重实验的探究性和实践性，考查学生的实验操作能力、观察能力、数据分析能力和问题解决能力。

2. 实验操作测试评价的标准

实验操作测试评价应该从实验设计、实验操作、实验结果和实验态度四个方面进行。实验设计要求有创意和创新性，能够解决实际问题；实验操作要求规范、准确、熟练；实验结果要求准确、可靠，有数据支持；实验态度要求积极、认真，有团队合作精神。

3. 实验操作测试评价的实践

在实验操作测试评价的实践中，应该注重评价的公正、客观和有效性。具体来说，应该建立统一的标准和流程，确保评价的公正性。同时，应该注重学生的自我评价和反馈，促进学生的自我提高和教师的不断改进。

三、学科综合评价

（一）开展科学质量监测的目的与意义

科学质量监测是小学科学“品质课堂”教学评价的重要手段之一，其目的在于评估学生的科学素养和科学教育质量，为教育决策提供参考。科学质量监测的意义在于推动科学教育的全面提升，提高学生的科学素养和创新能力，为国家的科技发展和未来的社会建设奠定人才基础。

（二）开展科学质量监测实施的建议

1. 科学质量测评内容设置

科学质量测评内容应该涵盖科学原理、科学方法、科学态度和社会责任感等方面。在内容的设置上，应该注重全面性和综合性，考查学生的科学素养和创新能力。

2. 科学质量测评标准的设置

科学质量测评标准应该从科学教育的目标和内容出发，结合学生的实际情况和学习规律来制定。标准的设置应该注重客观、公正和可操作性，同时应该考虑到不同年级和学科的特点。

3. 科学质量测评标准的实践

在科学质量测评标准的实践中，应该注重评价的客观、公正和有效性。具体来说，应该建立统一的标准和流程，确保评价的公正性。同时，应该注重学生的自我评价和反馈，促进学生的自我提高和教师的不断改进。此外，还应该注重评价数据的分析和利用，为教育决策提供参考。

第二节　小学科学“品质课堂”教学评价

一、评价标准与指标

科学课程评价的目的是了解和分析学生的科学素养发展状况，以便改进教学，促进学生学习，从而达成科学课程的培养目标。换句话说，评价结果要为教育教学的改进服务，促进教师的教学发展和学生科学素养的发展。《义务教育小学科学课程标准（2022年版）》对课程内容结构进行了优化，基于核心素养发展要求，遴选重要观念、主题内容和基础知识，设计课程内容，增强内容与育人目标的联系，优化内容组织形式。新课标注重实现教—学—评一致性，增加了教学、评价案例，明确“为什么教”“教什么”“教到什么程度”，强化“怎么教”的具体指导。

根据新课标的要求，东莞市在组织和评选小学科学“品质课堂”课例时，关注教师在教学设计中的课程理念，要求面向全体学生，立足素养发展；聚焦核心概念，精选课程内容；科学安排进阶，形成有序结构；激发学习动机，加强探究实践；重视综合评价，促进学生发展。同时，我们强化过程评价，关注教师在组织课堂活动中是否实现教—学—评一致性。在东莞市小学科学“品质课堂”课堂教学评价中，我们会从教学理念、教学目标、教学设计、教学行为和个人素养这五个方面关注教师“教”的品质，从参与情况、思维品质、合作交流、知识发展、能力发展、情感态度这六个方面关注学生“学”的品质，引导教师关注科学课堂，培养学生的核心素养。

（一）探究式教学，自主探究参与度高

小学科学“品质课堂”以学生为主体，通过真实的生活情境激发学生的兴趣，教师选用直观的微课或形象的现场演示实验，让学生在观察中发现问题，主动链接已有的科学观念，激发探究兴趣。在解决问题的过程中，教师的活动设计的结构性要强，层层深入，符合学生的探究习惯和认知规律。教师设计的实验记录单、学习单等“脚手架”帮助学生在自主探究中稍微垫一垫脚就能“够得着”，促使学生更愿意参与，动手动脑，积极体验。

（二）实验式教学，装置创新现象直观

小学科学“品质课堂”注重实验探究，在实验教学中，教师通过巧设前置问题、搭建学习支架、设计论证方案、设计记录单、建构科学模型等，一步一步地引领学生走向深度学习，培养学生的思维能力、创新能力，提升学生的科学素养。无论是在常规课还是实验探究能力测评中，我们鼓励教师对实验装置进行创新，力求让实验在容易上手的同时现象直观可见，突出实验本质。

（三）数字化教学，深度融合信息技术

实验教学以观察实验现象、收集实验中的证据为主，信息技术手段为信息处理提供了脚手架。小学科学“品质课堂”鼓励教师在课堂中收集学生的数据，利用信息技术，形成直观的折线图、变化趋势图等，培养学生从定性帮助向定量分析转变的意识，帮助学生在交流研讨时，能更加容易进行定量分析，发现新的问题，进行主动探究与研讨。综合评价也要充分利用信息技术，强调评价主体多元、方法多样、内容全面。例如：教师可以利用手机软件来完成调查问卷数据的收集，这种方式收集速度快、面向人群广，可以提高评价的科学性、专业性、及时性和客观性。

二、评价方法与技巧

在以学生为中心的小学科学课堂中，教师的作用在于通过与学生互动来促进和帮助学生学习。这就要求教师通过多种评价方式了解学生的学习情况，帮助学生构建自己的学习框架。对学生科学课程学习成效进行评价的方式主要有两种：一种是对学生在学习过程中的学习情况进行评价，称为过程性评价；另一种是学生在学习进行到一个阶段后，对学习效果进行检查，称为终结性评价。一般来说，学习过程的评价方式分为教师对学生的评价和学生的自评、互评，也就是教师评价和学生评价。

（一）教师评价

教师对学生的评价包括课前的学情诊断、课堂上提出问题并对学生的回答做出反馈。在课堂上，教师对学生做出的评价往往能第一时间影响学生接下来的课程学习和探究活动

的开展。教师给予积极的评价可以增强学生的自尊心和自信心。当学生得到鼓励和赞赏时，他们会肯定自己的能力和价值，进而更有动力参与学习和尝试新的挑战，追求更好的表现和成绩。如果教师对学生的评价是建设性的，学生将能够更准确地评估自己的能力和进步，这有助于学生更好地认识自我，并根据需要进行调整和改进。需要注意的是，积极的评价可以激励学生，而消极的评价可能会削弱他们的自信心和学习动力。因此，教师在给予评价时需要关注方式、时间和内容的合适性，以促进学生的全面发展。

《义务教育小学科学课程标准（2022 年版）》指出，要建构素养导向的综合评价体系，改进结果评价，强化过程评价，探索增值评价。加强综合评价，突出评价的导向性和全面性，促进学生全面而有个性的发展。在小学科学课堂中，教师可以采取以下方式有效地对学生作出评价。

1. 采用多元化的评价方式

评价方式多元化意味着不能仅依靠传统的考试和测试来评价学生的学习成绩。教师可以采用多种评价方式，例如观察、项目作业、小组讨论、口头报告等，通过这些方法，教师可以全面了解学生的学习状况，并发现学生在不同方面的优势和需求。（见图 6.1、图 6.2、图 6.3）

图 6.1　自然笔记：观察植物

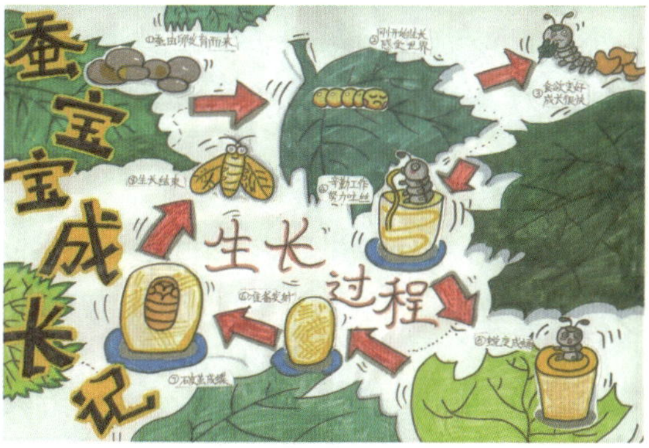

图 6.2　养蚕项目式学习成果：手抄报

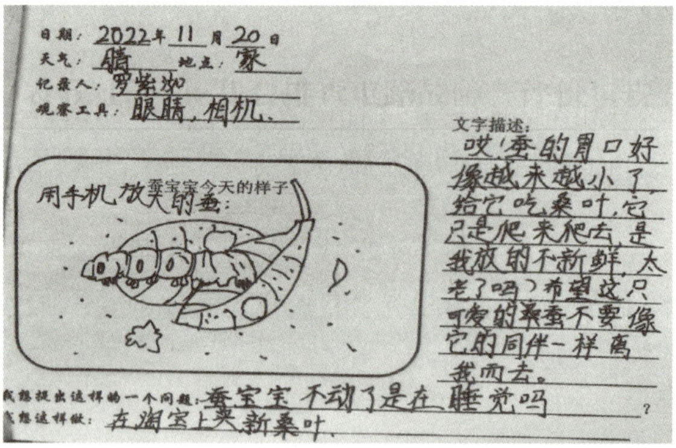

图 6.3 养蚕项目式学习成果：记录单

2. 提供具体和个性化反馈

在评价学生时，教师应该提供具体和个性化的反馈。具体反馈意味着指出学生在哪个方面存在错误或改进空间，而个性化反馈则是为每个学生提供相应的改进建议。例如，当学生在实验中出现错误时，教师可以指出具体的实验步骤或概念，然后提供解决问题的策略。这样的反馈有助于学生理解自己的错误，并找到改进的方法。

3. 鼓励学生积极参与讨论

科学课堂应该充满积极且热烈的交流和讨论。教师可以通过提问、小组合作等方式激发学生的兴趣和思考能力，观察学生在讨论中所展示的知识储备、观点和分析能力，从而对他们的学习进行恰切的评价。此外，积极参与讨论还有助于学生发展沟通和协作技能，这些也是科学素养的一部分。

4. 设立清晰的目标和标准

在教学过程中，教师和学生一起设立学习目标，并明确评价标准。这样做有助于学生了解他们需要达到的学习水平，并且评价标准更加客观和一致。目标和标准可以涵盖知识掌握程度、实验技能、科学思维能力和解决问题的能力等方面。

5. 注重学生综合素养评价

科学学习不仅仅在于掌握知识，还需要培养综合素养，包括科学思维、实验能力和解决问题的能力等。因此，教师应该注重对学生的综合素养进行评价，可以从学生实验中的表现、解决科学问题的能力、分析数据的能力等方面进行评估。

6. 进行持续性的跟踪评价

评价不仅仅发生在考试或特定的时机，教师应该建立一个持续跟踪评价的系统。通过观察、记录、反馈、个案研究和建立学习档案等方法，记录学生的学习历程和成长轨迹，更全面地评估学生的学习情况，更及时地了解学生的学习进展，并根据需要进行干预和指导。持续跟踪评价有助于及时发现学生的困难并提供支持，确保他们在科学学习中不断进步。

7.探索增值性评价的方法

因材施教，有教无类，教师要关注学生个体差异，改进学习过程，发挥评价的诊断功能、激励作用和促进作用。增值评价主要看自己进步了多少，不跟他人横向比较，可以提高学生的自信心，对一些学习有困难的学生能起到更明显的帮助和促进作用。教师应该注重评价学生在学习中的进步和潜力，并提供针对个体发展的建议和支持。引入学生自我评价和同伴评价，鼓励学生对自己的学习过程进行反思和总结，并通过与同伴互评来增加评价的客观性和广度。制定个性化学习计划，针对学生的个别需求和兴趣，制定具体的学习目标和计划，并与学生共同评估和调整。

收集学生学习过程中的评价表、视频、照片等，记录和评价学生在科学学习过程的成长，弥补科学科目无法从学科成绩对学生进行全面评价的缺陷。学生能从评价手册中找出自身发展中存在的问题，从而自主改进学习行为，争取更大的进步。我们应当注重评价指标背后的科学性、公正性和合理性，除了关注学生学习的进步，也应将学生学习品质、高阶学习和实践创新情况纳入评价之中。比如在设计与制作环节，对材料和工具的合理使用的能力；能用多种方式说明设计思路，选择适当的方案并加以优化；能提出满足一定限制条件的简单设计问题和多种设计方案；乐于尝试多种设计方案，具有质疑、创新的态度等。在《专题探究：帮鸟儿建个家》一课中，学生所选择的材料、设计图、作品图等都是对学生进行增值性评价的依据。（见图 6.4）

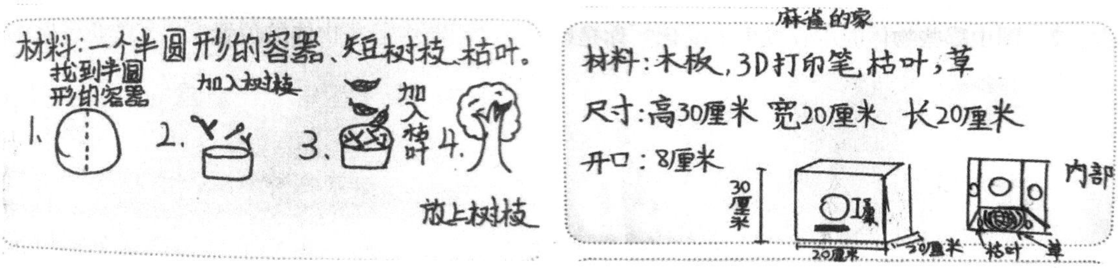

图 6.4　《专题探究：帮鸟儿建个家》鸟巢设计图

（二）学生评价

在课堂上，学生互相评价和进行自我评价的做法已经变得成熟并得到广泛应用。就评价而言，学生对学生的评价、学生对自己的评价在某种程度上要优于教师的评价，因为在评价的过程中，学生可以发现并缩小自己与目标之间的差距。评价可以在小组活动之后进行，让学生对实验计划或方案的实施进行自我评价和互相评价，这样可以让学生保持强烈的学习动力并为之付出足够的努力，对学习任务和目标有更清晰的认识，能够更好地比较、整合和讨论各组的研究成果。教师可以组织学生对提出的问题是否具有研究价值进行评价，让学生对活动方案的设计展开评价，也可以让学生对实验操作过程进行评价，并对所得的实验结论是否正确进行辨析。

教师在教学中应培养学生的自我认知能力、反思能力和自主学习能力，帮助他们从多种角度评价和改进自己的学习表现。在小学科学课堂上，我们常用以下方式引导学生进行评价。（见表 6.1）

1. 互动评价

教师可以鼓励学生在课堂上提出问题、分享观点或提出解决方案，引导学生倾听他人的意见并做出自己的回应。引导学生积极对话和讨论，促进学生之间相互学习和评价。

2. 生生互评

学生可以通过互相观察对方在课堂上的表现对他进行评价。教师可以设计简单的评价表或问卷，内容包括对方的参与度、合作精神、思考能力等，让学生对对方的表现给予肯定和建设性的反馈。

3. 自我反思

学生可以在课后花一些时间进行自我反思，回顾一节课的学习情况。学生可以通过学习日记或学习档案，记录自己的学习心得、思考和反思的过程，以及遇到的挑战和解决方法，帮助自身更全面地了解自己的学习情况，激发自我改进的动力；也可以思考自己在课堂上的参与程度、收获的知识、遇到的困难和解决的方法等，从而评价自己的学习效果。

4. 自我评价

教师可以设计简单的自我评价表或问卷，让学生根据课堂表现、学习成果等方面对自己进行评价。学生可以通过评价表，更客观地评价自己的学习情况。

表 6.1　学生在设计鸡蛋包装盒项目活动中的表现评价表

评价项目	自评	组评	师评	星评说明 ①☆☆☆；②☆☆；③☆
作品设计	☆☆☆	☆☆☆	☆☆☆	①切合题意；②较为切合；③难合题意
作品制作	☆☆☆	☆☆☆	☆☆☆	①有条不紊；②引导后有序；③经常返工
作品改进	☆☆☆	☆☆☆	☆☆☆	①改进精准；②改进不到位；③改进无序
作品展示	☆☆☆	☆☆☆	☆☆☆	①效果良好；②效果一般；③未达到效果
小组合作	☆☆☆	☆☆☆	☆☆☆	①积极主动；②能配合参与；③较少参与
总星数				

三、教学案例与评价分析

案例一　基于课前学情诊断的有效评价策略

课堂是一个生成的过程，教师不能用同一个模板在不同的班级中上课，必须根据学生的学情和课堂实际作出调整。因此，在进入课堂之前，教师要对授课对象进行学情诊断。

（一）课前学情诊断

在小学科学课堂上，教师可以采用以下几种方法提前了解授课对象的情况，进行学情诊断。

1. 问卷调查

教师可以设计简单的问卷，调查学生对于科学知识的了解程度、兴趣爱好以及学习困难等。通过分析问卷结果，教师能够初步了解学生的学情和需求。

2. 学习档案

教师可以查阅学生的学习档案，包括以往的考试成绩、作业表现等。通过分析学生的学习记录，教师能够了解学生的学习水平、学习态度以及弱势领域。

3. 观察记录

教师在平时上课过程中，加强对学生的观察，记录学生在课堂上的参与程度、学习积极性和对知识的理解程度等情况。通过观察和记录，教师可以发现学生的学习特点和问题。

4. 个性化交流

教师与学生进行个别交流时，可以主动询问学生对科学知识的认识和兴趣所在，了解他们的学习目标和需求。这种交流可以在课前、课后或课间进行，帮助教师更全面地了解学生的学情。

5. 心理测试

教师可以使用心理测试工具，如学习风格和学习动机测试等，来了解学生学习方面的性格和特点。这些测试结果可以提供一定的参考，指导教师针对不同学生制定个性化的教学策略。

学情诊断可以是针对某一节课的课前了解，也可以是在新学期开始之初对某个年级或某间学校的学生的整体情况进行了解。例如，东莞市某小学科学教师在开学前，以不记名的方式，利用问卷对某校三到六年级的100名学生和5名科学教师进行调查，具体的问卷及采集到的数据如下。

小学科学课堂教学评价调查问卷（学生卷）

同学们：

为了更好地了解我校科学课堂教学评价的情况，以便改进教学方法，提高课堂效率，特制定本问卷。本问卷不记名，请各位同学根据自己的真实意愿认真回答。谢谢你们的支持！

1. 你喜欢科学课吗？（　　）

A. 很喜欢　　B. 有点喜欢　　C. 不喜欢

2. 目前，你对科学课任课教师的课堂教学满意吗？（　　）

A. 全部满意　　B. 大部分满意　　C. 少部分满意　　D. 全部不满意

3. 课堂上，老师对你的评价，你觉得（　　）

A. 很重要，影响学习情绪　　B. 不重要　　C. 无所谓

4. 课堂上，你的科学任课教师经常使用课堂评价语吗？（　　）

A. 经常用　　B. 偶尔用　　C. 不用

5. 课堂上，你的科学教师课堂评价的方式如何？（　　）

A. 多样　　B. 单一　　C. 没有使用

6. 课堂上，你的科学任课教师评价的内容如何？（　　）

A. 丰富多样　　B. 单一　　C. 没有使用

7. 课堂上，你的科学教师评价的对象主要是谁？（可多选）（　　）

A. 自己　　B. 同伴　　C. 教师　　D. 家长

8. 课堂上，当你回答错的时候，你喜欢老师（　　）

A. 直接给出答案

B. 帮助分析答错的原因并找出正确答案

C. 不予评价，提问其他学生，直到回答正确

9. 课堂上，你希望老师怎样评价你的发言？（可多选）（　　）

A. 答对了表扬　　B. 答错了批评　　C. 答错了指出错在哪儿

10. 你希望老师主要以什么方式检测你们的学习效果？（　　）

A. 试卷测验　　B. 平时作业　　C. 课堂提问

小学科学课堂教学评价调查问卷（教师卷）

为了更好地了解我校科学课课堂教学的情况，以便改进教学方法，提高课堂效率，进一步提高教育教学质量，特制定本问卷。本问卷不记名，请各位老师根据自己的意愿和真实情况选择回答。谢谢你们的支持！

1. 你学习过科学课的课程标准吗？（　　）

A. 认真学过　　B. 粗略看过

C. 培训时听过但自己没学过　　D. 没有课程标准学习

2. 你清楚小学科学课程的评价目标吗？（　　）

A. 清楚　　B. 不太清楚　　C. 不清楚

3. 你认为课堂评价重要吗？（　　）

A. 重要　　B. 不太重要　　C. 不重要

4. 课堂上，你经常使用课堂评价语吗？（　　）

A. 经常用　　B. 偶尔用　　C. 不用

5. 课堂上，你课堂评价的方式如何？（　　）

A. 多样　　B. 单一　　C. 没有使用

6. 课堂上，你的评价内容如何？（　　）

A. 丰富多样　　　B. 单一　　　C. 没有使用

7. 课堂上，当学生回答错误时，你会怎么做？（　　）

A. 自己给出答案

B. 帮助分析答错的原因并找出正确答案

C. 不予评价，提问其他学生，直到回答正确

8. 课堂上，你怎样评价学生的发言？（可多选）（　　）

A. 答对了表扬　　　B. 答错了批评　　　C. 答错了指出错在哪儿

9. 你在课堂上用什么方式来检查自己的教学效果？（　　）

A. 提问　　　B. 观察　　　C. 课堂小测验　　　D. 全都用过

从学生问卷中发现：由于科学课程为小升初非必要考试科目，很多学生的重视程度不够，学习兴趣不浓，自主学习的意识低下，课堂活动的参与度不高，课堂气氛一般。从教师问卷中发现：很多一线的科学教师开展课堂评价的意识薄弱，对这门课程不够重视，没有认真对照新课标的要求进行教学评价，只是简单完成教学任务，很少设计合理的评价策略，评价的主体与方式比较单一，极少鼓励学生自己、同伴以及家长参与评价，减弱了学生参与的积极性。因此，备课时，教师要在充分调查学生对所学知识的前概念的基础上，制定合适的教学策略和评价策略，力求通过客观、全面的评价促使学生进行持续的探究，充分调动学生参与活动的积极性，引导学生掌握综合的科学技能、构建正确的科学概念。（见图 6.5）

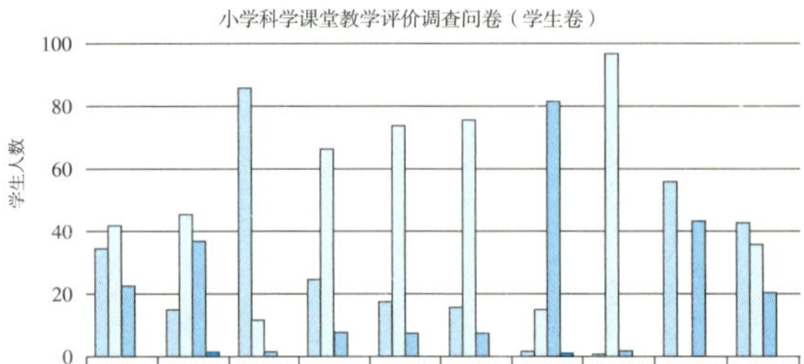

	问题1	问题2	问题3	问题4	问题5	问题6	问题7	问题8	问题9	问题10
A	35	15	86	25	18	16	2	1	56	43
B	42	46	12	67	74	76	15	97	0	36
C	23	37	2	8	8	8	82	2	44	21
D	—	2	—	—	—	—	1	—	—	—

A B C D

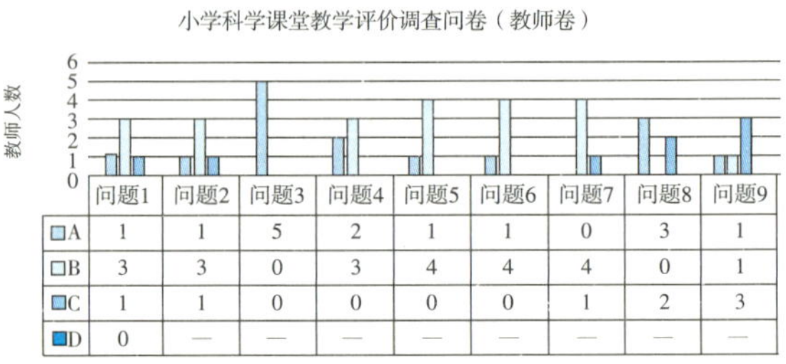

	问题1	问题2	问题3	问题4	问题5	问题6	问题7	问题8	问题9
A	1	1	5	2	1	1	0	3	1
B	3	3	0	3	4	4	4	0	1
C	1	1	0	0	0	0	1	2	3
D	0	—	—	—	—	—	—	—	—

A B C D

图 6.5　小学科学课堂教学评价调查结果

在教学《科学》四年级上册《声音的产生》一课时，为了客观调查学生对声音的认识，教师在课前利用问卷星对学生进行线上调查，结果发现：学生对声音有一定的了解，但对声音如何产生有些模糊，因此在制定评价策略时重点要考虑引导性评价，引导学生通过观察实验现象，得到正确的科学概念。如当学生在制造声音的时候，对橡皮筋的发声方法产生了分歧，有的小组认为拉动橡皮筋可以产生声音，这时教师须及时进行引导性评价：这个小组确实利用橡皮筋制作出声音了，但这样的动作叫拉吗？鼓励学生重新思考橡皮筋发声的办法，帮助学生掌握物体振动产生声音的科学概念。（见图 6.6）

《声音的产生》课前学情调查

1.你观察过身边的声音吗？ [单选题]

选项	小计	比例
观察过	36	80%
没有观察过	9	20%
本题有效填写人次	45	

2.你尝试过用身边的物质发出声音吗？ [单选题]

选项	小计	比例
尝试过	26	57.78%
没有尝试过	19	42.22%
本题有效填写人次	45	

3.你观察过声音产生的现象吗？ [单选题]

选项	小计	比例
观察过	21	46.67%
没有观察过	24	53.33%
本题有效填写人次	45	

4.声音的产生有什么现象呢？ [单选题]

选项	小计	比例
发声的物体在动	12	57.14%
发声的物体不动	3	14.29%
其他现象	6	28.57%
本题有效填写人次	21	

图 6.6　学情调查问卷及调查结果

（二）课中及时评价

科学是一门探究性很强的科目，探究的时间往往很长，但很多教师偏重评价探究的结果，极少关注探究过程，学生开始探究时轰轰烈烈，最后无疾而终，课堂的效率不高。因此，要想促进学生的发展，教师必须转变评价时机。在该教学案例中，教师将评价贯穿整个活动过程中，时刻关注学生的探究情况，从确定探究主题、小组分工、方案撰写等方面加以指导，经常对活动过程中形成的结论、发现、笔记等进行指引性评价，做到及时评价。结果汇报时，教师要给学生创设充分展示的机会，根据学生的探究结果，教师要及时给予客观、公平的评价，促使学生不断进步。

例如教师布置学生在课外探究“如何证实玻璃瓶振动产生声音”的任务。玻璃瓶是固体，学生都知道用敲打的方式使它产生声音，但效果非常不明显。当学生思考如何使振动的现象更明显时，教师适时评价：“第一小组能开动脑筋，想到敲打的办法使玻璃瓶产生声音，但这样敲打后观察玻璃瓶的振动是不够明显的，我们应该参看音叉发音的实验，尝试通过其他物体因为玻璃瓶的振动而产生改变，来证实玻璃瓶振动产生声音。”这样，学生听到了老师对自己的肯定，明确了改正的方向，既激发了探究的兴趣，也为小组成功探究奠定基础。当学生经过一段时间探究后，教师发动全体学生以小组形式展示成果，针对学生汇报的结果，教师及时点拨，帮助学生明确自己的优势和不足，及时改进，不断提高自身的科学能力和科学素养。

（三）课后教学反馈

在教学《声音的产生》一课时，教师参照东莞市小学科学“品质课堂”课堂教学评价量表设计了“《声音的产生》高效课堂教学评价表”（见表6.2），并对照评价表设计教学活动，提高教学活动的有效性。课后也利用评价表进行自我评价，及时总结课堂中的得失，从而制定下个教学策略，帮助学生乐于探究，收获能力，培养科学素养。同时，为了客观、科学收集课堂的评价意见，教师发动听课的老师也参与评价，力求集合众人智慧提高教学质量。为了方便收集听课教师的评价意见，教师巧妙使用信息技术，利用UMU互动小程序围绕“《声音的产生》高效课堂教学评价表”的标准设计了14个评价问题，教师听课后用手机扫二维码就能在小程序里进行评价，从而做出客观、公正的评价意见，UMU互动小程序能够自动统计数据，任何时候打开都能了解课堂评价的具体数据，明白自己教学的优缺点，从而反思课堂，提高教学水平。

表 6.2　《声音的产生》高效课堂教学评价表

<table>
<tr><td>执教老师</td><td></td><td>执教班级</td><td></td><td colspan="2">执教时间</td><td colspan="2"></td></tr>
<tr><td rowspan="2">评价项目</td><td colspan="3" rowspan="2">评价要点</td><td colspan="4">评价等级及分值</td></tr>
<tr><td>优秀
（10–9）</td><td>良好
（8–7）</td><td>中等
（6–5）</td><td>较差
（4–0）</td></tr>
<tr><td rowspan="2">教学目标</td><td colspan="3">1. 注重以学生为中心，突出以科学探究为核心，能将三维目标明显地体现于教学全过程，并侧重学生科学素养的培养。</td><td></td><td></td><td></td><td></td></tr>
<tr><td colspan="3">2. 教学设计能根据不同的课型和关注学生已有经验，设计不同的活动形式进行教学，注重学生的整体发展、体验参与。</td><td></td><td></td><td></td><td></td></tr>
<tr><td rowspan="5">教学过程</td><td colspan="3">1. 教学准备充分、创设了良好的教学环境，能做好与课程相关的资源的开发和运用。</td><td></td><td></td><td></td><td></td></tr>
<tr><td colspan="3">2. 注重发展学生个性差异，课堂气氛平等、民主，合作融洽。师生、生生多向交流，形成互动，共同发展。</td><td></td><td></td><td></td><td></td></tr>
<tr><td colspan="3">3. 突出了学生是学习科学的主体，注重营造师生互动交往，自主、合作、探究的教学氛围。</td><td></td><td></td><td></td><td></td></tr>
<tr><td colspan="3">4. 注重了科学学习的开放性，能有效地利用和整合各种教学资源。注重课堂生成的知识与问题，能够正确引导与解释。</td><td></td><td></td><td></td><td></td></tr>
<tr><td colspan="3">5. 学生能切合身边的科学实际、尝试解决生活中小问题，体验成功的快乐，并提出新的探究问题。</td><td></td><td></td><td></td><td></td></tr>
<tr><td rowspan="3">教学效果</td><td colspan="3">1. 学生全体参与、小组合作氛围浓厚，教学效果好。</td><td></td><td></td><td></td><td></td></tr>
<tr><td colspan="3">2. 培养了学生自主学习能力与创新能力，激发了学生尝试解决、探究问题的兴趣。</td><td></td><td></td><td></td><td></td></tr>
<tr><td colspan="3">3. 学生掌握了一定的学习方法，促进了观察能力、动手操作能力和描述能力的提高与发展。</td><td></td><td></td><td></td><td></td></tr>
<tr><td colspan="4">综合评价等级
（优秀：100—90；良好：89—70；中等：69—60；较差：59—0）</td><td>综合
得分</td><td></td><td>综合
等级</td><td></td></tr>
<tr><td colspan="8">补充意见或建议：

评课人：

年　月　日</td></tr>
</table>

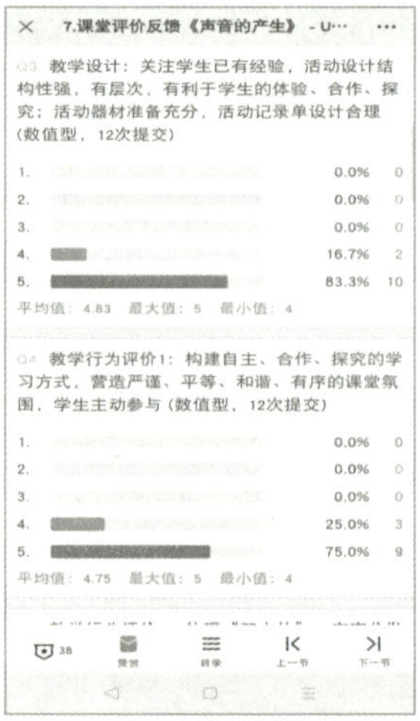

图 6.7　课堂教学评价反馈

（案例作者：东莞市大岭山镇第五小学　叶小英）

案例二　课堂星级评价框架的构建与运用

（一）基于新课标，制定评价框架

在课前，教师需要找准新课标中对本学段学生的具体要求，再进行理解水平层次的划分。新课标设置了 13 个学科核心概念，《让声音看得见》一课归属核心概念“物质的运动与相互作用”，这一核心概念又分为三个大概念，本课属于“声音与光的传播”。新课标针对不同年段的学生规划了不同的内容要求和学业要求，对于四年级的中段学生，内容要求是“举例说明声音因物体的振动而产生”，学业要求则是“能解释声音产生与物体振动的关系”。

找准了课标对应的要求，明确教学目标，清晰评价导向，就可以将学生对本课核心科学概念的理解划分为五个进阶的水平层次，赋予星级，改变以分数为评价方式的做法，以促教、促学为目的，开展课堂评价。如表 6.4 所示，一星水平：学生知道发声的现象，不能进行科学的解释；二星水平：能初步理解发声的原因是振动，但不理解振动的特征；三星水平：能用振动这一科学概念解释物体发声的原因，且能理解振动的特征；四星水平：能解释声音产生与物体振动的部分关系，即物体振动，声音产生；五星水平：在四星基础上，还能结合生活实例解释声音产生与物体振动的关系，即物体振动，声音产生，振动消失，声音消失。

新课标中强调“注重学生自评与互评”，课堂评价框架由自评、他评、师评组成，评价主体多元，强化育人导向。学生在学习结束后，先进行自评，反思学习过程及结果，了解自己能否实现学习目标；然后将评价框架交给小组长，进行互评，组长根据其学习单及表现性任务的表现，客观地进行评价；最后，将学习单及评价框架交给教师，进行教师评价。最终算出平均得星，记录在册，作为学科过程性评价依据。评价过程中，教师应向学生强调诚实守信、真实评价，只与自己作比较，分析学习情况，不与他人对比，保证评价结果的准确性和有效性。（见表 6.3）

表 6.3　《让声音看得见》课堂星级评价框架

理解层次	星级水平	我的评价	组长评价	教师评价
只知道吹、拉、敲、弹等方法能使物体发出声音	☆			
只能用“振动”这一概念来描述物体发声的原因，但是说不清楚振动的具体特征	☆☆			
能用“振动”这一概念来解释物体发声的原因，能说清楚振动的特征（多次、往复运动）	☆☆☆			
能解释声音产生与物体振动的关系（物体振动，声音产生）	☆☆☆☆			
还能结合生活实例解释声音产生与物体振动的关系（物体振动，声音产生；振动停止，声音消失）	☆☆☆☆☆			
总得星：（　　）☆				

（二）依据评价框架，设计教学活动

依据新课标所制定出来的课堂评价框架，具有导向性和诊断性。教师可根据不同星级层次，设计对应的教学活动，还可以对学生进行前测，来准确把握学生的知识起点，并在此基础上去分析学习路径，设计教学活动和实施教学。

根据《让声音看得见》一课的评价框架，笔者对学生进行了前测，前测发现该班处于三星层次的学生约占 38.64%，占比最多。前测数据反映出他们对于物体的发声现象很熟悉，基本都能观察到生活中的发声现象，大部分学生还能用“振动”等相关科学词汇解释物体发声现象，但是很多学生其实不知道什么是振动，大部分学生也不能完全理解物体振动与声音产生的关系。因此，课堂教学的重难点就是引导学生从现象中找本质，理解声音产生与物体振动的关系。（见表 6.4）

表 6.4　四年级某班（44 人）前测情况

星级水平	人数	占比
☆	6	13.64%
☆☆	7	15.91%
☆☆☆	17	38.64%
☆☆☆☆	6	13.64%
☆☆☆☆☆	8	18.18%
总人数：44 人，平均得星：3.07 ☆		

根据上述情况，结合“变碎片化的知识教学为板块化的问题教学”的做法，我们设计了以下三个教学环节：现象引入、问题探究、问题解决，如表 6.5 所示。

表 6.5　《让声音看得见》教学活动设计

<table>
<tr><td>现象引入</td><td>同学们，这是艺术节的照片，图中的箫、古筝、鼓是如何发出声音的？一般我们都用“听”来欣赏音乐会，你能让声音“看”得见吗？让我们一起通过探究学习，让声音“看”得见！
【设计意图】从学生熟悉的艺术节乐器表演入手，以乐器发出声音的现象为引入，吸引学生的注意。学生熟知的声音可以听得见，但是本课设置了与学生认知有冲突的问题“能让声音看得见吗？”，既紧扣核心概念，又引发学生认知冲突，顺利激发学习兴趣，进入本课学习，本环节对应一星水平。</td></tr>
<tr><td>问题探究</td><td>问题一：为什么吹、敲、弹都可以让乐器发出声音呢？
（用橡皮筋、玩具鼓和试管分别模拟以上乐器发声，记录你观察到的现象，用简笔画标记模拟乐器的变化。）
<table>
<tr><th>模拟乐器</th><th>不发声时的现象</th><th>发声时的现象</th></tr>
<tr><td>橡皮筋</td><td></td><td></td></tr>
<tr><td>玩具鼓</td><td></td><td></td></tr>
<tr><td>试管</td><td>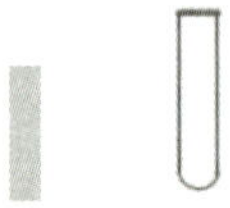</td><td>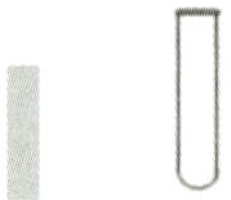</td></tr>
<tr><td colspan="3">我的发现：</td></tr>
</table>
</td></tr>
</table>

（续表）

<table>
<tr>
<td rowspan="2">问题探究</td>
<td>问题二：除了乐器，其他物体的发声有哪些共同特征？
1. 感受说话时，发声部位有什么现象？
2. 反复敲击音叉，按住音叉，你观察到什么现象？
<table>
<tr><th>发声物体</th><th>敲击音叉时的现象</th><th>手掌握住音叉的现象</th></tr>
<tr><td>音叉</td><td></td><td></td></tr>
<tr><td colspan="3">我的发现：</td></tr>
</table>
【设计意图】问题一中，教师让学生模拟乐器发声，聚焦乐器发声部位，观察其状态变化，与不发声时进行对比，引导其发现“声音的产生与振动有关”，并通过观察，理解振动即多次、往复运动。问题一中知道振动即对应二星水平，而理解振动的特征就对应三星水平。问题二从个性到共性，从乐器到其他物体，引导学生观察其他物体的发声是否也是因为振动，通过人发声和音叉发声进行探究。利用音叉，让学生观察到声音发生及停止时对应的振动现象，再进行对比、分析，从而最终建构“物体振动，声音产生；振动停止，声音消失”这一科学概念，也为后面“让声音看得见”提供方法依据。问题二的解决对应四星或五星水平。</td>
</tr>
<tr>
<td>1. 如何让声音“看”得见？（说一说，试一试）
2. 下课了，李同学拍了一下铁栏杆，会发生什么？你能解释原因吗？（写一写）
____
____
【设计意图】经过学习，学生已经建构了“物体振动，声音产生；振动停止，声音消失”的科学概念。首先，回到现象引入时提出的问题“如何让声音看得见？”，此时学生通过学习，已知“振动可以从一个物体传递到另外一个物体”，借助“外物的振动现象”实现“看得见的声音”，如敲击音叉放入水中会产生水花或鼓面跳动的豆子等，通过这样的综合问题来培育学生的高阶思维。其次，设置一个需要学生书写的现象，本题综合地考查学生通过学习后，对声音的产生这一科学规律的理解层次，小组长和教师可以依据本题的回答情况对学生进行客观的评价。</td>
</tr>
</table>

构建星级评价框架后，再进行相应的教学设计，教学目标、学习目的会更为清晰，教师心里更加有底，这样的教学设计是教—学—评一体化的设计，能创建更高效的科学课堂，提升学生科学学业质量水平。

（三）运用评价结果，反观课堂教学

评价旨在检测学生在学习过程中高水平的、复杂的思维能力的发展水平，并促进学生关键能力的发展，培养其核心素养。合理运用评价结果，可以有效、客观地反映课堂教学存在的问题和不足，针对本课，我们依据问题解决环节学生的回答，使用同一评价框架，对该班学生进行了后测，结果如表 6.6，后测数据显示一星占比减少 11.37%、二星占比减少 11.36%、三星占比减少 20.46%，而四星占比增长了 27.26%、五星占比增长了 15.91%。

如将一星赋分 1 分，以此类推，前测时均分为 3.07 分，后测均分为 4.00 分，后测比前测增长 0.93 分。

该班数据显示，大部分学生经过学习能知晓物体发声与振动有关，并能够清晰地说出振动的特征，但是对于概括、举例说明声音产生与物体振动的关系，还存在一定难度。这从侧面反映出两个问题：一是该班学生在问题二探究音叉发声与物体振动的关系时，观察仍不够细致，教师可多加引导，搭建学习支架，帮助学生进行概括，鼓励学生交流质疑，由此改进教学。二是教师在引导学生解决问题时，结合的生活实例较少，学生无法与现实生活产生联想，因此教师可适当增加生活实例，帮助学生回到生活中，留心观察生活，培养科学学习兴趣。

表 6.6　四年级某班（44 人）前后测对比情况

学生理解层次	星级水平	赋分	前测 均分：3.07 分		后测 均分：4.00 分	
			人数	百分比	人数	百分比
只知道吹、拉、敲、弹等方法能使物体发出声音	☆	1	6	13.64%	1	2.27%
只能用“振动”这一概念来描述物体发声的原因，但是说不清楚振动的具体特征	☆☆	2	7	15.91%	2	4.55%
能用“振动”这一概念来解释物体发声的原因，能说清楚振动的特征（多次、往复运动）	☆☆☆	3	17	38.64%	8	18.18%
能解释声音产生与物体振动的关系（物体振动，声音产生）	☆☆☆☆	4	6	13.64%	18	40.90%
还能结合生活实例解释声音产生与物体振动的关系（物体振动，声音产生；振动停止，声音消失）	☆☆☆☆☆	5	8	18.18%	15	34.09%

综上，基于新课标的课堂星级评价是指对学生科学概念的理解与核心素养的发展过程性评价，是目前提高课堂教学效率的一种新尝试。首先，教师需要根据新课标要求，制定清晰的评价框架。评价框架指向本课核心科学概念，根据学生理解水平进行星级划分。其次，结合教学理念，根据教学目标，设计聚焦核心概念的问题串及教学活动，对应评价框

架中不同的星级水平。课堂后，进行自评、他评、师评，评价主体多元，了解学生的理解水平层次，为改进教学指明方向。最后，合理地运用评价结果，明晰学生的水平，把握学生能力发展的总体状况及个体差异，及时调整教学策略进行针对性指导，以更好地促进学生整体科学思维水平的发展，从而提升学生的科学素养。

（案例作者：东莞松山湖中心小学　简玲珊）

案例三　教—学—评一体化在技术与工程领域中的实践研究
——以“我的水火箭”为例

安德森（L.W.Anderson）通过对课堂教学中长期存在的问题进行深入剖析，提出了学习、教学和评价的相关结论。他认为学习目标、教学活动和学习评价是一个整体，三者具有一致性。而部分教师的教学设计、教学方法、教学手段会忽视对学习过程和评价主体的关注，这导致课堂教学存在较为严重的“无纲领”“无目标”等情况，不利于课堂教学目标的达成。对于小学科学学科而言，开展教学的第一步是明确教学目标，而在教学活动开展的过程中，还需要围绕教学目标进行实时评价，即在教—学—评一体化的理念下制订更详细明确的学习目标。这要求教师对教材进行详细的了解，深入掌握学生的具体情况，关注学生的兴趣、爱好和性格特点，联系生活实际，将科学知识以学生乐于接受的方式呈现出来，激发学生学习兴趣，让学生感受到科学是与现实生活密切联系的，此外在制订教学目标的同时也要考虑到学生的层次性和不平衡性，从大多数人可接受的角度设计与制定教学目标。

本文以粤教粤科版《科学》五年级下册第 4 单元第 23 课《探索宇宙》的拓展活动“设计与制作：我的水火箭”为例，从“活动目的—装置原理分析—搭建水火箭装置—评价改进”等方面对整个教学环节进行优化和改进，引导学生开展推理假设、问题解释、评价改进、拓展应用等具有深度化思维的探究活动，培养创新意识，启迪思维，激发兴趣，实现深度学习。（见图 6.8）

（一）教学目标

1. 了解水火箭的发射原理，可绘制简单的设计图，并且根据设计图制作水火箭，同时对制作整个过程和阶段性的作品进行自评和互评，培养学生获取信息、探究实践的能力。

2. 根据要求优化水火箭制备方案并进行评价，发展学生主动分析设计的创新意识。

3. 根据实验目的尝试设计多级水火箭，拓展和延伸学生的动手能力和视野。

（二）评价目标

1. 了解制备水火箭的发射原理，探究水火箭的搭建方法及改进措施，诊断并发展学生分析实验装置的水平。

2. 交流与评价水火箭的组装方案，诊断学生对发射原理、工程技术领域的认知水平，提高学生实验设计与模型搭建的水平。

3. 设计水火箭的搭建方案，诊断并提高学生解决问题的综合水平。

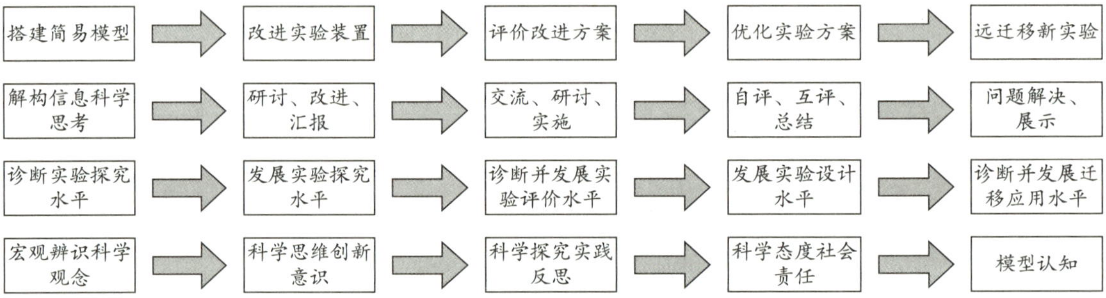

图 6.8　教学与评价思路流程图

（三）实践过程

1. 创设情景

观看火箭升空的视频，导入课题：前几节课中我们学习了星空和宇宙的有关知识，人类探索宇宙的脚步从未停歇。我国神舟十六、十七号运载火箭相继发射成功，我国的火箭制作与发射技术也位居世界领先水平，那同学们知道火箭发射升天的原理是什么吗？今天，我们要根据类似的原理制作水火箭。

【学习任务 1】

观看真实火箭的发射视频，思考火箭为什么可以升空？了解火箭结构图（见图 6.9）后，阐述水火箭发射原理，讨论并初步设计水火箭模型。

【评价任务 1】

诊断学生分析情境、知识储备和自主搭建实验装置的水平。

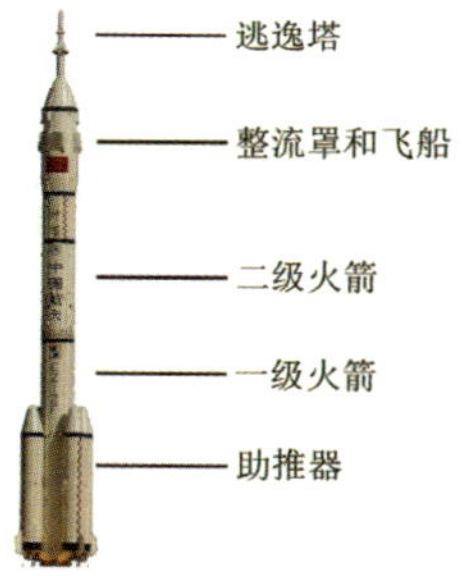

图 6.9 火箭结构图

【学习任务 2】

评价图 6.10 初步设计的水火箭装置，能否完成起飞目的。若存在不足，则改进装置。

交流研讨：学生讨论各组设计的水火箭装置是否具备飞行的可能性，对自己的方案进行解释，对不同的解决方案进行评价。

【评价任务 2】

与自身认知产生冲突后，诊断学生主动质疑思考、解释问题的能力。

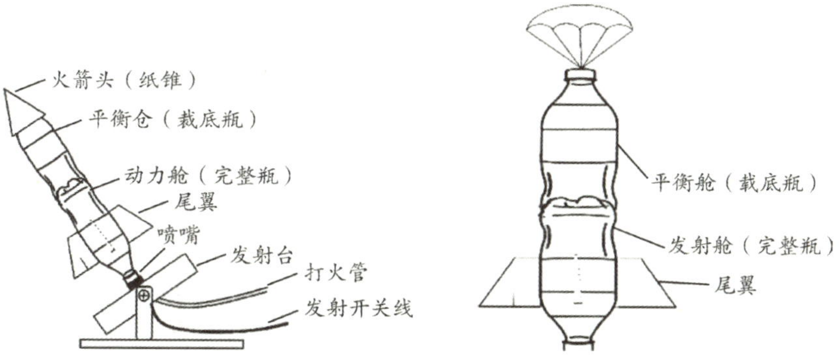

图 6.10 水火箭装置结构图

【学习任务 3】

小组活动：尝试根据改进意见用提供的简单材料搭建水火箭，分组展示并互评，整合最优的设计方案。

引导学生思考：制作水火箭的过程中，有哪些细节需要考虑？例如结构强度、稳定性以及材料的选择。哪些因素会影响水火箭的飞行距离？如何让水火箭的飞行距离增加？实验装置该如何进行改进？

总结归纳：制作水火箭的过程中需要考虑到以下问题：例如，什么形状的箭身可以减小空气阻力？火箭头应该设计成什么形状，轻重该如何选择？水火箭是否需要装上箭翼？箭翼的形状、大小怎样才是最合适的？

【评价任务 3】

基于水火箭的发射原理分析、主体结构分析，诊断和提高学生的综合分析能力。

【学习任务 4】

在发射水火箭后，观察回收过程存在的缺陷，进行分析评价并改进。

交流研讨：水火箭发射后会产生哪些安全隐患？怎样才能顺利回收剩余部件？观看真正火箭的回收过程并了解回收原理，试着进行分析和设计。（见图 6.11）

【评价任务 4】

针对突发实验现象作出相应的措施，进一步完善水火箭，诊断学生设计实验时的整体思考能力。

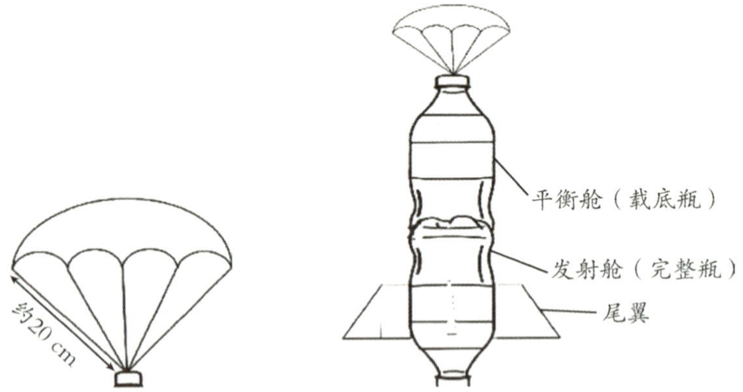

图 6.11　水火箭回收装置结构图

2. 信息拓展

目前现实中的火箭基本采用了多级助推器发射模式，可以使火箭发射得更高、更快。（见图 6.12）

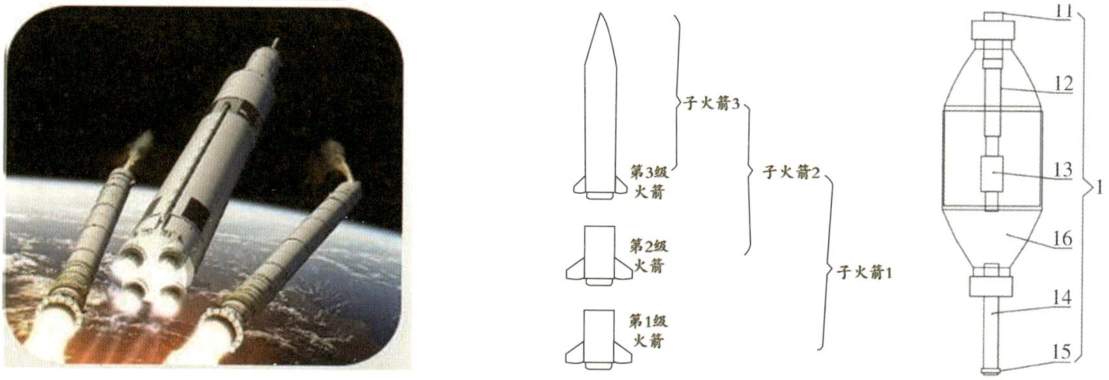

图 6.12　多级助推器发射装置图

【学习任务 5】

根据多级水火箭的发射原理，设计二级水火箭制作方案。

交流研讨：在新的情境中分析、比较，根据已有经验搭建新的装置，全面考虑众多因素的影响，合理完成设计方案，并作出评价。

【评价任务 5】

诊断学生迁移的水平，提高学生利用原有认知模型解决相似问题的能力。

教—学—评一体化指的是将评价过程渗透到教学活动的整个过程之中，再通过评价来驱动“教”和“学”的生成。本活动通过对教—学—评一体化进行深入解读，在其理论其内涵的基础上适当进行外延，明确落实新课标提出的要求，以发展学生核心素养为主要的教学目标以及评价方向，创建真实情境，设计进阶化学习任务，让学生在自主学习和小组合作讨论等多个活动中锻炼核心素养，提升综合能力。

教师可根据课堂上学生的表现，适当设计具有个性化、多元化、针对性的评价来促进教学，以增强学生的内在自信，让学生及时了解对所学内容的掌握情况，对自身有充分的认识。在具体评价方式上，可以根据情况自由选择教师评价、生生互评、自评等形式，从实际出发，针对不同情况和学生的课堂表现依次开展，帮助学生及时发现自身的问题，并进行改正。同时，教师的引导也很重要，既要注重结果性评价，例如让各小组之间进行水火箭比赛，激起学生的胜负欲、求知欲，达到寓教于乐、活学活用的教学效果。比赛结果不仅仅代表水火箭的模型搭建得好不好，更代表着学生对于本课知识的掌握以及应用情况；也要注重过程性评价，例如在教学中嵌入教师提问，师生、生生交流，教师点评等即时评价，诊断出现的问题，及时给予反馈，不断驱动和控制教学进度，促进核心素养目标的达成。此外还要及时关注学习过程中学生的状态，发掘学生的个性特长，让学生认识到自己的长处和短处，发挥优势，弥补不足，实现全面发展。

（案例作者：东莞市松山湖第一小学　徐鑫）

第三节　小学科学“品质课堂”实验探究评价

一、开展实验操作测评的背景与意义

（一）开展实验操作测评的政策背景

为贯彻落实国务院《全民科学素质行动规划纲要（2021—2035年）》《教育部关于加强和改进中小学实验教学的意见》的文件精神，推动小学生学业质量评价改革，在基础教育层面落实落细东莞市第十五次党代会提出的“科技创新和先进制造”双聚焦和“学有优教”目标任务，推进“双减”和五育并举工作，促进小学科学课程全面实施，提高实验教学的质量，培养学生实验探究能力，东莞市于2022年开始，积极开展东莞市小学生科学实验操作与探究能力测评工作。

（二）开展实验操作测评的实施改进背景

1. 统一思想，提高认识

东莞市教育局和教育装备中心高度重视，通过下发文件、召开相关会议等形式，大力宣传开展实验操作测评的必要性和重要性。前期在试点学校或试点镇街开展测评工作，表彰先进典型，及时总结和分享实验操作测评对科学教学质量的影响，不断提高各级领导和师生对实验操作测评的认识和认可度，明确教育改革的方向。在统一思想、达成共识的基础上，各镇街（园区）教管中心成立实验操作测评领导小组，加强对实验操作考核的管理和巡视，各学校按照实际情况，制订具体的实验考核实施方案，有计划、有步骤地开展实验教学和测评工作。

2. 规范要求，严格程序

近年来，我们通过不断地实践探索，总结经验，逐步完善测评工作方案，于学期初下

发《东莞市小学生科学实验操作与探究能力测评的实施方案》和《东莞市小学生科学实验操作与探究能力测评试题》等文件到各镇街（园区）学校，从指导思想、测评对象和时间、测评事项和管理细则、工作保障及考场须知等方面明确要求，要求各镇街（园区）教管中心和市直属学校在组织开展实验操作测评中做到“五落实、五规范”：即认识思想落实、人员部署落实、任务职责落实、仪器设施落实、测评时间落实；组织程序规范、测评资料规范、测评设置规范、测评程序规范、评分人员规范。

3. 落实责任，强化督查

东莞市在实验操作测评工作中形成了由市教育装备中心、镇街（园区）教管中心和学校三位一体，协调分工，层层落实的工作机制。为确保各学校按要求做好实验操作考核测评工作，市装备中心组织检查组到各镇街的试点学校进行视导和巡察，检查实验操作组织落实情况、考核过程情况和考核结果情况分析等工作。2023 年东莞市教育装备中心在三至六年级测试题库中，组织教研活动，现场随机挑选抽测年级，最终确定被抽测年级为“五年级”。

4. 不断改革，创新发展

东莞市教研基地成员组为更好地发挥实验操作测评的导向作用，促进实验教学的改革，结合《小学科学义务教育课程标准（2022 年版）》中包含的课程理念和必做探究实验，进行了全面的更新完善。2023 年，教研基地成员组把优化实验教学策略作为研究内容，积极申报市级规划课题并成功立项，邀请教管中心和学校教师代表作为课题组成员。经过改革创新，考核内容、办法和评分标准更加适应新课标的要求，有利于培养学生的实验操作能力和创新精神。同时，进一步建立健全实验操作测评的各项制度和程序，促进实验操作测评的制度化、规范化、科学化。

（三）开展实验操作测评的意义

1. 解决教师的困境——从“被动”到“主动”

2023 年 5 月，教育部等十八部门发布《关于加强新时代中小学科学教育工作的意见》，从国家到地方，对小学科学教学的重视提升到了一个新的高度，结合纸笔测试形式的考察和监测学生的科学素养已成为常态，但实验操作能力监测标准化和常态化工作尚处于起步阶段。通过对一线科学教师进行抽样调查，我们发现，教师对开展实验操作测评的价值认可度高达 90% 以上，近几年，东莞市积极组织开展实验操作测评工作，在课堂上教师组织学生真正经历动手实验，足以说明教师对学生实验操作能力测评的态度从“被动”走向了“主动”。

2. 扩大学生的需求——从“纸笔”到“操作”

实验操作能力测评是小学科学教学质量监测的一个环节，是检验学生实验操作能力的重要途径，同时也是检验教师组织教学效果的途径之一。学生通过实验操作，理解科学知识，建构科学概念，掌握探究技能。对实验操作能力测评后的学生进行问卷调查结果显示，96% 的学生参与实验的状态是“非常喜欢，有所收获”，其中有 58% 的学生表示喜欢且能认真参与。在问卷叙述中，大部分学生都希望能通过实验操作测评真正了解实验原理，并学会如何正确使用实验仪器，在实验的过程中巩固提升实验操作能力。

3. 核心素养的落地——从“课标”到“能力”

新课标提出：“小学科学课程要按照立德树人的要求培养小学生的科学素养，为他们的继续学习和终身发展打好基础。”有老师谈道：“如果只是纸上谈兵是无法将知识直接‘教’给学生的，教师组织学生参与科学实验操作，学生认真实验，验证猜想，对客观现象进行科学准确的描述，在参与的过程中真正内化、体验和感受所学知识。所以，通过实验操作能力测评激发学生学习科学的热情，是培养学生科学思维和科学精神等核心素养的关键。”①

二、开展实验操作测评的思考与实践

（一）实验操作测试内容的设置

由东莞市教育局组织小学科学专家骨干教师团队，依据《义务教育小学科学课程标准（2022 年版）》各学段课程目标和科学探究必做实验，结合现行教材中的实验内容（涉及物质科学、生命科学、地球与宇宙科学及技术与工程四大领域），分组分册形成《实验目录清单》，如表 6.7 为 3—4 年级对应的教材版本部分实验目录清单，从中再筛选出各年级的实验操作测评内容（8 个实验），研制出测评标准，测评内容包括每年级 8 道实验操作题（见表 6.8），主要测评学生的基本实验操作技能与探究能力，再由各学校根据实际情况在考核范围内自主选择考核内容（8 选 6），测评时每位学生抽取一道题进行实验

① 林芹，高翔．小学科学实验操作能力测评模式构建及应用 [J]. 教学经验，2022（10）：56-58.

操作。

表 6.7　一至六年级对应的教材版本实验目录清单

学段	探究实践活动	粤教粤科版对应学段、内容
1—2 年级	1. 观察描述常见物体的特征	一年级上册第 3 课《我们来观察》
	2. 观察空气的特点	一年级下册第 3 课《空气是什么样的》
	3. 观察水的特点	一年级下册第 1 课《清清的水》
	4. 观察常见材料的外部特征	一年级上册第 3 单元《我们的文具》
	5. 观察某些物质在水中的溶解现象	一年级下册第 2 课《往水中加点东西》
	6. 探究磁铁对物体的吸引作用	二年级上册第 3 单元《磁铁玩具》
	7. 观察常见的植物	二年级上册第 1 单元《身边的植物》
	8. 观察常见的动物	二年级下册第 1 单元《身边的动物》
	9. 利用太阳的位置辨认方向	二年级下册第 4 单元《位置和方向》
	10. 观察不同形状的月亮	二年级上册第 14 课《变化的月亮》
	11. 观察常见的天气现象	一年级上册第 4 单元《四季》
	12. 借助放大镜观察物体	一年级上册第 4 课《学会运用工具》
	13. 利用简单工具进行简单的制作，如设计制作纸桥、制作纸蜻蜓等	一年级下册第 3 单元《百变的纸》
3—4 年级	1. 空气占据空间的实验	三年级上册第 16 课《它们占据空间吗》
	2. 观察热空气上升现象	三年级上册第 21 课《气体的热胀冷缩》
	3. 观察水沸腾和结冰的现象	三年级上册第 20 课《液体的热胀冷缩》
	4. 用尺子、温度计、量筒等工具测量物体特征	三年级上册第 4 单元《热与温度》
	5. 探究影响物质溶解快慢的因素	三年级上册第 9 课《能溶解得更快一些吗》
	6. 探究磁铁的磁极和磁极间的相互作用	二年级上册第 3 单元《磁铁玩具》
	7. 使用指南针辨别方向并制作简易指南针	二年级下册第 13 课《辨方向》
	8. 根据物质特点分离混合在一起的物质	三年级上册第 11 课《食盐还能分离出来吗》
	9. 连接简单电路	四年级上册第 20 课《电路的研究》
	10. 利用简单电路判断物体的导电性	四年级上册第 23 课《导体与绝缘体》
	11. 观察影子形成的原因	四年级下册第 20 课《哪里有影子》

（续表）

学段	探究实践活动	粤教粤科版对应学段、内容
3—4 年级	12. 观察物体发声时的振动现象	四年级上册第 13 课《声音的产生》
	13. 探究声音的传播方向	四年级上册第 17 课《声音的传播》
	14. 探究声音高低、强弱变化的原因	四年级上册第 14、15 课《声音的强弱》《声音的高低》
	15. 制作产生不同高低、强弱声音的简易装置	四年级上册第 16 课《我们的小乐器》
	16. 观察物体热胀冷缩的现象	三年级上册第 23 课《固体也会热胀冷缩吗》
	17. 观察人体呼吸器官、消化器官的模型	三年级下册第 2 单元《消化和呼吸》
	18. 测量肺活量、脉搏	三年级下册第 9 课《设计与制作：简易肺活量计》
	19. 简单鉴别食物的营养成分，如淀粉、脂肪等	三年级下册第 6 课《我们需要食物》
	20. 探究阳光、空气、水、温度对植物生存的影响	三年级下册第 3 单元《植物的“身体”》
	21. 观察植物的根、茎、叶、花、果实、种子	三年级下册第 11 课《一株番茄》
	22. 种植一株植物（如凤仙花），并观察其一生的变化	四年级上册第 1 课《种番茄》
	23. 观察根的吸水性	三年级下册第 14 课《植物的根》
	24. 观察茎的运输作用	三年级下册第 13 课《植物的茎》
	25. 观察记录一天中阳光下物体影子的变化	四年级下册第 21 课《阳光下的影子》
	26. 使用仪器测量和记录气温、风力风向、降雨量等气象数据	三年级下册第 4 单元《天气、气候和我们》
	27. 探究土壤的主要成分	三年级下册第 1 单元《土壤》
	28. 观察、描述和测量物体的运动	四年级下册第 3 单元《运动与力》
	29. 养殖一种小动物（如家蚕、家兔等），并观察其生长和繁殖	四年级上册第 1 单元《生命的延续》
	30. 模拟制作月球环形山	四年级下册探究技能之《建立模型》
	31. 利用科学原理设计制作简易装置，如传声器、听诊器等	四年级上册第 17 课《声音的传播》

（续表）

学段	探究实践活动	粤教粤科版对应学段、内容
5—6 年级	1. 探究常见材料在水中的沉浮	五年级上册第 2 单元《物体的沉与浮》
	2. 探究常见材料的导热性	六年级下册第 3 课《我的保温饭盒》
	3. 观察水蒸发和水蒸气凝结	五年级上册第 4 单元《地球上的水》
	4. 观察产生了新物质的变化，如蜡烛燃烧、铁钉生锈等	五年级上册第 12 课《蜡烛的燃烧》
	5. 使用弹簧测力计测量力的大小	四年级下册第 18 课《运动与摩擦力》
	6. 研究拉力大小与改变小车运动快慢的关系	四年级下册第 18 课《运动与摩擦力》
	7. 观察生产生活中的摩擦力现象	四年级下册第 18 课《运动与摩擦力》
	8. 观察生产生活中的弹力现象	四年级下册第 18 课《运动与摩擦力》
	9. 观察生活中的浮力现象	五年级上册第 9 课《浮筒的妙用》
	10. 探究光沿直线传播的现象	六年级上册第 2 课《光的传播》
	11. 观察光的反射现象	六年级上册第 3 课《光的反射》
	12. 观察光通过三棱镜的色散现象	六年级上册第 5 课《光的颜色》
	13. 观察生活中能的各种形式及相互转化	六年级下册第 9 课《能量的转换》
	14. 观察热传导现象，如比较不同材质勺子的导热能力	六年级下册第 3 课《我的保温饭盒》
	15. 观察热对流现象，如水在回形管中的流动	六年级下册第 3 课《我的保温饭盒》
	16. 观察热辐射现象，如太阳和电取暖器的热辐射	六年级下册第 3 课《我的保温饭盒》
	17. 观察杠杆在生产生活中的应用，如撬棍、跷跷板等	六年级上册第 8 课《巧用小棒》
	18. 观察轮轴在生产生活中的应用，如方向盘、扳手等	六年级上册第 10 课《方便的手轮》
	19. 观察斜面在生产生活中的应用，如螺丝、引桥等	六年级上册第 12 课《适合的坡度》
	20. 观察滑轮在生产生活中的应用，如起重机、窗帘盒等	六年级上册第 11 课《晾衣架上的小轮》
	21. 制作简易电磁铁	六年级下册第 12 课《神奇的电磁铁》
	22. 探究水对种子发芽的影响	五年级上册第 1 课《植物需要水分》

（续表）

学段	探究实践活动	粤教粤科版对应学段、内容
5—6 年级	23. 制作模拟生态系统，如池塘群落、生态瓶	六年级下册第 18 课《专题探究：生态瓶的秘密》
	24. 用显微镜观察不同生物的细胞，如洋葱表皮细胞、水中微生物	五年级下册第 9 课《用显微镜来观察》
	25. 观察绿叶会制造养分	五年级上册第 7 课《植物能够利用阳光》
	26. 模拟地球的自转和公转	五年级下册第 18、19 课《昼夜与地球自转》《四季与地球公转》
	27. 观察记录月相的变化	四年级下册第 23 课《变化的月相》
	28. 制作简易的太阳系模型	五年级下册第 21 课《太阳家族》
	29. 观察天空中的主要亮星和星座，如牛郎星、织女星、北斗七星、猎户座等	五年级下册第 20 课《四季星空》
	30. 模拟降雨的形成过程	五年级上册第 20 课《水降下来了》
	31. 观察不同种岩石的颜色、坚硬程度、颗粒粗细等特征	四年级上册第 8 课《各种各样的岩石》
	32. 模拟地震和火山喷发	五年级下册第 15、16 课《火山的喷发》《大地的震动》
	33. 利用科学原理设计制作简单装置，如日晷	四年级下册第 21 课《阳光下的影子》
	34. 模拟地球转动方向和地轴倾斜程度	五年级下册第 17 课《地球上的昼与夜》

表 6.8　三至六年级的实验操作测评试题内容

三年级	试题一：利用指南针辨别方向
	试题二：将食盐分离出来
	试题三：能溶解得更快吗
	试题四：它们占据空间吗
	试题五：一株番茄
	试题六：食物中是否含有淀粉
	试题七：人体消化器官拼图
	试题八：三类土壤的分类

（续表）

四年级	试题一：观察物体发声时的振动现象
	试题二：判断物体的导电性
	试题三：设计制作土电话
	试题四：简单电路
	试题五：摩擦力的大小与哪些因素有关
	试题六：探究物体的运动方式
	试题七：小车运动快慢与拉力大小的关系
	试题八：制作简易乐器——排箫
五年级	试题一：哪种材料漂浮能力强
	试题二：用显微镜观察洋葱表皮细胞
	试题三：模拟降雨的形成过程
	试题四：模拟火山喷发
	试题五：蜡烛的燃烧
	试题六：产生泡泡的秘密
	试题七：模拟地球的自转
	试题八：观察水凝结现象
六年级	试题一：观察热传导现象
	试题二：探究动滑轮的作用
	试题三：探究杠杆的作用
	试题四：探究光的反射现象
	试题五：探究光的色散现象
	试题六：探究光沿直线传播的现象
	试题七：制作简易电磁铁
	试题八：探究水果电池

（二）实验操作测试评价的标准

细化每个操作步骤，制定相应的测评内容和评分标准，从实验准备、实验过程、现象（数据）记录、数据分析、实验结论、实验操作规范等多个维度对学生进行客观、有效的评价。表 6.9 为六年级试题二“探究动滑轮的作用”的测试题和评分标准，表 6.10 为三年级试题六“食物中是否含有淀粉”的测试题和评分标准。

表 6.9　六年级试题二“探究动滑轮的作用”的测试题和评分标准

测试题

试题二：探究动滑轮的作用

学校：＿＿＿＿＿＿　班级：＿＿＿＿＿＿　姓名：＿＿＿＿＿＿　成绩：＿＿＿＿＿＿

一、实验器材（10 分）

＿＿＿＿＿＿＿＿＿＿＿＿＿＿＿＿＿＿＿＿＿＿＿＿＿＿

二、方法与步骤（40 分）

＿＿＿＿＿＿＿＿＿＿＿＿＿＿＿＿＿＿＿＿＿＿＿＿＿＿

三、实验记录（20 分）

实验记录表

	第 1 次	第 2 次	第 3 次
直接提起			
动滑轮提起			

四、实验结论（口述，10 分）

通过实验我发现：＿＿＿＿＿＿＿＿＿＿＿＿＿＿＿＿＿＿＿＿

五、操作的熟练程度（10 分）

＿＿＿＿＿＿＿＿＿＿＿＿＿＿＿＿＿＿＿＿＿＿＿＿＿＿

六、实验仪器的整理（10 分）

＿＿＿＿＿＿＿＿＿＿＿＿＿＿＿＿＿＿＿＿＿＿＿＿＿＿

监考员：＿＿＿＿＿＿

评分标准

序号	操作内容及评分标准	满分	得分
一	检查并口述实验器材（共 10 分）		
	铁架台 1 个、带钩的滑轮 1 个、细棉线 1 条、钩码 2 个（1 牛），弹簧测力计 1 个（量程为 5 牛） 1. 检查器材是否齐全。（5 分） 2. 说出器材名称。（5 分）	10 分	

（续表）

<table>
<tr><th>序号</th><th>操作内容及评分标准</th><th>满分</th><th>得分</th></tr>
<tr><td rowspan="5">二</td><td colspan="3">方法与步骤（共 40 分）</td></tr>
<tr><td>1. 检查弹簧测力计的量程，校零。</td><td>5 分</td><td></td></tr>
<tr><td>2. 用弹簧测力计直接提起钩码测拉力大小，读数并记录。</td><td>10 分</td><td></td></tr>
<tr><td>3. 将细线的一端固定在铁架上，另一端穿过动滑轮的凹槽后固定在弹簧测力计的挂钩上。</td><td>10 分</td><td></td></tr>
<tr><td>4. 将钩码挂在动滑轮上，用弹簧测力计钩住细线另一端，缓慢拉动细线匀速提起钩码，测出拉力大小，读数并口述力的大小和方向。重复测 3 次，取拉力大小的平均值。</td><td>15 分</td><td></td></tr>
<tr><td rowspan="2">三</td><td colspan="3">实验记录（共 20 分）</td></tr>
<tr><td><table>
<tr><th></th><th>第 1 次</th><th>第 2 次</th><th>第 3 次</th></tr>
<tr><td>直接提起</td><td></td><td></td><td></td></tr>
<tr><td>动滑轮提起</td><td></td><td></td><td></td></tr>
</table></td><td>20 分</td><td></td></tr>
<tr><td rowspan="2">四</td><td colspan="3">口述实验结论（共 10 分）</td></tr>
<tr><td>通过动滑轮提起重物可以省力，但不能改变力的方向。</td><td>10 分</td><td></td></tr>
<tr><td rowspan="2">五</td><td colspan="3">操作熟练程度（共 10 分）</td></tr>
<tr><td>1. 动作流畅，熟悉实验器件，实验操作的步骤严谨规范，爱护、保护仪器和设备，对实验结果与现象能准确流利地表达及分析。（10 分）
2. 实验操作较为熟练，操作步骤较为规范，仪器使用较为熟练、正确，对实验结果与现象能够表达出来。（5—9 分）
3. 不熟悉操作流程，东张西望，步骤不准确，行为不规范，出现故意破坏实验仪器或设备的行为，不能表达实验现象及实验结果。（0—4 分）</td><td>10 分</td><td></td></tr>
<tr><td rowspan="2">六</td><td colspan="3">实验仪器的整理（共 10 分）</td></tr>
<tr><td>1. 仪器整理并摆放整齐。10 分
（不整理实验器材，做完实验直接走。适当扣分）</td><td>10 分</td><td></td></tr>
<tr><td colspan="2">总　分</td><td>100</td><td></td></tr>
</table>

表 6.10 三年级试题六：“食物中是否含有淀粉”的测试题和评分标准

测试题

试题六：食物中是否含有淀粉

学校：________ 班级：________ 姓名：________ 成绩：________

一、实验器材（20 分）

二、方法与步骤（30 分）

三、实验记录（10 分）

四、实验结论（口述，20 分）
通过实验我发现：

五、操作的熟练程度（10 分）

六、实验仪器的整理（10 分）

监考员：________

评分标准

序号	操作内容及评分标准	满分	得分
一	检查并口述实验器材（共 20 分）		
	碘液、滴管、食物盛盘、镊子、烧杯、土豆、青瓜等（食物结合实际灵活准备） 检查器材是否齐全。（10 分） 说出器材名称。（10 分）	20 分	
二	方法与步骤（共 30 分）		
	1. 用镊子各取一小块食物分别放在食物盛盘中的白纸上，并保持一定间隔。（10 分） 2. 用滴管吸取少量碘液，悬空垂直在食物上方，每种食物滴加 1—2 滴碘液。（10 分） 3. 滴完碘液后，及时清洗滴管；观察食物颜色的变化并做出判断。（10 分） 注意：胶头滴管操作不规范酌情扣 2—3 分。	30 分	
三	口述实验现象（共 10 分）		
	青瓜上的碘液没有发生明显的颜色变化，土豆上的碘液都出现了明显的颜色变化：由黄褐色（黄色 / 褐色）变成了蓝色 / 深蓝色。	10 分	

（续表）

序号	操作内容及评分标准	满分	得分
四	口述实验结论（共 20 分）		
	通过实验发现土豆含有淀粉，青瓜不含淀粉。 可结合实际食物判断哪些食物含有淀粉，哪些食物不含淀粉。	20 分	
五	操作熟练程度（共 10 分）		
	1. 动作流畅，熟悉实验器件，实验操作的步骤严谨规范，爱护、保护仪器和设备，对实验结果与现象能准确流利地表达及分析。（10 分） 2. 实验操作较为熟练，操作步骤较为规范，仪器使用较为熟练、正确，对实验结果与现象能够表达出来。（5—9 分） 3. 不熟悉操作流程，东张西望，步骤不准确，行为不规范，出现故意破坏实验仪器或设备的行为，不能表达实验现象及实验结果。（0—4 分）	10 分	
六	实验仪器的整理（共 10 分）		
	1. 擦干桌面，仪器整理并摆放整齐。（10 分） 2. 不整理实验器材，做完实验直接走。适当扣分	10 分	
总　分		100 分	

为了确保各学校按照要求更好落实实验操作测评各项工作，各教管中心组织巡考组到各学校进行抽检监督，检查各学校开展实验操作能力测评的组织实施情况，督促各学校重视实验操作能力测评工作，严格按测评规范和评分标准开展测评。

（三）实验操作测试评价的实践

1. 测评质量分析管理

测评质量分析要能客观地评价学生的实验操作能力和学校的实验教学质量，也要为实验教学的进一步改进提供有价值的反馈。测评后，要用科学的方法和手段，及时组织测评结果的统计和分析，做好测评质量分析管理，并填写测评工作评价记录表（见表 6.11），科学、客观、全面、准确地分析学生对实验操作技能的掌握情况，真实地反映学生实验操作能力。（见表 6.12）

表 6.11　东莞市小学生科学实验操作与探究能力测评工作评价记录表

镇街：____________________　　　　日期：____________

内容	要求	分值	得分	合计
测评组织（15 分）	成立测评工作领导小组（2 分），学校行政现场指挥（2 分）	4 分		
	考务人员安排合理（2 分），园区（镇街）内互派教师参与监考（4 分）	6 分		
	制订详细测评工作方案（3 分），并按时上交（2 分）	5 分		
考场准备（15 分）	考场设置合理（2 分），指示清晰（2 分）	4 分		
	测评用实验器材准备充足（3 分），摆放整齐（2 分）	5 分		
	考室黑板上书写有考生须知和考题分布图（2 分）	2 分		
	实验台上有测评试题标签（2 分）	2 分		
	考室内有计时工具（2 分）	2 分		
测评过程（30 分）	测评老师持证监考（3 分）	3 分		
	开设不少于 6 道测评试题（3 分）	3 分		
	学生现场抽签，抽签后立即进入考场（4 分）	4 分		
	学生抽签及进出考场秩序良好（4 分）	4 分		
	由测评教师统一宣布测评开始和结束，计时准确（4 分）	4 分		
	每位测评员监考学生不超过 6 名（4 分）	4 分		
	测评员测评认真，严格按标准评分（4 分）	4 分		
	根据班数合理安排测评课时（4 分）	4 分		
熟练程度（30 分）	随机抽查 15 名学生，每有 1 名学生的实验操作不规范扣 1 分、实验结论不正确扣 1 分（30 分）	30 分		
测评资料（10 分）	是否按时上交（按时 2 分，延时 1 分，未交 0 分）	2 分		
	资料是否完整（完整 8 分，不完整 1—6 分，未交 0 分）	8 分		
总　评				
巡测记录				
签名				

表 6.12　东莞市小学生科学实验操作与探究能力测评基本情况登记表

学校	测评人数			合格人数	合格率（%）	优秀人数	优秀率（%）	不合格人数	补测合格人数	总合格率（%）
	应测	实测	缺测							
累计										

园区、镇街（市直属学校）：　　　　　　填报人：　　　　　　填报日期：

2. 测评结果应用管理

通过分析、应用学生实验操作能力及其影响因素的测评结果，建立稳定、专业、可持续的小学生实验操作能力测评机制，促进小学科学实验教学高质量开展和小学科学课程全面实施，进一步完善小学学业质量评价方式和工具，开展基于数据的教育质量测评反馈和教育教学改进指导工作，促进东莞区域教育优质健康发展。

第四节　小学科学“品质课堂”学科综合评价

一、开展科学质量监测的背景与意义

根据 2017 年联合国教科文组织的统计，全世界已有 148 个国家与地区开展义务教育质量监测，随着教育质量监测在全球的普及，基于教育质量监测数据结果推动教育改革、促进教育质量提升已经成为当前基础教育发展的国际趋势。2015 年，国务院教育督导委员会办公室印发《国家义务教育质量监测方案》，标志着义务教育质量监测将作为一项重要、全面、持续的工作在全国范围内实施。

东莞市为全国最早一批开展教育质量监测的地市，通过实地调研发现，科学学科目前处于弱势学科，存在被挤占课时、挤占实验室的现象。强化科学学科的发展，培养德才兼备、具有创新能力的高科技人才，是服务国家战略建设和东莞经济发展的必然要求。开展小学科学义务教育质量监测意义重大。

（一）发现不足，提供决策依据

开展质量监测可以发现小学科学教育中存在的问题和不足，为教育行政部门和学校提供决策依据。开展质量监测，可以了解学生的学习情况、教师的教学情况以及学校的科学教育现状，从而针对存在的问题制定相应的改进措施。

（二）促进教育的改进

开展小学科学义务教育质量监测可以促进小学科学教育的改进和提高，提高教育质量，让学生更好地掌握科学知识和技能。开展质量监测，可以发现学生在科学观念、科学思维、探究实践和态度责任等方面存在的不足，针对这些问题制订相应的教育教学措施，帮助学生更好地掌握科学知识和技能。

（三）帮助学生和教师

开展小学科学义务教育质量监测可以帮助学生更好地了解自己的学习情况，让教师更好地因材施教，提高学生的学习效果。开展质量监测，学生可以了解到自己在科学学习方面的优点和不足，制订适合自己的学习计划和目标，同时教师也可以根据监测结果制定更有针对性的教学计划和措施，提高学生的学习效果。

（四）为教育改革提供参考

开展小学科学义务教育质量监测可以为小学科学教育改革提供参考，推动科学教育的改革和创新，提高科学学科的教育水平和社会认可度。开展质量监测，可以了解到当前小学科学教育的现状和问题，针对这些问题提出相应的改革措施和建议。

开展小学科学义务教育质量监测对于提高小学科学教育质量，培养具有创新精神和实践能力的人才具有重要意义。然而，质量监测的实施需要相应的技术和数据分析能力支持，同时也需要教育行政部门和学校的积极支持和配合。只有各方面共同努力，才能够推动小学科学教育的持续改进和提高。

二、开展科学质量监测实施的建议

（一）科学质量测评内容标准的设置

要依据课标和内容确定测评内容：测评内容应该与小学科学的课程目标和教学内容紧密相关，能够反映出学生对科学知识的掌握情况和科学素养的发展情况。因此，首先需要深入研究小学科学的课程目标和教学内容，明确不同年级和不同层次的学生应该掌握的科学知识和技能。

要注重科学核心素养的全面发展：测评内容应该涵盖科学观念、科学思维、探究实践和态度责任等多个方面，注重学生的全面发展。其中，科学观念指的是学生对科学的基本概念和原理的理解，科学思维指的是学生运用科学方法进行推理和分析的能力，探究实践指的是学生运用科学知识解决问题的能力，态度责任指的是学生对待科学的态度和价值观。

要结合生活实际并激发学生兴趣：测评内容应该结合生活实际并激发学生兴趣，让学生能够将所学知识应用到实际生活中，提高其解决实际问题的能力。同时，测评内容应该关注学生的兴趣爱好，激发其对科学的兴趣和热情。

要考虑学科交叉和科技前沿：测评内容应该适当考虑学科交叉和科技前沿，让学生了解不同学科之间的联系和科技发展的最新动态，培养其跨学科思维和科技创新意识。

要注重测评内容多样性与开放性：测评内容应该具有多样性与开放性，除选择题、填空题等传统题型外，还可以设置实验操作、科技项目、调查报告等开放性题目，让学生有更多的发挥空间，充分展示其科学素养和创新能力。

科学质量测评内容设置标准如表 6.13。

表 6.13　测评导向

测评内容	描述
科学观念	测评学生对自然科学、生命科学、地球科学等领域的科学原理掌握情况，包括基本概念、基本规律和科学观念。
科学思维	测评学生运用科学方法进行思维的能力，包括科学推理、科学论证、科学判断等方面的能力。
探究实践	测评学生运用科学方法进行实践的能力，包括实验设计、实验操作、数据分析、结论归纳等方面的能力。

（续表）

测评内容	描述
态度责任	测评学生的科学态度和社会责任感，包括对科学的兴趣、好奇心、探究欲、严谨性和批判性思维，以及对环境保护、资源利用、公共安全等社会责任的态度。

科学质量测评内容标准应以《义务教育科学课程标准（2022年版）》中的科学课程学业质量标准为依据[①]。（见表6.14）

表6.14　测评标准

年级	测评标准
1—2年级	1. 能从对身边具体现象与事物的观察、比较中提出感兴趣的问题，作出简单猜想；能借助多种感官和简单的工具，观察并描述生活中常见的具体事物与现象的外在特征及构成要素，能对这些特征和现象进行简单的比较、分类，并简要交流探究过程与结论；能观察并描述与地球和太阳运动相关的自然现象，知道地球是人类和动植物的共同家园。 2. 能在熟悉的日常生活情境中，认识到事实和观点是有区别的，初步具有从多角度提出观点的意识，尝试用现象或经验支持自己的想法，为自己的观点辩护；能通过口述、画图等方式表达自己的设计与想法，利用身边的材料和简单工具动手完成简单的任务，发现自己作品存在的问题和可能的解决方案。 3. 能在好奇心驱使下，对生活中常见的具体事物与现象的外在特征表现出直觉兴趣，如实记录观察到的信息；具有质疑别人观点的意识，尝试从多个角度、以多种方式认识具体事物和现象的外在特征；愿意倾听他人的想法，乐于分享和表达自己的想法；了解生活中常见的科技产品给人类生活带来的便利，知道科技产品有利也有弊；具有珍爱生命、节约资源和保护环境的意识。
3—4年级	1. 能利用工具测量、描述常见物体的特征和材料的性能，描述物体的运动，识别日常生活中各种形式的能；能描述常见动物、植物的共同特征，通过设计简单实验，探究动物和植物的生存、生长所需条件，运用动物和植物基本生存需要的相关知识，解释某些结构的相应功能，收集不同环境下植物外部形态特征和动物适应季节变化行为的资料，描述生物的适应性，运用生物生命周期的相关知识解释生命的延续；能描述太阳、地球和月球之间的空间关系，认识大气、水、岩石和土壤等地球系统的基本要素，能结合实例说明人类合理利用自然资源的重要性。 2. 能从熟悉的具体现象与事物的观察、比较中提出可探究的科学问题，并基于已有经验和所学知识，从现象和事件发生的条件、过程、原因等方面提出假设；能制订简单的探究计划，运用感官或选择恰当的工具、仪器观察并描述常见物体、动物、植物的外部形态特征及相关现象，用比较科学的词汇、统计图表等记录整理信息；能运用分析、比较、推理、概括等方法，分析结果，得出结论；能正确讲述并反思自己的探究过程与结论，作出自我评价与调整。

① 中华人民共和国教育部．义务教育科学课程标准[M]. 北京：北京师范大学出版社，2022.

（续表）

年级	测评标准
3—4 年级	3. 能在熟悉的情境中，观察并描述熟悉的具体事物与现象的构成要素，分析并表达要素之间的关系，找到它们之间重要的、共同的特征，使用模型或者自己设计制作模型解释简单的科学现象；能用二维方式表达三维空间的物体，并解决简单的实际问题；能运用所学的科学知识，分析常见事物的特征及结构，比较常见事物的一些主要特征，将分类的多样性与目的性联系起来；区别事实与观点，根据研究问题提出假设或观点，并能提供支撑性证据；能利用控制变量的方法设计简单的实验。 4. 能基于常见事物的抽象概念展开发散，突破熟悉的生活情境中常见科学问题的思维定式，针对事物的外在特征提出有一定新颖性和合理性的观点，抓住事物的外在特征进行设计；掌握常见工具的使用方法，运用所学科学原理，遵循构思、设计、实施、检验等步骤，考虑多种因素，完成简单的工程任务；能发现所制作模型的问题，并进行适当的改进。 5. 能在好奇心驱使下，对生活中常见自然现象的特征或现象发生的条件、过程表现出操作兴趣，如实记录和报告观察与实验信息；能有依据地质疑别人的观点，尝试利用所学科学原理，运用多种材料、多种思路、多种方法完成探究和实践；愿意分享自己的想法，接纳他人观点，完善探究活动；了解科学技术对人类生活方式和生产方式有影响，人类的生活和生产可能对环境造成破坏；理解节约资源和保护环境的重要性。
5—6 年级	1. 能初步区别物质变化的不同类型，说出日常生活中不同形式能之间的转化现象，举例说明生活中的热传递现象；能使用显微镜等观察工具，从宏观与微观视角比较动物和植物的不同，说出细胞是生物体结构的基本单位，总结生物体形态结构和功能的关系；能结合生物的生存条件以及动物与植物相互关系等知识，简单描述生物与生物、生物与环境之间相互依存的关系；能结合人体的主要生命活动的知识，通过测量、调查、统计，分析影响人体健康的因素；能比较分析植物和动物子代与亲代的异同，并依据收集到的有关灭绝生物化石的资料，了解生物的多样性和进化现象；能解释与太阳、地球和月球运动相关的一些周期性自然现象，认识到太空探索拓宽了人类的视野；知道地球系统不同圈层的变化产生了各种自然现象；能举例说明自然资源、自然灾害和自然过程对人类活动的影响；能利用上述概念，在熟悉的真实情境中，描述、解释和预测常见现象发生的过程、规律或原因，能在现象之间建立联系，并将所学知识迁移到新的情境中。 2. 能在熟悉的真实情境中，基于所学的知识，从事物的结构、功能、变化及相互关系等角度提出可探究的科学问题和研究假设，制订合理可行的探究计划，并能设计控制变量的实验方案；能运用观察、实验、查阅资料、实地调查、案例分析等方式获取事物的信息，用科学术语、概念图、统计图表等记录整理信息，表述探究结果，并运用分析、比较、推理、概括等方法得出科学探究的结论，判断结论与假设是否一致；能采用不同的表述方式（如小论文、调查报告等）呈现探究的过程与结论，并与相关的科学原理进行比较，对探究活动进行过程性反思和总结性评价，完善探究报告。

（续表）

年级	测评标准
5—6年级	3.能在熟悉的真实情境中，分析、解释简单模型所涉及的各个要素及结构，通过分析、比较、抽象、概括等方法，抓住简单事物的本质特征，展示对事物的系统、结构、关系、过程及循环的理解，能使用或制作模型解释有关的科学现象和过程；能形成常见熟悉事物的动态变化的图景；善于用类比的方法认识事物的特征，用辩证的观点分析问题；能比较事物的本质特征，抽象概括常见事物的共同属性，并按照本质特征和共同属性进行分类； 4.能比较全面地分析问题的各种影响因素，用归纳推理和演绎推理解决真实情境中的简单问题；能针对具体的研究问题和交流情境，基于一定的证据提出自己的假设或观点，利用分析、比较、归纳、演绎等方法，建立证据与观点之间的联系，构建对观点的合理解释，分析科学实验中的变量控制。 5.能运用创造性思维的基本方法，基于所学的科学原理提出有一定新颖性和合理性的观点；能开展初步的创意设计，并利用摄影、录像、文字、草图、实物等，表达自己的创意与构想；能定义简单工程问题，包括材料、时间或成本等限制条件，提出验收标准；能基于所学科学知识，利用常见的工具和材料，设计制作简单的装置，进行简单的技术与工程实践；能根据设计要求改进模型的设计和制作。 6.能在好奇心驱使下，表现出对现象发生的过程及原因等方面的因果兴趣；能以事实为依据作出判断，面对有说服力的证据能调整自己的想法；善于有依据地质疑别人的观点，乐于尝试运用多种材料、多种思路、多种方法完成探究和实践；愿意沟通交流，乐于与他人就科学观点上的分歧进行沟通交流和辩论，基于证据进行反思和调整探究；了解科学、技术、社会、环境的相互影响，知道科学研究和技术应用中需要考虑伦理和道德的价值取向；愿意采取行动保护环境、节约资源。

在设置科学质量测评内容时，还应该注重以下测评原则。（见表6.15）

表6.15　测评原则

测评内容	描述
全面性	测评内容应该涵盖科学教育的各个方面，包括科学观念、科学思维、探究实践和态度责任等。
综合性	测评内容应该注重综合性的科学问题和实践，考查学生综合运用科学知识的能力。
实践性	测评内容应该与实际生活和实践相结合，注重实验和探究活动的设计与应用。
创新性	测评内容应该具有一定的创新性，注重考查学生的创新思维和创新能力。

（二）科学质量测评评价标准的设置

小学科学质量测评评价标准的设置应该结合小学科学的课程目标和教学内容，考虑学生的认知水平和科学能力的发展，且须遵循以下原则。

要基于课标与内容，明确测评评价标准：小学科学测评评价标准应该基于课程目标和教学内容而设置，综合考虑科学观念、科学思维、探究实践和态度责任等，明确不同年级和不同层次的学生应该达到的测评标准。

要考虑学生认知水平，分层次设置标准：不同年级和不同层次的学生具有不同的认知水平和科学能力，应该分层次设置测评标准。例如，对于低年级学生，测评标准可以注重基础知识的掌握和应用，而对于高年级学生，则可以更加注重综合分析和解决问题的能力。

要结合科学实验和方法，注重实践操作：小学科学的测评标准应该结合科学实验和科学方法，通过实验操作和实验分析等考核方式来评价学生的实验能力和科学方法掌握情况。这可以促进学生提高对科学实验和科学方法的重视，提高其实验操作能力和创新能力。

要关注科学新成果，注重理论联系实际：小学科学的测评标准应该关注科学新成果和理论联系实际，让学生了解最新的科学发展和应用，培养其理论联系实际的能力。同时，测评标准可以注重学生的实践能力和创新思维，鼓励学生在实际操作中发挥主观能动性，探索新的科学现象和问题。

要注重公正性和客观性，促进评价发展：小学科学测评标准应该具有公正性和客观性，避免主观因素和人为干扰造成测评结果。因此，需要制定明确的测评标准和评分细则，监督和审核测评过程进行，确保测评结果的准确性和公正性。（见表 6.16）

表 6.16　操作要点

测评内容	描述
客观性和公正性	测评标准应该客观公正，与学生的实际情况和学习规律相符合，避免主观性和人为因素的干扰。
可操作性和实用性	测评标准应该具有可操作性和实用性，便于实施和操作，避免过于抽象和难以衡量。
学科和年级特点	测评标准应该考虑到不同学科和年级的特点，制定符合学科特点和教学要求的测评标准。
持续性和发展性	测评标准应该具有持续性和发展性，能够用于长期监测和评估学生的科学素养发展水平，同时可以根据实际情况进行调整和优化。

（三）科学质量测评标准的实践

在设计科学质量监测题目的时候要依据标准选取测评内容并设置相应的素养目标，同时，在科学质量测评标准的实践中，应该注重学生的自我评价和反馈，促进学生的自我提高和教师教学的改进。此外，还应该注重评价数据的分析和利用，从而为教育决策提供参考。

下面通过对试题的分析予以解释说明，见表 6.17 至 6.21。

表 6.17 试题分析一

我们可以利用（　　）把沙子和铁粉分离开。 A. 水　　B. 风力　　C. 磁铁　　D. 筛子	
题型：选择题	核心概念：物质的结构与性质
测试内容	物质具有一定的特性与功能。
内容要求	能根据物体的特征或材料的性质将两种混合在一起的物体分离开来，如分离沙和糖、铁屑和木屑等。
学业要求	对常见物体的特征和常见材料的性能表现出探究兴趣。
试题评议	这道试题主要考查的是学生对物质的结构和性质的理解，以及能否根据物体的特征或材料的性质将两种混合在一起的物体分离开来。因此，试题中给出了四个选项，分别是水、风力、磁铁和筛子。 根据测评标准，我们可以看到，这道试题主要考查的是学生的科学观念和科学思维。学生需要理解沙子和铁粉的物理性质，并能够利用磁铁的磁性将铁粉分离出来。因此，磁铁是正确答案。 根据测评原则，这道试题具有一定的实践性和创新性，因为学生需要设计利用磁铁将沙子和铁粉分离开的实验，这是一种创新的思维方式。同时，学生还需要进行实验操作，对数据进行解读和归纳，因此，这道试题也具有一定的实践性。 根据操作要点，这道试题具有客观性和公正性，因为答案不是主观选择的，而是基于磁铁的物理性质、沙子和铁粉的物理性质确定的。同时，这道试题也具有可操作性和实用性，因为它提供了一种实用的方法来分离沙子和铁粉，这种分离方法在实际生活中有很多应用。

表 6.18 试题分析二

用扇子扇风可以证明（　　）。 A. 空气是看不见的　　B. 空气会流动　　C. 空气有质量　　D. 空气是占据空间的	
题型：选择题	核心概念：物质的结构与性质
测试内容	空气与水是重要的物质。
内容要求	知道风是一种空气流动的现象，列举生活中常见的形成风的一些方法。
学业要求	能说出风是一种空气流动的现象。
试题评议	根据测评标准，这道试题主要考查的是学生的科学观念和科学思维。学生需要理解空气的物理性质，并能够解释风是由于空气的流动而产生的。正确答案是 B。 根据测评原则，这道试题具有一定的实践性和创新性。因为学生需要理解扇子扇风这个生活中的常见现象，并将其与空气的流动联系起来，这是一种创新的思维方式。 根据操作要点，这道试题具有客观性和公正性。因为答案不是主观选择的，而是基于空气的物理性质和扇子扇风的实验现象确定的。

表 6.19　试题分析三

<table>
<tr><td colspan="3">小华家里因装修购买了好多家用电器，通过观察他发现用电器外部、零件大都是用塑料、橡胶包裹，可能是因为这些材料（　　　）。
A. 绝缘性好　　　B. 导电性好　　　C. 容易加工　　　D. 美观</td></tr>
<tr><td colspan="2">题型：选择题</td><td>核心概念：物质的运动与相互作用</td></tr>
<tr><td>测试内容</td><td colspan="2">电磁相互作用</td></tr>
<tr><td>内容要求</td><td colspan="2">知道有些材料是导体，容易导电；有些材料是绝缘体，不容易导电。</td></tr>
<tr><td>学业要求</td><td colspan="2">区别导体和绝缘体。</td></tr>
<tr><td>试题评议</td><td colspan="2">根据测评标准，这道试题主要考查的是学生的科学观念和科学思维。学生需要根据物质的物理性质，理解为什么有些材料可以用来将两种混合在一起的物体分离开。在这个问题中，学生需要理解塑料和橡胶具有绝缘性能，并能够利用这个性能将电器外部和零件与其他的物体分离。因此，答案是 A。
根据测评原则，这道试题具有一定的实践性和创新性。学生需要设计并实施一个实验来验证答案的正确性，这需要他们发挥创新思维和动手能力。同时，这个问题的解决方案在实际生活中也有广泛的应用，例如在电子工业中，经常需要使用绝缘材料来防止电流泄漏。因此，这个问题不仅考察了学生的基础知识，还引导他们运用这些知识解决实际问题。
根据操作要点，这道试题具有客观性和公正性。因为答案不是主观选择的，而是基于物质的物理性质得出的。同时，这道试题也具有可操作性和实用性，因为它提供了一个实际的问题场景，学生可以很容易地设计实验来验证答案的正确性。</td></tr>
</table>

表 6.20　试题分析四

<table>
<tr><td colspan="3">琪琪看到暴雨过后积水的菜地里很多菜苗烂根、死亡，造成这种现象的主要原因是（　　）
A. 暴雨过后温度降低，菜苗一时不适应　　　B. 土壤中的养分流失
C. 得不充足的阳光　　　D. 根吸收不到充足的氧气</td></tr>
<tr><td colspan="2">题型：选择题</td><td>核心概念：生命系统的构成层次</td></tr>
<tr><td>测试内容</td><td colspan="2">地球上存在动物、植物、微生物等不同类型的生物</td></tr>
<tr><td>内容要求</td><td colspan="2">描述植物的生存和生长需要水、阳光、空气和适宜的温度。</td></tr>
<tr><td>学业要求</td><td colspan="2">能说出植物和动物都有基本生存需要。</td></tr>
</table>

（续表）

试题评议	根据测评标准，这道试题主要考查的是学生的生物学知识以及对生命系统构成层次的理解。学生需要理解生物的基本生存需求包括水、阳光、空气和适宜的温度，以及这些需求如何影响生物的生长和生存。在这个问题中，菜苗烂根、死亡可能由多种原因造成，但主要原因可能是缺乏适宜的环境条件。学生需要根据题意推断出主要原因为根吸收不到充足的氧气。 根据测评原则，这道试题具有一定的实践性和创新性。学生需要运用所学的生物学知识和对生命系统构成层次的理解，设计实验或采取措施来解决问题。在这个问题中，学生可以设计实验来研究不同环境条件对菜苗生长的影响，例如控制积水量的实验、控制温度的实验等。通过这样的实验，学生可以更好地理解生物的基本生存需求和生命系统的构成层次，提高他们的实践能力和创新思维。 根据操作要点，这道试题具有客观性和公正性。因为答案不是主观选择的，而是基于生物学知识和对生命系统构成层次的理解得出的。同时，这道试题也具有可操作性和实用性，因为它提供了一个实际的问题场景，学生可以很容易地设计实验来验证答案的正确性。因此，这道试题符合操作要点的要求，可以有效地评估学生的生物学知识和实践创新能力。

表 6.21　试题分析五

有一种植物，叶子宽阔肥大，茎内有许多空洞，它适合生长在（　　）。 A. 沙漠　　B. 湖泊　　C. 平原　　D. 森林	
题型：选择题	核心概念：生物与环境的相互关系
测试内容	生物能适应其生存环境
内容要求	不同环境中的植物的外部形态具有不同的特点。
学业要求	能分析不同环境中植物的不同外部形态特点。
试题评议	根据测评标准，这道试题主要考查的是学生对生物与环境相互关系的理解。学生需要理解不同的生物有不同的外部形态特点，这些特点可以帮助它们适应其生存环境。在这个问题中，叶子宽阔肥大、茎内有许多空洞的植物，适合生长在湖泊环境中。这是因为宽阔肥大的叶子可以更好地吸收阳光，茎内的空洞可以帮助植物在水中更好地通气和吸收氧气，从而更好地适应湖泊环境中的水生生活。 根据测评原则，这道试题具有一定的实践性和创新性。学生需要运用所学的生物与环境相互关系的知识，分析不同环境中植物的不同外部形态特点。在这个问题中，学生可以通过观察和实验来研究这种植物的特点，并分析它为什么适合生长在湖泊中。这样的实践和创新思维不仅可以帮助他们更好地理解生物与环境的相互关系，还可以提高他们的科学探究能力和创新能力。 根据操作要点，这道试题具有客观性和公正性。因为答案不是主观选择的，而是基于生物与环境的相互关系得出的。同时，这道试题也具有可操作性和实用性，因为它提供了一个实际的问题场景，学生可以很容易地设计实验来验证答案的正确性。因此，这道试题符合操作要点的要求，可以有效地评估学生的生物与环境相互关系的知识和实践创新能力。

总之，建立有效的小学科学质量监测和命题标准，不仅能够提高教师教学质量和教育水平，促进教研部门探索、创新科学学科质量评价方法，还可以提高教育管理部门对学校教育教学工作的评价效率，帮助他们合理制定学科帮扶目标，从而提升地区办学水平。更重要的是，这种标准可以全面提升学生的科学素养，促进科学学科深层次、高质量发展，为未来社会的进步和发展作出贡献。

亲历者言

努力践行“3H”实验，即“划”实验、“画”实验和“话”实验，让科学实验在课堂内外多样性开展。“划”实验，即实验计划，鼓励学生根据实验的要求大胆地想象，设计出科学有效的实验方案，让科学学习主动起来；“画”实验，即“图解实验”，用图文方式把实验操作要点画下来，有操作不当的地方，可在图上进行修改从而加深印象，看图做实验，可将实验还原，更有画面感，让科学实验操作看得见；“话”实验，用自己最喜欢的、科学的方式对自然现象产生的原因、引起的后果等进行探究，用科学实验演示与实验原理讲解等方式对科学现象进行解释，录成视频分享，实现“点—线—面”的辐射与影响，让科学实验流动起来。

——东莞市大岭山镇实验小学　莫婧萌

参考文献

[1] 中华人民共和国教育部.义务教育科学课程标准[M].北京：北京师范大学出版社，2022.

[2] 潘洪建.中国小学科学课程发展110年：1912—2021[J].教育与教学研究，2021，35（7）：45-61. DOI：10.13627/j.cnki.cdjy.2021.07.007.

[3] 胡卫平.科学课程与教学改革的未来走向[J].中国科技教育，2022（6）：10；20；12-15.

[4] 张勇，徐文彬.《义务教育科学课程标准（2022年版）》中课程理念、目标和内容的新变化[J].基础教育课程，2023（3）：4-10.

[5] 莫春荣.小学科学现象教学[M]，北京：民主与建设出版社，2020.

[6] 李刚，吕立杰.大概念课程设计：指向学科核心素养落实的课程架构[J].教育发展研究.2018，15（16）：35-42.

[7] 胡玉华.科学教育中的核心概念及其教学价值[J].课程·教材·教法，2015，35（3）：79-84.

[8] 崔允漷，雷浩.教—学—评一致性三因素理论模型的建构[J].华东师范大学学报（教育科学版），2015，33（4）：15-22.

[9] 喻伯军.义务教育课程标准　课例式解读　科学2022年版[M].北京：教育科学出版社，2022.

[10] 喻伯军.小学科学教学关键问题指导[M].北京：高等教育出版社，2020.

[11] 杨向东.指向学科核心素养的考试命题[J].全球教育展望2018，47（10）：

39-51.

[12] 李霞 . 新版课程标准解析与教学指导：小学科学 [M]. 北京：北京师范大学出版社，2022.

[13] 何婕 . 小学科学理论教学与实验操作的探索 [J]. 课程经纬，2018（6）：41.

[14] 崔允漷 . 素养时代组织教学，需要单元设计 [J]. 星教师，2021（2）：56-59.

[15] 刘徽 . 大概念教学：素养导向的单元整体设计 [M]. 北京 . 教育科学出版社，2022.

[16] 顾明远 . 教育大辞典 [M]. 上海：上海教育出版社，1992.

[17] 钟启泉 . 基于核心素养的课程发展：挑战与课题 [J]. 全球教育展望，2016（1）：3-25.

[18] 崔允漷 . 如何开展指向学科核心素养的大单元设计 [J]. 北京教育（普教版），2019（2）：11-15.

[19] L B V. General system theory, a new approach to unity of science. 5. Conclusion [J]. Human biology, 1951, 23（4）.

[20] 焦尔当 . 学习的本质 [M]. 杭零，译 . 上海：华东师范大学出版社，2015.

[21] 潘瑶珍 . 科学教育中的论证教学 [D]. 上海：华东师范大学，2013.

[22] 哈伦 . 科学教育的原则和大概念 [M]. 韦钰，译 . 北京：科学普及出版社，2011.

[23] 刘建华 . 坚持实验操作考核　促进实验教学开展 [J]. 实验教学与仪器，2011（1）：61-63.

[24] 林芹，高翔 . 小学科学实验操作能力测评模式构建及应用 [J]. 教学经验，2022（10）：56-58.

[25] 冯凯 . 科学学科评价体系变革刍议 [J]. 小学教学参考，2016（15）：69-70.

[26] 祁彧 . 项目式学习：教学设计与案例 [M]. 北京：中国人民大学出版社，2022.

[27] 卡普拉罗 RM，卡普拉罗 MM，摩根 . 基于项目的STEM学习：一种整合科学、技术、工程和数学的学习方式 [M]. 王雪华，屈梅，译 . 上海：上海科技教育出版社，2016.

[28] 夏雪梅 . 项目化学习设计：学习素养视角下的国际与本土实践 [M]. 北京：教育科学出版社，2021.

[29] 夏雪梅 . 项目化学习的实施：学习素养视角下的中国建构 [M]. 北京：教育科学

出版社，2020.

[30] 博斯，拉尔默 . 项目式教学：为学生创造沉浸式学习体验 [M]. 周华杰，陆颖，唐玥，译 . 北京：中国人民大学出版社，2020.

[31] 美国巴克教育研究院项目式学习计划 . 项目式学习指导手册：每个教师都能做 PBL：小学版 [M]. 来赟，邢天驿，译 . 北京：中国人民大学出版社，2023.

[32] 浙江教育厅教研室 . 重新定义学习：项目化学习 15 例 [M]. 北京：教育科学出版社，2020.

[33] 倪中华 . 项目式学习的理论基础、教学模式与特点 [J]. 上海教育，2021（11）：66−67.

[34] 刘建平 . 深度学习校本化的实践探索 [J]. 新课程教学（电子版），2018（6）：81−83.

[35] 陈佑清 . 学习中心课堂中的教师地位与作用：基于对“教师主导作用”反思的理解 [J]. 教育研究，2017，38（1）：106−113.

[36] 莫春荣，李福利 . 科学现象教学的思维进阶路径 [J]. 中国教师，2020（5）：55−58.

[37] 杨宗凯，杨浩，吴砥 . 论信息技术与当代教育的深度融合 [J]. 教育研究，2014，35（3）：88−95.